DIREITO SOCIETÁRIO

3ª edição

Dados Internacionais de Catalogação na Publicação (CIP)
(Câmara Brasileira do Livro, SP, Brasil)

Roque, Sebastião José
Direito Societário / Sebastião José Roque. – São Paulo: Ícone, 2006.

ISBN 85-274-0899-6 (10 dígitos)
ISBN 978-85-274-0899-8 (13 dígitos)

1. Direito empresarial I. Título.

96-4728   CDU-34:338.93

Índices para catálogo sistemático:

1. Direito societário   34:338.93

SEBASTIÃO JOSÉ ROQUE

Bacharel, Mestre e Doutor em Direito pela USP

Advogado e Assessor Jurídico Empresarial

Árbitro e Mediador

Autor de 22 obras jurídicas

Professor da Faculdade de Direito da Universidade São Francisco

Presidente do Instituto Brasileiro de Direito Comercial "Visconde de Caiuru"

Presidente da Associação Brasileira de Arbitragem – ABAR

DIREITO SOCIETÁRIO

3ª edição

ícone editora

© Copyright 2007.
Ícone Editora Ltda.

Coleção Elementos de Direito

Diagramação
Andréa Magalhães da Silva

Revisão
Antônio Carlos Tosta
Jonas Medeiros
Marcus Macsoda Facciollo

Proibida a reprodução total ou parcial desta obra,
de qualquer forma ou meio eletrônico, mecânico,
inclusive através de processos xerográficos,
sem permissão expressa do editor
(Lei nº 9.610/98).

Todos os direitos reservados pela
ÍCONE EDITORA LTDA.
Rua Anhanguera, 56 – Barra Funda
CEP 01135-000 – São Paulo – SP
Tel. (11) 3392-7771
www.iconelivraria.com.br
E-mail: iconevendas@yahoo.com.br

O PODER DA MENTE

Pobre de ti se pensas ser vencido;
Tua derrota é um caso decidido.
Queres vencer, mas como em ti não crês,
Tua descrença esmaga-te de vez.

Se imaginas perder, perdido estás;
Quem não confia em si marcha para trás.
A força que te impele para frente
É a decisão firmada em tua mente.

Muita empresa esboroa-se em fracasso
Inda antes de dar o primeiro passo.
Muito covarde tem capitulado
Antes de haver a luta começado.

Pensa em grande e teus feitos crescerão;
Pensa em pequeno e irás depressa ao chão.
O querer é poder arquipotente;
É a decisão firmada em tua mente.

Fraco é quem fraco se imagina;
Olha ao alto quem ao alto se destina.
A confiança em si mesmo é a trajetória
Que leva aos altos cimos da vitória.

Nem sempre quem mais corre a meta alcança;
Nem mais longe o mais forte o disco lança.
Mas se és certo em ti, vai firme, vai em frente,
Com a decisão firmada em tua mente.

ÍNDICE

PREFÁCIO, 15

1. PESSOAS JURÍDICAS, 19
    1.1 Conceito de pessoa jurídica, 21
    1.2 Sociedade e comunhão, 23
    1.3 Sociedade e associação, 24
    1.4 Sociedade e empresa, 28
    1.5 Sociedades civis e mercantis, 30

2. O CONTRATO SOCIAL, 33
    2.1 Atos constitutivos, 35
    2.2 Conceito de contrato social, 36
    2.3 Elementos essenciais, 37
        2.3.1 Acordo de vontades, 37
        2.3.2 Formação do capital, 38
        2.3.3 *Affectio societatis*, 38
        2.3.4 A obtenção de lucros, 39
    2.4 O *status* de sócio, 39
    2.5 Deveres do sócio, 40
    2.6 Direitos do sócio, 41
    2.7 Natureza jurídica do contrato de sociedade, 43

3. DA SOCIEDADE EM NOME COLETIVO, 45
   3.1 Conceito e natureza jurídica, 47
   3.2 O nome empresarial, 49
   3.3 A constituição, 52
   3.4 A responsabilidade dos sócios, 53
   3.5 A administração da sociedade, 54
   3.6 A impenhorabilidade das quotas, 55
   3.7 Dissolução da sociedade em nome coletivo, 55

4. DA SOCIEDADE EM COMUM, 57
   4.1 Sociedade de fato, 59
   4.2 Sociedade irregular, 61
   4.3 Regulamentação legal da sociedade em comum, 63

5. DA SOCIEDADE EM COMANDITA, 65
   5.1 Conceito e características, 67
   5.2 Modalidades de sócios, 67
   5.3 Dissolução da sociedade em comandita simples, 70
   5.4 Da sociedade em comandita por ações, 71

6. SCP – SOCIEDADE EM CONTA DE PARTICIPAÇÃO, 73
   6.1 Os sócios, 75
   6.2 Conceito, 76
   6.3 A constituição, 78
   6.4 A gerência, 80
   6.5 A aplicação da SCP, 81
   6.6 A regulamentação da SCP no novo Código Civil, 81

7. DA SOCIEDADE LIMITADA, 83
   7.1 Conceito e características, 85
   7.2 Histórico e legislação, 86
   7.3 A sociedade limitada no novo Código Civil, 90
      I - Disposições preliminares, 90
     II - Das quotas, 91
     III - Da administração, 94
     IV - Do conselho fiscal, 97
     V - Das deliberações dos sócios, 100
     VI - Do aumento e da redução do capital, 107

    VII - Da resolução da sociedade em relação
        a sócios minoritários, 109
    VIII - Da dissolução da sociedade limitada, 110

8. CLASSIFICAÇÃO DAS SOCIEDADES, 111
    8.1 Critérios de classificação, 113
    8.2 Classificação pela regulamentação legal, 114
    8.3 Classificação pela pessoa dos sócios, 114
    8.4 Classificação pela responsabilidade dos sócios, 115
    8.5 Classificação pelo ato constitutivo, 117
    8.6 Classificação pela obediência à lei, 118
    8.7 Classificação pela nacionalidade, 118
    8.8 Classificação pelo tipo de atividade, 119
    8.9 Classificação pelo poder de mando, 119

9. DISSOLUÇÃO E LIQUIDAÇÃO DA SOCIEDADE, 121
    9.1 Causas da dissolução, 123
    9.2 A dissolução judicial, 126
    9.3 A liquidação da sociedade, 127
    9.4 A partilha, 130

10. SOCIEDADES ANÔNIMAS, 133
    10.1 Características estruturais e funções econômicas, 135
    10.2 Companhias abertas e fechadas, 138
    10.3 A sociedade anônima e o mercado de capitais, 142
    10.4 A CVM – Comissão de Valores Mobiliários, 144
    10.5 A solução de divergências societárias: arbitragem e mediação, 146

11. CONSTITUIÇÃO DA S/A, 151
    11.1 Requisitos da constituição, 153
    11.2 Constituição por escritura pública, 155
    11.3 Capital social e sua divisão em ações, 156
    11.4 Espécies e classes de ações; sua circulação, 157
    11.5 As ações escriturais da S/A, 161

12. VALORES MOBILIÁRIOS EMITIDOS PELA S/A, 165
    12.1 Debêntures, 167
    12.2 Partes beneficiárias, 170
    12.3 "Commercial papers", 172

13. OS ACIONISTAS, 175
    13.1 Deveres do acionista, 177
    13.2 Direitos do acionista, 178
    13.3 Direito de retirada do acionista, 179
    13.4 Acionista controlador, 181
    13.5 Acordo de acionistas, 185

14. ÓRGÃOS SOCIAIS DA S/A, 187
    14.1 Poderes e deveres dos órgãos, 189
    14.2 Assembléia geral, 191
    14.3 Diretoria, 192
    14.4 Conselho de Administração, 193
    14.5 Conselho fiscal, 194

15. LIVROS SOCIETÁRIOS, 195

16. MODIFICAÇÕES DO CAPITAL SOCIAL, 199
    16.1 Aumento e redução de capital, 201
    16.2 Bônus de subscrição e opções de compra, 202

17. LUCROS SOCIAIS E SUA DISTRIBUIÇÃO, 203

18. DEMONSTRAÇÕES FINANCEIRAS, 207
    18.1 Conceito e objetivos, 209
    18.2 Balanço patrimonial, 210
    18.3 Demonstração de lucros ou prejuízos acumulados, 211
    18.4 Demonstração do resultado do exercício, 212
    18.5 Demonstração das origens e aplicações de recursos, 212

19. NEGÓCIOS SOBRE O CONTROLE ACIONÁRIO, 213
    19.1 Motivos da regulação, 215
    19.2 Alienação do controle de companhia aberta, 216
    19.3 Aquisição de controle de sociedade mercantil por companhia aberta, 217
    19.4 Oferta pública de controle de companhia aberta, 218

20. ENCERRAMENTO DA S/A, 221
    20.1 A dissolução, 223

20.2 A liquidação, 224
20.3 A extinção, 225

21. AS MUTAÇÕES DE UMA S/A, 227
    21.1 Transformação, 229
    21.2 Incorporação, 229
    21.3 Fusão, 230
    21.4 Cisão, 231

22. SOCIEDADE DE ECONOMIA MISTA, 233

23. OS GRUPOS SOCIETÁRIOS, 237
    23.1 Coligação e controle. Participação recíproca, 239
    23.2 Responsabilidades administrativas, 239
    23.3 Demonstrações financeiras de sociedades interligadas, 240
    23.4 Subsidiária integral, 241

24. OS GRUPOS SOCIETÁRIOS CONVENCIONAIS, 243
    24.1 Os grupos de subordinação, 245
    24.2 O consórcio, 246

25. SOCIEDADE COOPERATIVA, 247
    25.1 Conceito de cooperativa, 249
    25.2 Características da cooperativa, 251
    25.3 Importância da instituição, 252
    25.4 Cooperativa central, 255
    25.5 Os órgãos diretivos, 256
    25.6 Os títulos emitidos, 257
    25.7 A cooperativa no novo Código Civil, 259

26. DA SOCIEDADE SIMPLES, 263
    26.1 A inovação societária, 265
    26.2 A relevância do novo tipo societário, 266
    26.3 A regulamentação legal, 270
    26.4 A constituição da sociedade simples, 270
    26.5 Dos direitos e obrigações dos sócios, 273
    26.6 Da administração da sociedade simples, 276
    26.7 Das relações com terceiros, 283
    26.8 Da resolução da sociedade simples em relação a um sócio, 285

26.9 Da dissolução da sociedade simples, 288
26.10 A sociedade corretora de imóveis, 293
26.11 A sociedade administradora de imóveis, 294
26.12 A sociedade agropecuária, 294

27. O REGISTRO DE SOCIEDADES, 297
    27.1 A legislação cartorária, 299
    27.2 Empresa e sociedade, 301
    27.3 A organização do registro, 302
    27.4 Carteira profissional de empresário, 303
    27.5 Finalidade do registro, 304
    27.6 A sociedade estrangeira, 305
    27.7 O estatuto do estrangeiro, 307
    27.8 Autenticação de documentos, 311
    27.9 A publicidade do registro, 312
    27.10 Proteção ao nome empresarial, 313

28. DESCONSIDERAÇÃO DA PERSONALIDADE JURÍDICA DA SOCIEDADE, 317
    28.1 A personalidade jurídica da sociedade, 319
    28.2 O mau uso da personalidade, 320
    28.3 A "Disregard Theory", 321
    28.4 A reação à fraude e ao abuso, 321
    28.5 A posição do Judiciário, 324
    28.6 A previsão legal brasileira, 326

29. A SOCIEDADE ESPORTIVA, 331
    29.1 Sociedade e associação, 333
    29.2 A sociedade esportiva, 335
    29.3 A sociedade esportiva e seu atleta, 336
    29.4 Associação deturpada, 339
    29.5 A fonte do direito esportivo e do esporte, 341
    29.6 A nova legislação, 345

30. A COMPANHIA COMERCIAL EXPORTADORA, 351
    30.1 Regulamentação das "trading companies", 353
    30.2 A origem das "trading companies", 354

30.3 Utilidades e vantagens, 355
30.4 Entrepostagem, 357

31. A SOCIEDADE ESTRANGEIRA, 359
    31.1 Conceito e legislação pertinente, 361
    31.2 Sistema de registro, 362
    31.3 Obrigações específicas, 364
    31.4 Restrições e impedimentos, 365

32. A SOCIEDADE NACIONAL, 371
    32.1 Conceito de sociedade nacional perante o novo Código Civil, 373
    32.2 A mudança de nacionalidade, 374
    32.3 Sociedades dependentes de autorização do Governo, 374

33. AS MODIFICAÇÕES DA SOCIEDADE, 377
    33.1 Aspectos gerais das modificações, 379
    33.2 A transformação, 379
    33.3 A incorporação, 380
    33.4 A fusão, 381
    33.5 A cisão, 382
    33.6 A defesa dos credores, 383

34. DAS SOCIEDADES LIGADAS, 387

PREFÁCIO DA SEGUNDA EDIÇÃO

Há quase um século se desenvolvia a luta para a modernização do direito brasileiro, mormente no que tange ao Direito Empresarial. Há cerca de dez anos, um grupo de mestres de Direito Comercial e especialistas desta área reuniu-se em São Paulo, criando o Instituto Brasileiro de Direito Comercial "Visconde de Cairu", entidade disposta a lutar pela reformulação do Direito Empresarial e introdução de novas idéias já dominantes no mundo inteiro, mas que o Brasil relutava em aceitar, mantendo-se atrelado a Napoleão Bonaparte, melhor dizendo, ao Código Comercial francês, surgido por iniciativa de Napoleão Bonaparte, chamado por isso de Código Napoleão. Esse código encarnava as idéias da Revolução Francesa e dos interesses da burguesia emergente. Nosso Direito Comercial repousava em nosso código, espelho do Código Napoleão.

Concomitantemente, no Rio de Janeiro, numeroso grupo de comercialistas criaram o Instituto Brasileiro de Direito Comercial "Carvalho de Mendonça", propondo-se à defesa das mesmas idéias de São Paulo. Era a luta pela concretização do Mercosul, pela adoção da arbitragem na resolução de controvérsias empresariais, por uma nova lei falimentar, nova lei cambiária paralela à Convenção de Genebra, a reformulação do ensino do Direito Comercial nas faculdades de direito, a regulamentação da sociedade civil, e tantos outros.

Todavia, os dois institutos estavam cientes de que essa luta seria inócua se não houvesse solução básica, ampla e profunda do Direito Comercial, que poderia finalmente ser chamado de Direito Empresarial ou Direito de Empresa, como aconteceu na França e agora se amplia pela

União Européia. E essa solução básica seria a promulgação do novo Código Civil, cujo projeto tramitava há vários anos pelo Congresso Nacional. Por essa razão, a bandeira empunhada pelo Instituto Brasileiro de Direito Comercial "Visconde de Cairu", juntamente com seu congênere carioca, foi pelo sucesso do projeto criador do novo Código Civil brasileiro.

Finalmente a batalha de 27 anos atingiu seu objetivo e temos o novo Código Civil. A nova lei básica eliminou o superado, arcaico, omisso, anacrônico Código Comercial de 1850, calcado no código napoleônico, incorporando sua matéria num único código. Com isso, o Direito Empresarial tornou-se direito de primeiro mundo, consentâneo com a realidade da sociedade brasileira. Introduziram-se na legislação brasileira as idéias brotadas do genial comercialista Tullio Ascarelli, que foram consagradas universalmente, até mesmo na França, a inspiradora de nosso antigo Código Comercial.

A segunda edição deste livro de Direito Societário não pode nem ser chamada de reedição, uma vez que é nova obra. O antigo Direito Societário, omisso, incoerente e arcaico morreu; nasce em seu lugar o Direito Societário moderno, legislativamente perfeito, atualizado e brilhante, dado à luz pelo novo Código Civil. Cabe agora a nós, brasileiros, amoldar-nos ao direito atual, o que não deverá ser fácil, após convivermos mais de um século com um monstrengo. Nossa luta será outra: aceitarmos um direito caracterizado pela coerência, pela modernidade, pela perfeição doutrinária.

Esperamos, com esta edição, contribuir para a adaptação do Brasil à nova era jurídica. É obra eminentemente didática, destinada principalmente aos acadêmicos de direito, tendo ainda em vista os empresários e os executivos.

Esta obra de Direito Societário é a primeira publicada após o advento do novo Código Civil e vinha sendo preparada há mais de um ano, esperando apenas o surgimento do novo código. A reformulação da obra foi quase total, agravada com a promulgação da Lei 10.303, de 31.10.2001, introduzindo muitas modificações na Lei das S/A, com vistas principalmente ao desenvolvimento do mercado de capitais.

Louve-se ainda a luta empreendida pela Associação Brasileira de Arbitragem – ABAR, pela recomendação da arbitragem como fórmula de solução de controvérsias societárias, o que foi introduzido na Lei das S/A pela reformulação operada pela Lei 10.303, de 31.10.2001. Essa forma de resolução de disputas fazia parte dos objetivos dessa entidade específica e desde há muito do Instituto Brasileiro de Direito Comercial "Visconde de Cairu".

Foram ainda levadas em consideração várias instruções normativas emanadas do DNRC – Departamento Nacional de Registro do Comércio, resoluções do CMN – Conselho Monetário Nacional e diversos atos normativos da CVM – Comissão de Valores Mobiliários.

A tão desejada reformulação porém não se completou. Continuaremos a luta, daqui por diante concentrada no sucesso do projeto de lei da nova lei falimentar, calcada em anteprojeto de nossa autoria, em tramitação no Congresso Nacional, que virá complementar a implantação de um Direito Empresarial em nosso país.

O Autor deste compêndio pede vênia para homenagear dois insignes mestres de direito diríamos até incorporados no novo direito brasileiro:

Prof. Dr. MIGUEL REALE – Meu antigo mestre na Faculdade de Direito da Universidade de São Paulo. Presidente da douta comissão elaboradora do projeto do Código Civil e procedeu, no decorrer de todos esses anos, ao exame de mais de duas mil propostas de modificações apresentadas ao projeto. Insta ainda falar que, com a Constituição Federal de 1988, a douta comissão foi obrigada a fazer a adaptação do projeto à nova Magna Carta. Em conseqüência deste ingente trabalho, nosso Código Civil é atualizadíssimo, apesar do tempo decorrido em discussão.

Prof. Dr. GIUSEPPE FERRI – Sucessor do inolvidável Tullio Ascarelli na faculdade de direito da Universidade de Roma "La Sapienza", na cadeira de Direito Comercial. Preclaro mestre de direito, discípulo de Tullio Ascarelli, transmitiu ao mundo as idéias do mestre, sob ótica mais modernizada e adaptada ao mundo atual e do futuro. Suas inesquecíveis aulas na Universidade de Roma e na Universidade de Bologna inspiram todas as idéias deste discípulo.

As homenagens do Autor reconhecido estendem-se ainda ao seu orientador no curso de pós-graduação da faculdade de direito da Universidade de São Paulo, Prof. Dr. Nelson Abrão, cujos ensinamentos encontram-se em todos os escritos deste discípulo. Um pleito de saudade ainda ao combativo e saudoso mestre Mauro Brandão Lopes, espartano lutador pelo Direito Empresarial e, especificamente, do Direito Societário.

1. PESSOAS JURÍDICAS

1.1 Conceito de pessoa jurídica
1.2 Sociedade e comunhão
1.3 Sociedade e associação
1.4 Sociedade e empresa
1.5 Sociedades civis e mercantis

1.1 Conceito de pessoa jurídica

O direito prevê variadas espécies de pessoas, divididas num sentido geral em pessoas físicas e jurídicas. A pessoa humana, o ente humano, ou pessoa física é também chamada de pessoa natural por ser fruto de um ato da natureza. A comprovação de sua existência jurídica, segundo a Lei dos Registros Públicos, faz-se pela inscrição no Registro Civil de Pessoas Naturais.

As pessoas jurídicas não são frutos de um ato da natureza, mas da burocracia. Criam-se com papéis de registros. Enquanto a pessoa natural é formada por um só ente humano, a pessoa jurídica é constituída normalmente de uma ou mais pessoas. Seu registro será feito no Registro Civil de Pessoas Jurídicas, se for pessoa jurídica civil, e na Junta Comercial se for pessoa jurídica mercantil.

É possível que uma pessoa jurídica seja constituída por uma só pessoa física. Se uma pessoa quiser registrar-se como empresa, poderá fazê-lo e passará a ser uma pessoa jurídica, distinta da pessoa do cidadão que se registrar: é a empresa individual ou empresário mercantil individual. Em nossos dias, é raro encontrar-se esse tipo de empresa, pois embora sejam pessoas distintas, há comunicação patrimonial e as responsabilidades assumidas por uma dessas pessoas se vincularão a outra. Discute-se sobre a existência ou não de duas pessoas nesse caso; para nós porém, há duas pessoas, uma natural e a outra jurídica.

A pessoa jurídica é normalmente constituída pela participação de duas ou mais pessoas para a realização de um fim e reconhecida pela ordem jurídica como sujeito de direito. Podem as pessoas jurídicas ser de direito público e de direito privado. As primeiras são a União, os Estados, o Distrito Federal e os Municípios. As de direito privado são as sociedades civis, as sociedades mercantis, as associações de utilidade pública e as fundações. O nosso objeto de estudo restringe-se porém às sociedades mercantis, embora façamos ainda um estudo da sociedade civil, chamada pelo novo código de sociedade simples.

Há vários tipos de pessoas jurídicas, algumas definidas em lei, outras apenas referidas esparsamente. Pode ser a fundação, a associação, a sociedade, a "joint venture", o condomínio, o consórcio. Discute-se quanto à massa falida e à herança, consideradas pessoas jurídicas por alguns juristas. O Direito Societário ocupa-se de um tipo especial de pessoa jurídica, a sociedade, tanto que esta é quem dá o nome a esse ramo do Direito Empresarial.

O tipo de sociedade que mais nos interessa é a sociedade empresária, assim chamada pelo código, malgrado possa ainda ser chamada de mercantil. Outro tipo de sociedade merecedora de muita atenção é a sociedade civil, ou, pelo nosso código, a sociedade simples. O conceito aplicado à sociedade é muito variado, mas se ressalta o referido pelo art. 981 do Código Civil:

> "Celebram contrato de sociedade as pessoas que reciprocamente se obrigam a contribuir com bens ou serviços, para o exercício de uma atividade econômica e a partilha, entre si, dos resultados. A atividade pode restringir-se à realização de um ou mais negócios determinados."

Nosso código olha a sociedade como um contrato. Como fica dado um sentido contratual à sociedade, temos a considerar o sentido do contrato também. O direito brasileiro, mormente o Direito Empresarial, teve profunda remodelação com o novo Código Civil, renovação essa extremamente louvável e o próprio conceito de contrato entrou nessa renovação.

O contrato é o acordo de duas ou mais partes para constituir, regular ou extinguir entre elas uma relação jurídica patrimonial. É importante essa última afirmação: patrimonial quer dizer ligado a dinheiro, a valores monetários. Assim, todo contrato vai influir na variação patrimonial das partes contratantes. É o que ocorre com o contrato de sociedade, chamado comumente de contrato social, sendo as partes dele chamadas de sócios. Ao celebrar esse contrato, o contratante deve transferir dinheiro à sociedade, desfalcando pois seu patrimônio pessoal. Em compensação, adicionam ao seu patrimônio um novo valor: a quota social.

Depreende-se da própria definição e de vários artigos do Código Civil e outras leis complementares a presença de várias características, das quais citaremos:

1 – É uma pluralidade de pessoas, no mínimo duas (non datur societas de individu);
2 – Contribuição, de todas as pessoas que a compõem, de valores pecuniários, quer em pecúnia, ou em bens e serviços que representem dinheiro;

3 – Objeto social: um objeto como o de exercer atividades empresariais específicas;
4 – Objetivo social: intento lucrativo, a finalidade de lucro, como objetivo comum;
5 – Registro em órgão público competente: a sociedade empresária na Junta Comercial e a sociedade simples no Cartório de Registro Civil de Pessoas Jurídicas;
6 – *Affectio societatis*: é a integração dos sócios na sociedade, com a confiança mútua que deve reinar entre eles, colocados todos no interesse da sociedade, persistindo durante a vida social;
7 – O domicílio, a sede da sociedade;
8 – A administração das atividades societárias exercida pelos sócios;
9 – Participação de cada sócio nos resultados, sejam lucros, sejam perdas;
10 – Personalidade jurídica, segundo o art. 98 do novo Código Civil:

> "A sociedade adquire personalidade jurídica com a inscrição, no registro próprio e na forma da lei, dos seus atos constitutivos."

1.2 Sociedade e comunhão

A comunhão é um instituto pouco tratado pela nossa legislação, mas não é tão desconhecido, se considerarmos o regime de bens no casamento, outrora predominante: a comunhão de bens. Por esse regime, bens presentes e futuros dos cônjuges se comunicam, formando um patrimônio único, um acervo, uma só massa pertencente a ambos os cônjuges. Forma-se um tipo de sociedade, tendo os cônjuges direito à metade desse patrimônio.

Dá-se pois a comunhão quando um direito pertence a várias pessoas, como é o caso do condomínio, embora este se aplique a direitos reais. Também é o caso de uma herança que pertença a vários herdeiros. Citemos o exemplo de duas casas geminadas, isto é, divididas por uma parede comum, ou de dois apartamentos contíguos, separados por uma parede. Quem será o dono daquela parede? Naturalmente os donos dos dois apartamentos, os dois *comunheiros*.

O Código Civil italiano, nos artigos 1.100 a 1.116, em título chamado *Da Comunhão*, regulamenta bem a comunhão, projetando essa regulamentação no novo Código Civil brasileiro. Dá-se a comunhão, segundo o art. 1100:

Quando la proprietà o altro diritto reale speta in comune a piú persone. (Quando a propriedade ou outro direito real pertença em comum a mais de uma pessoa.)

Por esse pressuposto, dá-se a comunhão numa sociedade, pois o patrimônio dela pertence a vários sujeitos. Assim sendo, os sócios são ao mesmo tempo, *comunheiros*. Não se confundem porém as duas realidades. A sociedade se constitui pela vontade das partes, expressa no contrato social; participa dele a *affectio societatis*, vale dizer, a ampla aceitação dos sócios em serem apenas co-donos do acervo social. Não é o que ocorre na comunhão; esta se origina da situação da coisa partilhada, como a parede divisória de dois apartamentos. A comunhão é estabelecida pela lei; a sociedade pelo contrato, isto é, pela convergência da vontade dos sócios.

Se duas casas geminadas pertencem a duas pessoas incapazes, sendo ambas co-donas da parede divisória dos dois apartamentos, nota-se que os comunheiros podem ser incapazes. Enquanto isso, os sócios de uma sociedade deverão ser capazes, pois devem manifestar sua vontade, participando da *affectio societatis*, contraindo sérias obrigações. Os sócios, ao constituírem a sociedade, criaram uma pessoa jurídica, que contraiu obrigações perante os próprios sócios e adquiriu direitos contra eles. A comunhão não tem personalidade jurídica, como tem a sociedade.

Uma das inúmeras inovações louváveis introduzidas pelo novo código foi a regulamentação do instituto já consagrado da comunhão. Como se trata de questão específica do Direito Civil, reservamo-nos apenas ao seu vínculo com a sociedade.

1.3 Sociedade e associação

Visando a dar fim à confusão jurídica atualmente reinante, é imprescindível estabelecer distinção entre dois tipos de entidades gregárias em grande evidência na vida associativa. Entidade gregária é entendida como a aglutinação de pessoas, movidas por vários fatores para atividades em comum ou vida em comum. Sua origem etimológica está no termo latino *grege*=rebanho, povo, partido. As entidades em referência são a sociedade e a associação. As duas podem ser chamadas de agremiação ou grêmio (de grei).

Essas duas agremiações se vão distinguir em sete aspectos, embora haja algumas dúvidas e exceções, mas no conjunto elas caracterizam uma e outra, de forma inconfundível. Faremos então um comentário sobre cada um dos sete aspectos.

1 – A sociedade tem como objetivo a obtenção de lucros. A motivação capaz de unir seus membros é a expectativa de lucros futuros. Constituem um meio de vida; cada membro se torna um dependente dela. Sua estrutura e sua filosofia de trabalho se constituem em função de seu objetivo: o objetivo econômico.

A associação não tem intento lucrativo, mas social, político, cultural, moral, beneficente e outros semelhantes. Não distribui lucros, uma vez que não os persegue. Vamos dar alguns exemplos de associações, que, repita-se, não têm fim lucrativo:

- Associação Brasileira de Arbitragem – ABAR – que se predispõe a implantar e a divulgar a arbitragem no Brasil;
- Instituto Brasileiro de Direito Comercial "Visconde de Cairú" – que se propõe a aprimorar e modernizar o Direito Empresarial no Brasil;
- Instituto dos Advogados do Brasil – que se propõe a realizar estudos de direito e aprimoramento das instituições jurídicas.

2 – Na sociedade, o dinheiro que os sócios lhe conferem forma o capital, considerado como um fundo pertencente aos sócios. O dinheiro que o sócio aporta ao capital da sociedade é um investimento, ou seja, a aplicação de um dinheiro na sociedade, para depois auferir lucros, podendo retirá-lo, se não lhe for mais conveniente.

Na associação, o dinheiro que o associado lhe aporta é o pagamento do preço dos serviços que a associação lhe presta. Não é investimento, mas um pagamento. Desde o momento em que o dinheiro saiu da mão do associado deixou de ser patrimônio seu, entrando para o patrimônio da sociedade.

3 – A sociedade presta serviços a terceiros, serviços esses remunerados por clientes externos. É o caso de uma montadora de automóveis. O que faz ela? Produz automóveis e os coloca à disposição do mercado consumidor. Vive em função da venda de seus produtos a seus fregueses.

A associação presta serviços aos seus associados e só a eles. Não pode receber pagamento externo pelos seus serviços, vale dizer, não pode prestar serviços a terceiros. Digamos, por exemplo, que os alunos de uma escola constituem associação para a promoção de bailes. Ela organiza bailes para eles e outras atividades.

4 – A sociedade se constitui de três maneiras: por um contrato, por assembléia geral, ou por lei. Há portanto sociedades contratuais, estatutárias e legais. O contrato é o acordo de duas ou mais partes para regulamentar entre elas uma relação jurídica patrimonial.

A associação se forma por uma reunião de pessoas interessadas que estabelecem um "pacto social". Nesse aspecto, a associação tem alguma similaridade com a S/A: são entidades estatutárias. A estrutura e os itens de sua organização ficam ditados por um estatuto, aprovado pela assembléia geral dos associados.

5 – Na extinção da sociedade, o patrimônio dela é destinado aos sócios. Estes receberão de volta o valor do patrimônio da sociedade extinta, na proporção do capital que eles atribuíram ao patrimônio dela. São os sócios os donos da sociedade e portanto têm dela o direito de propriedade (jus utendi, fruendi et abutendi).

Se a associação se extinguir, seu patrimônio nem poderá ser distribuído aos associados, pois não lhes pertence. O estatuto estabelecerá quem será destinatário do patrimônio da associação. Normalmente será o Governo.

6 – A sociedade desenvolve atividades empresariais. Produz e vende mercadorias e serviços. Exerce a empresa trabalhando profissionalmente para suprir as necessidades do mercado consumidor.

A associação só presta serviços a um público interno, aos seus associados. Não pode vender-lhes mercadorias mas apenas prestar-lhes serviços previstos no estatuto.

7 – O componente da sociedade chama-se sócio e tem um perfil próprio. Normalmente é de número restrito; é muito comum sociedade de apenas dois sócios, às vezes, marido e mulher. Poucas são as sociedades de muitos sócios, nesse caso, só as sociedades por ações.

A associação é normalmente formada por grande quantidade de associados. Quanto mais sócios ela tiver maior será a lucratividade.

Este mesmo aspecto será tratado no final deste compêndio, quando examinarmos as diferenças sensíveis entre esses dois tipos de entidades gregárias, ao estudarmos a sociedade esportiva, um tipo de sociedade especial, realçado no Brasil contemporâneo ao surgir legislação específica sobre a sociedade esportiva. Trata-se de um estudo doutrinário realmente sugestivo e levantado no momento em que a confusão entre essas duas entidades tem gerado severas críticas, principalmente pelas sociedades praticantes de competições esportivas de futebol. Serão elas mesmo sociedades ou associações?

Faremos então um esquema para estabelecer resumidamente um paralelo entre essas duas agremiações:

SOCIEDADE	ASSOCIAÇÃO
1. Possui intento lucrativo; visa a lucros.	1. Não possui intento lucrativo; não visa a lucros.
2. O dinheiro aportado pelos sócios é um investimento, pertence a ele.	2. O dinheiro aportado pelo associado não é investimento mas pagamento e taxa de prestação de serviços.
3. Presta serviços a terceiros.	3. Presta serviços só aos associados.
4. Constitui-se normalmente por contato.	4. Nunca se constitui por contrato.
5. Na sua extinção, o patrimônio deve ser repartido entre os sócios.	5. Na sua extinção, o patrimônio não pode ser repartido entre os associados.
6. Desenvolve atividades empresariais.	6. Não desenvolve atividades empresariais, mas sociais, políticas, culturais, recreativas, sindicais, beneficentes, esportivas.
7. Seus membros são chamados sócios, e geralmente são poucos.	7. Seus membros são chamados associados e geralmente são muitos.

27

1.4 Sociedade e empresa

Não é muito fácil apontar os fatores que separam a sociedade da empresa, já que ambas são duas realidades não distintas, mas integradas uma na outra. A empresa tem um sentido mais econômico e a sociedade mais jurídico; podemos dizer que a sociedade é constituída para o exercício da empresa. A sociedade é a roupagem jurídica da empresa, é a forma de que a empresa se reveste, para que possa se exercer nos termos da lei.

Para distinguirmos as duas realidades integradas, é conveniente partir do conceito de ambas. Teremos que nos remeter à Teoria da Empresa, cujos traços básicos e essenciais foram estabelecidos no direito italiano e na doutrina de notáveis juristas do século XX, como Alfredo Rocco, Giuseppe Ferri e principalmente Tullio Ascarelli. Da influência dos modernos comercialistas surgiu legalmente a consideração da Empresa, no art. 982 do Código Civil italiano:

È imprenditore chi esercita profissionalmente atività economica organizzata al fine della produzione o dello scambio di beni e di servizi	É empresário quem exerce profissionalmente atividade econômica organizada, para a produção ou a troca de bens e de serviços.

Nosso Código Civil novo, na esteira do Código Civil italiano, com ligeiras modificações na linguagem, estabelece conceito idêntico:

> "Considera-se empresário quem exerce profissionalmente atividade econômica organizada para a produção ou a circulação de bens e de serviços."

É conveniente esclarecer que tanto o código italiano como o brasileiro não falam empresa mas empresário, usando um termo no lugar do outro, aplicando a sinédoque, figura de linguagem consistente em usar um termo por outro. Essa figura de linguagem poderá causar algum espanto na interpretação e por isso será de toda conveniência realçar essa aplicação. O Dicionário Contemporâneo da Língua Portuguesa, também conhecido como Caldas Aulete, considerado por muitos como o ideal para os advogados, traz-nos excelente verbete sobre a figura literária da sinédoque:

SINÉDOQUE – tropo pelo qual se diz muito em pouco, ou pelo qual se toma a espécie pelo gênero, a parte pelo todo, a matéria pela forma, o singular pelo plural, a classe pelo indivíduo, o concreto pelo abstrato. Ou vice-versa, o gênero pela espécie, o todo pela parte, etc. Por exemplo: quatro velas por quatro navios, as ondas pelo mar.

Essa troca de palavras (ou esse tropo) tem significado mais profundo. Quer esclarecer que as atividades empresariais são exercidas pela empresa e não pelo empresário, o homem que a dirige.

A partir da definição *ut supra*, poderemos interpretar a realidade de uma empresa, sinônimo de empreendimento. Empresa é pois um empreendimento, o exercício de uma atividade, com certas características que a realçam. Essa atividade é profissional, assim considerada por perseguir o lucro, uma vez que toda profissão é exercida para proporcionar ao exercente um ganho. O exercício profissional, além disso, realiza-se de forma continuada e especializada, não eventual, esporádica. A empresa dedica-se pois a uma atividade permanente, num objetivo definido e estável.

Desenvolve a empresa uma atividade econômica organizada, produzindo riqueza com intensa modificação patrimonial; adquire matéria-prima, processa suas compras, fazendo surgir novos produtos e levando-os aos que dele necessitam. Proporciona lucros e ganhos àqueles que se integram nas suas atividades, como empresários, funcionários, fornecedores e distribuidores. A atividade econômica se diz organizada porque é cientificamente planejada, executada e controlada.

Conceituada como atividade, a empresa é uma ficção, um conjunto de esforços. Não tem personalidade jurídica e, como tal, não é sujeito de direito, embora possa ser objeto de direito. Para que a empresa possa ser exercida nos termos da lei, é preciso que ela se formalize juridicamente, revista-se de uma roupagem legal, formando-se numa sociedade. Constitui-se então um centro de imputação de relações jurídicas; surgiu um sujeito de direito, capaz de exercer direitos e contrair obrigações.

A sociedade mercantil é uma pessoa jurídica e se constitui por um contrato. Vê-se então um contraste: a sociedade é um contrato, a empresa uma atividade; a sociedade é uma pessoa jurídica, portanto sujeito de direito, mas não o é a empresa. Sendo assim, a personalidade jurídica de uma empresa é atribuída à sociedade que a exerce.

Vê-se então que a sociedade é uma instituição criada em função da empresa; ela é a armadura jurídica da empresa. Não há portanto sociedade sem empresa, mas a recíproca não é verdadeira: há empresa sem sociedade. Refere-se ao empresário mercantil individual, também chamado empresa mercantil individual. É uma empresa constituída por uma só pessoa, registrando-se normalmente na Junta Comercial e operando sob o nome empresarial, que é o nome próprio da pessoa que a compõe. Por exemplo, o Sr. Manuel Joaquim Fernandes deseja exercer atividades empresariais, mas não quer sociedade, não quer sócio; prefere operar sozinho. Requer então o registro na JC como empresa individual, que receberá o nome próprio de seu componente. Passará a existir a empresa MANUEL JOAQUIM FERNANDES, que pertence ao Sr. MANUEL JOAQUIM FERNANDES. É uma empresa sem sociedade.

1.5 Sociedades civis e mercantis

As sociedades são classificadas de diversas maneiras, observando critérios diferentes de classificação. No presente compêndio será estudada essa classificação. A mais importante dessas classificações parece ser a de colocar a sociedade entre civil e mercantil. Nosso código chama-as de *sociedade simples* e *sociedade empresária*. Salvo exceções expressas, considera-se empresária a sociedade tendo por objeto o exercício de atividade própria de empresário sujeito a registro na Junta Comercial, e, simples, as demais.

Quando se fala em exceções expressas, refere-se a certas sociedades consideradas de natureza civil ou mercantil por força ou autoridade da lei, ou seja, é a lei que vai dizer se é civil ou mercantil. Por exemplo, diz o Código Civil (quando falamos em Código Civil é sempre o novo) que, independente de seu objeto, considera-se empresária a sociedade por ações, e simples, a cooperativa.

A sociedade empresária pode adotar diversos modelos societários, das quais faremos estudo especial neste compêndio:
sociedade em nome coletivo – sociedade em comandita simples – sociedade limitada – sociedade anônima – sociedade em comandita por ações.

A sociedade simples, todavia, pode também constituir-se de conformidade com um desses modelos, ou subordinar-se às normas que lhe são próprias, mas deixará de ser sociedade simples. Destarte, se uma empresa prestadora de serviços (atividade da sociedade simples) quiser organizar-se e constituir-se como sociedade anônima, nada obsta. Os bancos e demais instituições financeiras são prestadores de serviços e, no entanto, revestem-se da forma societária de S/A; é o que ocorre, por exemplo, com as empresas prestadoras de serviços médicos. Ocorre também com as empresas agropecuárias. A sociedade que tenha por objeto o exercício de atividade própria de empresário rural e seja constituída, ou transformada, de acordo com um dos tipos de sociedade empresária, pode requerer a inscrição no Registro das Empresas, ou seja, a Junta Comercial, de sua sede. Depois de inscrita na Junta Comercial, ficará equiparada, para todos os efeitos, à sociedade empresária.

Não será, entretanto, no moderno direito nacional apenas essa distinção para um seguro posicionamento entre esses dois tipos de sociedades.

Duas diferenças sugestivas vão marcar primeiramente a sociedade civil (ou sociedade simples), afastando-a da mercantil (ou empresária); uma de caráter burocrático, pelo tipo de registro, e outra pelo objetivo de prestar serviços. Com efeito, a sociedade simples registra seus atos constitutivos no Cartório de Registro Civil e de Pessoas Jurídicas, enquanto que a sociedade empresária os registra na Junta Comercial. Não sendo registrada na Junta Comercial, por não exercer atividade mercantil, não desfruta dos benefícios que a legislação empresarial concede às sociedades empresárias. O principal desses benefícios é a capacidade de desfrutar da concordata; por outro lado, a sociedade civil está isenta de um possível pedido de falência. Não poderá revestir-se da forma de S/A, pois, se o fizer, deixará de ser civil e passará a ser mercantil, segundo a própria regulamentação das sociedades por ações.

Ao falar sobre o Direito Falimentar, que não se aplica à sociedade simples, fazemos um hiato para levantar problema que potencialmente poderá superar a informação aqui dada. É de que está correndo no Congresso Nacional uma nova Lei Falimentar, renovadora profunda do atual sistema falimentar vigorante no direito brasileiro. Caso seja aprovado esse projeto de lei, desaparecerão os institutos da falência e da concordata, surgindo outros institutos no lugar deles. Além disso, esse projeto pretende incluir a sociedade simples nos seus efeitos. Falamos entretanto em projeto de lei, que aguardaremos com ansiedade e entusiasmo, pois, assim como o novo Código Civil trouxe extraordinários benefícios ao Direito Empresarial, a nova Lei Falimentar trará benefícios das mesmas proporções ao Direito Falimentar.

É sociedade empresária, isto é, exerce atividade mercantil, toda sociedade que tenha por fim a produção de mercadorias para colocação no mercado consumidor, com finalidade de lucro, vale dizer a indústria. Uma indústria não produz para si, mas para o mercado consumidor; exerce atividade econômica organizada e profissional, ou seja, produz riquezas e aufere lucros. É ainda mercantil a sociedade que, embora não produza as mercadorias que comercializa, exerça intermediação entre o produtor e o consumidor, compra por atacado e vende a varejo.

São também de natureza mercantil as instituições financeiras, como os bancos, as empresas de seguros, de transportes coletivos, as empresas de armazéns gerais, as *trading companies*, as sociedades por ações, as empresas de arrendamento mercantil e outras mais. Todas elas, como já falado, são sociedades empresárias, devendo se registrar no Registro Público de Empresas Mercantis, representado nos Estados pela Junta Comercial.

A sociedade civil é registrada no Cartório de Registro Civil de Pessoas Jurídicas, mas sua principal característica é o objeto social: a prestação de serviços. Para se saber que serviços prestam as sociedades civis, podemos obter melhores esclarecimentos no Direito Tributário: enquanto as sociedades empresárias pagam IPI e ICM, as sociedades civis pagam ISS. Podemos citar como sociedades prestadores de serviços a empresa de vigilância, de limpeza, colocação de cortinas e carpetes, serviços de psicologia, de consultoria econômica, arquitetura e muitas outras. Nossa legislação considera como civis as atividades relacionadas com imóveis, como administração de bens, corretagem de compra e venda de imóveis.

Formalmente, não é difícil verificar se uma sociedade é simples ou empresária. Basta examinar seu contrato social. No contrato deve constar com clareza o objeto social; se a sociedade tem como objeto social atividade mercantil, tal como compra e venda de mercadorias ou se for uma indústria, será sociedade empresária. Se, porém, constar como objeto social a prestação de serviços, será sociedade simples.

Em capítulo logo adiante, faremos estudo mais aprofundado sobre a sociedade simples, regulamentada recentemente pelo novo Código Civil, e poderemos fazer idéia mais precisa sobre esse tipo de sociedade.

2. O CONTRATO SOCIAL

2.1 Atos constitutivos

2.2 Conceito de contrato social

2.3 Elementos essenciais
   2.3.1 Acordo de vontades
   2.3.2 Formação do capital
   2.3.3 *Affectio societatis*
   2.3.4 A obtenção de lucro

2.4 O *status* de sócio

2.5 Deveres do sócio

2.6 Direitos do sócio

2.7 Natureza jurídica do contrato de sociedade

2.1 Atos constitutivos

Atos constitutivos são os documentos que comprovam os acertos e os componentes de uma sociedade, a existência dessa sociedade e suas características e elementos. O ato constitutivo primordial é o contrato social e seu registro na Junta Comercial, comprovado por uma Certidão de Registro. É o ato que constitui a sociedade, daí a designação de atos constitutivos.

Para que se forme uma sociedade é necessário um acordo de vontades em que os sócios decidem constituir a sociedade, prevendo os direitos e obrigações que caberão a cada um. Esse acordo de vontades é formalizado no contrato social. É um ato coletivo ou plurilateral por nele se integrarem todos os sócios. Difere contudo dos contratos comuns, que se exaurem numa operação, enquanto o contrato social é estabelecido sem vencimento, com ânimo de duração ilimitada.

Não basta formalizar o contrato; a sociedade empresária só terá existência legal quando for registrada na Junta Comercial. Se for uma sociedade simples, no Cartório de Registro Civil de Pessoas Jurídicas. O registro das sociedades empresárias se faz nos termos da Lei 8.934/94, devidamente regulamentada pelo Decreto 1800/96. O *modus faciendi* do registro de sociedades mercantis está previsto nos arts. 62 a 82 desse decreto. A sociedade simples tem seu registro regulamentado pela Lei 9.085/46.

O contrato social é o primeiro e o principal ato constitutivo de uma sociedade, mas não o único. Qualquer modificação que se opera na estrutura da sociedade implicará na alteração do contrato, constituindo outro ato constitutivo a ser registrado no órgão público competente.

O contrato social deverá apresentar certas características essenciais, de acordo com o modelo societário adotado. A formação do contrato social é mais ou menos uniforme e tem como modelo o da sociedade simples, expresso no art. 997 do novo Código Civil. O contrato social pode ser elaborado por instrumento público ou particular. Normalmente é feito por instrumento particular, pois o instrumento público é elaborado por cartório oficial; é custoso e trabalhoso. As cláusulas essenciais são aquelas que não podem faltar no contrato; são obrigatórias. São as seguintes:
1 – O nome, nacionalidade, estado civil, profissão e residência dos sócios, documentos identificadores (enfim a qualificação completa dos sócios).
É possível que haja como sócios pessoas jurídicas; nesse caso, deverão constar o nome empresarial (firma ou denominação), nacionalidade, sede, registros identificadores, como o CGC e a IE;

2 –   O nome empresarial da sociedade (firma ou denominação);
3 –   A sede social, ou seja, o domicílio da sociedade;
4 –   O objeto social de modo claro e preciso. Por exemplo, não basta dizer indústria, mas que tipo de indústria: metalúrgica, têxtil, alimentícia, etc.;
5 –   O prazo de duração. Geralmente é por tempo indeterminado, mas a sociedade pode ter prazo de duração;
6 –   O capital social, expresso em moeda corrente nacional, sua divisão em quotas e a quem pertencem essas quotas;
7 –   O modo de realização do capital: se ele é realizado no ato da constituição da sociedade, ou será posteriormente: se é realizado em dinheiro ou bens, ou prestação de serviços (neste caso, devem constar as prestações a que se obriga o sócio). Realizar tem o sentido de pagar;
8 –   Quem são seus administradores, também chamados de representantes legais, e seus poderes e atribuições;
9 –   A participação de cada sócio nos lucros e nas perdas;
10 – O modelo societário, a forma prevista em lei: sociedade simples, sociedade limitada, sociedade em nome coletivo, sociedade em comandita simples.

As considerações que estamos fazendo não se aplicam às sociedades por ações, cuja forma de constituição é exposta no capítulo próprio.

Nunca será demais referir-se à necessidade de se constar no contrato a ser registrado a assinatura de um advogado, aprovando o teor do contrato. Trata-se de antiga luta dos advogados para valorizar sua profissão e considerar a elaboração do contrato social como tarefa própria de advogado.

2.2 Conceito de contrato social

A sociedade é analisada sob diversos critérios, alguns dos quais são expostos neste compêndio. Podemos dizer também que a sociedade é a conjugação de esforços de várias pessoas para desenvolver um empreendimento lucrativo. Estamos aqui examinando a sociedade pelos seus documentos, por um critério especial: o da sociedade como um conjunto de documentos.

A sociedade é constituída por um negócio jurídico celebrado entre duas ou mais pessoas, estabelecendo um acordo mútuo para operar em conjunto. A expressão *negócio jurídico*, aqui aplicada, é no sentido de *ato jurídico*, adotado pelo antigo código. Esse negócio jurídico é chamado de contrato de sociedade ou contrato social. Graças a ele se constitui a sociedade, razão porque é chamado de ato constitutivo.

Este documento tem um conceito adotado universalmente, de forma mais ou menos uniforme, partindo do que foi expresso no art. 2.247 do Código Civil italiano, modelo que inspirou o novo código civil brasileiro:

| *Con il contrato di società due o più persone conferiscono beni o servizi per l'esercizio di una atività economica allo scopo de dividirne gli utili.* | Com o contrato de sociedade, duas ou mais pessoas conferem bens ou serviços para o exercício de uma atividade econômica com o fim de dividir os rendimentos dela. |

2.3 Elementos essenciais

Vimos no item anterior quais os elementos essenciais do contrato, mas o assunto é por demais delicado e importante em termos de Direito Societário, pois a sociedade gira na órbita do contrato que a constitui. Nota-se que o contrato social implica que as pessoas que a constituem integrem nela bens, geralmente dinheiro, e tenham como objetivo dividir entre elas os rendimentos proporcionados pela sociedade. Partindo do conceito já firmado, poderemos nos aprofundar na questão, examinando os elementos e características próprios deles, agrupados em cinco características adiante expostas:

2.3.1 Acordo de vontades

Para que haja sociedade, há necessidade de uma pluralidade de pessoas, vale dizer, duas ou mais pessoas. Se o contrato é o acordo de vontades, deve ser a vontade de no mínimo duas pessoas, pois uma só não forma sociedade (*non datur societas de individu*). Se há uma sociedade, deve haver sócios, as pessoas que a compõem, os manifestadores da vontade. Há realmente algumas exceções, mas discutíveis: a sociedade unipessoal como uma empresa pública, com o capital totalmente em nome do governo, a subsidiária integral, prevista no art. 251 da Lei das S/A, a sociedade de marido e mulher. Conveniente será dizer que os sócios que compõem uma sociedade podem ser pessoas físicas e jurídicas.

2.3.2 Formação do capital

Para que uma sociedade se constitua, obrigatório se torna o aporte financeiro dos sócios, para formar o capital, o patrimônio inicial da sociedade. É da essência da sociedade que cada um dos sócios contribua para o seu capital com alguma quota, ou esta consista em dinheiro ou em bens de alguma espécie, ou em serviços prestados. Em princípio, os sócios devem conferir dinheiro para a formação do capital, o que acontece regularmente. Há porém a possibilidade de constribuir com bens ou serviços prestados, que possam ser transformados em dinheiro a ser incorporado ao capital. É o caso, por exemplo, de um sócio que cede à sociedade o imóvel em que ela instalará seu estabelecimento. Essa prática está em desuso atualmente, por ensejar fraudes e conchavos. É admitida pela Lei das S/A, que entretanto impõe sérias condições para ser utilizada.

2.3.3 *Affectio societatis*

Sendo a sociedade um esforço coletivo conjugado, necessita não apenas da contribuição material para constituir um ativo, mas do espírito de colaboração mútua dos sócios. Baseada na confiança recíproca, esse estado psicológico garante um trabalho em equipe dos sócios, essencial para o funcionamento e a sobrevivência da sociedade. Trata-se de um patrimônio intelectual da sociedade, sem condições de ser contabilizado.

É a vontade declarada no contrato, mas que deve, na mente dos sócios, ser firme, sincera e leal. São as boas intenções de reunir esforços e trabalhar em conjunto, mantendo um objetivo comum previamente estabelecido. Por essa razão, não é possível a entrada de um novo sócio, sem que todos os demais estejam de acordo, pois a confiança mútua é o fundamento da *affectio societatis*.

A *affectio societatis* deve prevalecer mesmo numa sociedade de capitais. Um cidadão pode tornar-se acionista de uma companhia, adquirindo ações no pregão da Bolsa de Valores Mobiliários, sem saber quem são os demais acionistas e nem os diretores dessa S/A. Os outros acionistas, por sua vez, desconhecem o novo adquirente das ações. Todavia, nas deliberações, se cada acionista não revelar a intenção de participar do esforço conjunto, a sociedade estará fadada ao fracionamento.

2.3.4 A obtenção de lucros

A perseguição ao lucro e sua distribuição aos sócios, proporcionalmente ao capital, é o objetivo da sociedade, qualquer que seja seu objeto. A esse respeito, é de bom alvitre distinguir o *objeto* como o tipo de atividade empresarial (indústria têxtil, siderúrgica, alimentícia, etc.) e o *objetivo*. O *objetivo* é o lucro, para distribuição entre os sócios. Por isso, será nula a sociedade em que se estipular que a totalidade dos lucros pertença a um só dos sócios; igualmente nulo será o contrato de sociedade que excluir um sócio de participação nos lucros. Nossa jurisprudência já tomou decisões de que se uma sociedade obteve lucros ficou obrigada a distribuí-los, a menos que o sócio abra mão desses lucros, reinvestindo-os no capital da sociedade.

Conseqüência do direito de participação dos sócios nos lucros obtidos pela sociedade, será também o risco e a responsabilidade nos prejuízos que ela apresentar. Nulo será o contrato que desonerar um ou mais sócios da participação nas perdas ocasionadas pelas atividades sociais. A empresa assume os riscos da atividade econômica, conforme considera o art. 2º da CLT:

> "Empregador é a empresa individual ou coletiva que, assumindo os riscos da atividade econômica, admite, assalaria e dirige a prestação pessoal de serviços."

2.4 O *status* de sócio

No exame da sociedade, temos que analisar a posição das pessoas que a compõem: os sócios. A aquisição do *status* de sócio se dá na constituição da sociedade quando duas ou mais pessoas decidem constituí-la e assinam o contrato social e o registram no órgão competente de registro. É possível tornar-se sócio não originário, vale dizer, na constituição. Após haver-se constituído, a sociedade pode admitir novos sócios, pois há o número mínimo de dois, mas não o máximo. É possível ainda a cessão de quota de um sócio para um terceiro, saindo um e entrando outro; nesse caso deverá haver sempre a concordância dos demais sócios.

O sócio é uma pessoa geralmente física, mas a lei não veda a inclusão de pessoa jurídica como sócio. É possível que uma sociedade tenha como sócios exclusivamente pessoas jurídicas. O administrador (sócio-gerente) dessa sociedade será uma pessoa física, mas agindo em nome da pessoa jurídica. Tanto a pessoa jurídica como a pessoa física têm personalidade jurídica própria, e, como conseqüência, um patrimônio próprio; nem o patrimônio nem a personalidade jurídica do sócio se confundem com a da sociedade, pois são pessoas distintas.

Sendo pessoas, os sócios deverão ter capacidade jurídica para o exercício dessa função. Reza nosso código que a validade do negócio jurídico requer agente capaz, objeto lícito e forma prescrita ou não vedada em lei. Assim sendo, não pode entrar como sócio um menor de idade, um interdito, um falido. Após o advento do Estatuto da Mulher Casada, em 1962, a mulher casada é plenamente capaz, dispensando outorga marital. O novo Código Civil regulamenta a capacidade jurídica empresarial nos arts. 972 a 980. No presente momento, entretanto, examinamos a capacidade jurídica para ser sócio e não empresário.

2.5 Deveres do sócio

O primeiro dever do sócio deverá ser o de contribuir financeiramente para a formação do capital da sociedade, pelo menos com uma quota pelo mínimo valor. Embora faculte a lei que a contribuição do sócio possa ser feita em bens ou serviços transformáveis em dinheiro, só em casos excepcionais essa prática se exerce. É o cumprimento de um compromisso assumido pelo sócio à sociedade, chamado subscrição. No momento da constituição da sociedade, o sócio tem um capital subscrito. Quando paga, fica com o capital integralizado. Se ele deixar de cumprir sua obrigação, isto é, deixar de integralizar o capital, será um sócio remisso, vale dizer um inadimplente, um negligente (remittere=negligenciar). A integralização é pois o cumprimento da obrigação assumida pela subscrição.

O segundo dever do sócio é responder pelas obrigações sociais, vale dizer, pelas obrigações que a sociedade assumir e não cumprir. O sócio de responsabilidade ilimitada pelo total das obrigações inadimplidas e o sócio de responsabilidade limitada até onde for essa responsabilidade, de acordo com o tipo de empresa e o teor do contrato social. Se for um administrador, será responsável perante a sociedade pelos atos que praticar no exercício da gerência e administração da sociedade.

2.6 Direitos do sócio

O sócio é o dono da sociedade, ou melhor, o co-dono, uma vez que a sociedade deve ter no mínimo dois sócios. Sendo dono, desfruta ele o "jus utendi, fruendi et abutendi" = direito de usar, gozar e dispor daquilo que lhe pertence. Pode portanto fechar a sociedade, da mesma forma que a abriu. Pode vendê-la a outrem ou doá-la. Ao aplicar dinheiro nela adquiriu direitos; se assume obrigações, justo seria também contrair direitos. São muitos os direitos, que agruparemos em cinco classes:

Participação nos lucros

O principal direito do sócio é o de participar dos lucros da sociedade e foi para isso que subscreveu o capital. O capital é destarte um investimento do sócio, com objetivo de lucro. É como se ele formasse um pecúlio ou uma poupança. Já fizemos referência a esse direito diversas vezes; é ele realçado em várias disposições legais e sugestiva jurisprudência. Para que faria ele a subscrição da quota no capital da sociedade se não resultasse na conquista do direito? Que sentido teria também o conceito de contrato social, expresso no art. 981, quando fala na partilha dos resultados entre os sócios?

Direito de recesso

Se o sócio tem o direito de entrar numa sociedade, tem também o direito de sair, independentemente de justificativa. O grande problema porém é a apuração do valor de sua quota para que lhe seja devolvida.

Ainda que a questão esteja sendo discutida judicialmente, não é fácil o deslinde do processo, devido à avaliação do estabelecimento (fundo de comércio), tarefa das mais difíceis.

O ideal seria um entendimento do sócio retirante com os demais e a transferência de sua quota a outrem, com a aprovação dos demais sócios, que irão aceitar novo componente da sociedade. Devido à autonomia da vontade, o sócio avalia a sua quota e discute com o comprador o valor da quota a ser transferida.

Não havendo possibilidade dessa transação, será de alta conveniência empresarial resolver o problema entre o sócio em recesso e os outros sócios por meio da mediação e arbitragem, fórmula alternativa de resolução de litígios, atualmente em larga aplicação na vida empresarial brasileira. Essa fórmula foi realçada na Lei das S/A, graças à recente reforma pela Lei 10.303/2001.

Participação na gerência da sociedade

Há dois tipos de sócios, dos quais já falamos e muito falaremos: o sócio-quotista e o sócio-gerente, este último chamado pelo novo código de administrador. Nem todos os sócios são administradores, mas todo sócio participa da escolha do administrador, podendo todos os sócios serem administradores da sociedade. Há dois direitos nesta questão: o sócio escolher o administrador e ele próprio ser o escolhido.

Por seu turno, o sócio-administrador tem direito a remuneração pelos serviços que prestar à sociedade, denominada *pro labore*. Essa remuneração não é direito do sócio mas do administrador; este porém é um sócio, de tal maneira que só sócio tem direito ao *pro labore*.

Participação nas deliberações

A escolha do administrador já representa deliberação dos sócios. Todo sócio tem o direito de deliberar sobre reforma do contrato social, como mudança de nome, de domicílio, aumento de capital. A faculdade de deliberação é proporcional ao valor de sua quota; se o sócio tem pequena quota, suas decisões podem não pesar nas decisões sociais, mas por menor que seja sua quota, seu direito de deliberar está assegurado.

Fiscalização da gerência

Conforme foi referido, nem todo sócio é administrador, ficando alguns apenas como sócios-quotistas, ou seja, sem participar da administração da sociedade. Todavia, é ele um dos donos dela, elemento interessado no sucesso da empresa, motivo pelo qual lhe cabe fiscalizar o andamento dos negócios, a atuação dos administradores e a eficiência administrativa da sociedade.

Tem ele acesso à contabilidade, aos livros fiscais e às demonstrações financeiras da sociedade, que os administradores estão obrigados a exibir-lhe.

Exigências aos demais sócios

Em caso de dissolução da sociedade o sócio terá o direito de exigir contribuições dos demais sócios, para cobrir o *deficit* apurado. Se a sociedade tiver dívidas, não pode ela ser liquidada.

2.7 Natureza jurídica do contrato de sociedade

O contrato social, que o novo Código Civil chama ainda de contrato de sociedade, é um acordo de vontades, bilateral ou plurilateral, consensual, típico e comutativo. É regido pelo Código Civil, no título denominado "Direito de Empresa" e referido em vários artigos. É um contrato de direito privado, pois dele não participa o Estado. As empresas estatais, ou seja, em que o Governo tenha a maioria ou totalidade do capital, são criadas por lei e não por contrato.

É um contrato típico ou nominado, assim considerado pelo fato de a lei traçar-lhe as normas básicas. É contrato formal por estar sujeito a várias formalidades, como por exemplo, ser elaborado por escrito, em instrumento público ou particular. Outra formalidade é a do registro em órgão público competente, isto é, a Junta Comercial para a sociedade empresária e o Cartório de Registro Civil de Pessoas Jurídicas para a sociedade simples.

A submissão desse contrato à legislação cartorária é fator significativo de sua eficácia. A sociedade registra-se no órgão público competente por intermédio de seu contrato; sem o registro ele carece de eficácia, não produzindo direitos para os sócios perante terceiros. Para os sócios entre si, tem ele valor jurídico discutível.

Quando se discute a natureza jurídica de algum negócio jurídico, deve-se ter em vista sempre qual é o regime jurídico a que esse negócio está vinculado. Nesse regime jurídico deve ser ressaltada a legislação pertinente. Sendo um contrato, está a questão situada no âmbito do Direito Contratual. Será entretanto o Direito Contratual Civil ou Mercantil? Ao nosso modo de ver, a separação entre o Direito Contratual Civil e o Direito Contratual Mercantil é uma zona cinzenta, ainda mais agora que o antigo Código Civil e o Código Comercial fundiram-se num só. Nosso parecer é o de que o contrato social é um instituto próprio do Direito Empresarial e deve ser olhado pela ótica mercantil. Não há falar em contrato social civil, ainda que se trate do de uma sociedade simples.

Cada parte faz no contrato uma declaração de vontade mas não unilateral, já que o contrato gera obrigações recíprocas entre todos os sócios: a vontade declarada é a de constituir uma sociedade, envidar esforços comuns para a obtenção de lucros e a partilha deles. Essa intenção está manifesta de maneira mais clara no *objetivo social* e no modo de como serão aplicados os lucros.

É constituído o contrato de sociedade de cláusulas, algumas essenciais, obrigatórias, outras acidentais, estas decorrentes da vontade dos sócios, como por exemplo se a sociedade vai adotar título do estabelecimento, também chamado insígnia ou nome de guerra. Essas cláusulas representam requisitos e pressupostos.

Os requisitos são as exigências legais para que o contrato adquira validade, de tal forma que sua ausência implica a nulidade ou anulabilidade dele, ou o coloca em duvidosa posição. Digamos por exemplo que o contrato social não tenha a assinatura de um dos sócios: faltou-se um requisito essencial, pelo que este contrato é nulo. Se no contrato não figurar o nome da sociedade, também será nulo, devido à ausência de um requisito obrigatório.

Os pressupostos são condições determinantes da eficácia do contrato social. Representam um propósito dos sócios. O requisito está na lei, mas o pressuposto está na intenção dos sócios; é um desígnio. É o caso da *affectio societatis* já descrita. A *affectio societatis* é um sentimento, um propósito íntimo da sociedade em lutar pelo sucesso da sociedade que lhe pertence, embora parcialmente.

3. DA SOCIEDADE EM NOME COLETIVO

3.1   Conceito e natureza jurídica

3.2   O nome empresarial

3.3   A constituição

3.4   A responsabilidade dos sócios

3.5   A administração da sociedade

3.6   A impenhorabilidade das quotas

3.7   Dissolução da sociedade em nome coletivo

3.1 Conceito e natureza jurídica

Este tipo de sociedade é dos mais antigos e era a primeira descrita em nosso antigo Código Comercial. Hoje cai em desuso cada vez mais; contudo sobram muitas delas, mormente pelo interior do Brasil. Se examinarmos o catálogo telefônico, encontraremos muitos exemplos desse modelo societário. Daremos previamente uma definição livre do que seja essa espécie de sociedade, para passarmos depois a uma análise da definição dada pelos arts. 1.039 a 1.044 do Código Civil.

A sociedade em nome coletivo é formada por duas ou mais pessoas, com responsabilidade solidária e ilimitada, girando sob uma firma social. É a característica primordial, a que mais distingue essa modalidade societária das outras. Entre as várias classificações das sociedades mercantis, uma das mais invocadas e provocadoras de debates tem sido a de considerá-las como de pessoas e de capitais. Não se trata de segura classificação, pois há algumas ocasiões em que não se consegue saber se uma sociedade é de pessoas ou de capital, tal o seu ecletismo. A sociedade limitada é às vezes uma sociedade mista ou duvidosa quanto à sua classificação. É entretanto uma discriminação sugestiva e de alto conteúdo doutrinário.

A sociedade de pessoas é aquela em que a figura, a influência, responsabilidade e a atuação dos sócios constituem fatores preponderantes na vida empresarial dela. Assim, a padaria pertencente à sociedade Fernandes & Faria, como inspirará confiança ante terceiros? O Sr. Fernandes e o Sr. Faria são as pessoas que compõem e dirigem essa empresa, atendem terceiros e respondem por tudo que a empresa faz. Moram na proximidade da padaria e são pessoas conhecidas da maioria dos clientes, dos fornecedores e demais pessoas da comunidade em que atuam. Quando o gerente do banco vizinho concede um crédito à padaria diz que emprestou dinheiro ao Sr. Fernandes e ao Sr. Faria.

Quando essa sociedade foi constituída, o Sr. Fernandes entendeu-se com o Sr. Faria, por serem velhos conhecidos, desde os tempos de Portugal e um tinha confiança no outro. Se um dia o Sr. Fernandes quiser sair da sociedade e passar suas quotas ao Sr. Almeida, o Sr. Faria poderá opor-se, uma vez que o novo sócio não tinha com ele tanta amizade e confiança como tinha com o Sr. Fernandes. Será então melhor que o Sr. Fernandes ceda sua quota a uma pessoa indicada pelo Sr. Faria, que lhe inspira confiança. Se o Sr. Faria falecer, o Sr. Fernandes poderá pedir a dissolução da sociedade, pois não está obrigado a aceitar os herdeiros como sócios. É um tipo de sociedade *intuitu personae*, de marcado personalismo dos sócios. Por essa razão, o Sr. Fernandes poderá pedir a dissolução da sociedade, por não haver entre todos os sócios a natural *affectio societatis*. A própria lei prevê essa possibilidade de dissolução.

Vejamos agora a sociedade de capitais e tomemos por exemplo a Mercedes Benz do Brasil S/A. Quem quiser trabalhar nessa empresa ou fornecer-lhe mercadorias, ou um banco que vai emprestar dinheiro, não olha as pessoas que fazem parte dela. Bem poucas pessoas sabem quem são os diretores da Mercedes Benz e pouco importa em saber-se se é o Sr. Hans ou o Sr. Fritz. Nem onde moram e se a casa em que moram é própria ou alugada.

O gerente de um banco que pretende emprestar dinheiro à Mercedes Benz apega-se ao capital dessa sociedade; procura saber qual o patrimônio dela, o dinheiro disponível e quando dá ou sobra para pagar as dívidas que a empresa vier a contrair. É uma sociedade de capitais. Se o balanço dela estiver no vermelho, ou seja, o capital que possui não cobre as obrigações a cumprir, pouco importa que os diretores dela sejam honestos. Não são as pessoas que pesam para a concessão de créditos, mas um capital reforçado.

A sociedade de capitais é pois recomendada pelo patrimônio líquido e não pelas pessoas que a dirigem. Às vezes, a situação se torna ambígua e surge uma zona cinzenta. Uma sociedade limitada, por exemplo, é uma sociedade de pessoas, mas pode haver algum caso duvidoso. Digamos que ela seja uma grande empresa, lucrativa, com sugestivo patrimônio ativo e sempre tenha cumprido suas obrigações. Conquista ela a confiança pública, ainda que não se saiba quem sejam os seus donos. É uma sociedade de capitais e não de pessoas.

A Mercedes Benz do Brasil S/A, como as demais sociedades de capitais, é adaptável às sociedades por ações, ou seja, a S/A e a sociedade em comandita por ações. Quem entra como acionista dessas sociedades nem precisa conhecer os demais; se quiser desfazer-se de suas ações pode vendê-las a quem quiser, independente da aprovação da sociedade e dos demais acionistas. Não predomina a *affectio societatis* entre os membros dessa sociedade. A morte de um acionista não afeta tanto a sociedade e seus herdeiros ficarão como acionistas na mesma situação do falecido, pois a vida da sociedade de capitais pouco se subordina à pessoa dos detentores do capital.

Concluímos então que, para as sociedades de capital, o modelo societário mais conveniente é o da sociedade anônima e da sociedade em comandita por ações. Para as sociedades de pessoas, são mais indicados os modelos societários previstos no Código Civil, como a sociedade limitada, a sociedade simples, a sociedade em comandita simples e a da qual estamos falando, a sociedade em nome coletivo.

Quanto à sociedade em conta de participação, dependerá do tipo societário do sócio ostensivo, que poderá ser uma sociedade de pessoas ou de capital; é ele que será classificado. Assim sendo, deixamos esta fora da classificação.

Somente pessoas físicas podem tomar parte na sociedade em nome coletivo, respondendo todos os sócios solidária e ilimitadamente pelas obrigações sociais. Sem prejuízo dessa responsabilidade perante terceiros, podem os sócios, no ato constitutivo, ou por unânime convenção posterior, limitar entre si a responsabilidade de cada um. Portanto, poderão os sócios combinar entre si a responsabilidade limitada, mas de um perante outro, sem efeito "erga omnes".

3.2 O nome empresarial

Em certos aspectos, uma pessoa jurídica tem alguma semelhança com a pessoa física: tem nome, nacionalidade, domicílio; registra-se perante órgão de registro público com as características diferenciadoras.

Assim, toda sociedade, seja empresária ou simples, ao registrar-se perante o órgão público de registro registra também o nome empresarial, ou seja, o nome sob o qual exercerá sua atividade e se obrigará nos atos a ela pertinentes. É o principal elemento de identificação da empresa: assim será ela conhecida e identificada.

O nome empresarial é um bem de natureza intelectual, objeto de estudo do Direito da Propriedade Industrial. Foi cuidado, entretanto, não pela Lei de Patentes, mas pela Lei do Registro Público de Empresas Mercantis e Atividades Afins. De forma mais precisa e pormenorizada, foi tratada pela Instrução Normativa 53/96, do DNRC – Departamento Nacional de Registro do Comércio. O novo Código Civil veio complementar essa regulamentação.

São diversos os empregos do nome empresarial, de acordo com o tipo de empresa que o adota, razão por que existem três tipos de nome empresarial.
1. Firma individual (ou razão individual);
2. Firma social (ou razão social);
3. Denominação social.

FIRMA – É conveniente esclarecer, para por termo à confusão reinante, que a palavra "firma" não é sinônima de "empresa", como é freqüentemente utilizada. Firma é uma assinatura; o nome com que a empresa assina seus documentos e usa nas suas operações. O uso da firma, isto é, a assinatura com o nome da empresa, ocorre em dois casos: a "firma individual" e a "firma social". A firma individual, ou razão individual, é a utilizada pelo empresário individual e a firma social pela sociedade.

Firma individual – É a firma adotada pelo empresário individual, também chamada empresa individual, vale dizer, uma pessoa natural, um indivíduo, que se registra na Junta Comercial como empresa. Por exemplo, o Sr. João Batista de Andrade Pontes registra-se na Junta Comercial como empresa individual. Sua firma, com que assinará, será igual ao seu nome próprio, ou poderá também abreviar para J. B. de Andrade Pontes, para distinguir a pessoa física da jurídica. Em nossa opinião, a despeito da idéia contrária de vários juristas, na razão individual situa-se uma pessoa jurídica e não física, apesar de ser um indivíduo.

Assim, se J. B. de Andrade Pontes compra mercadorias por atacado para revendê-las a varejo, no exercício de sua atividade empresarial, está praticando um ato empresarial; estará agindo como empresário, uma pessoa jurídica. Como pessoa jurídica, está ele registrado na Junta Comercial. A duplicata originada dessa compra será sacada contra sua firma, contra uma pessoa jurídica.

Quando o nome for muito comum, é conveniente adicionar o ramo de atividade do empresário individual, o objeto social da sociedade. Por exemplo: João Silva-tecidos, João Silva-automóveis.

Importa ressaltar que o empresário individual só poderá adotar como firma o próprio nome, aditado, se quiser, ou quando já existir o nome empresarial idêntico, de designação mais precisa de sua pessoa ou de sua atividade. É a manifestação do princípio da veracidade.

O nome da empresa individual não pode ser objeto de alienação, vale dizer, não pode ser vendido, dado, etc. É um bem inalienável, embora possa haver várias pessoas com o mesmo nome; são os homônimos.

Entretanto, o art. 1.162 do novo Código Civil abre uma brecha: o adquirente do estabelecimento, por ato entre vivos, pode, se o contrato o permitir, usar o nome do alienante, precedido do seu próprio, com a qualificação do sucessor. Assim por exemplo: falece o Sr. João Batista de Andrade Pontes, deixando como sucessor seu filho, Adriano Pontes. O nome da empresa terá que ser mudado para Adriano Pontes, podendo contudo acrescentar "sucessor de João Batista de Andrade Pontes". Esse direito é natural. Todavia, vai mais além esse dispositivo legal: concede esse direito a quem adquirir a empresa individual por ato "intervivos". Por exemplo: se for adquirido esse estabelecimento por Rubens Prestes, deverá ser adotado esse nome, mas poderá ser adicionado no nome: "sucessor de João Batista de Andrade Pontes".

Havendo modificação do nome civil do titular da firma individual, averbada no órgão competente de registro, o Cartório de Registro Civil de Pessoas Naturais, deverá ser arquivada alteração com a nova qualificação do titular, podendo ser também modificado o nome empresarial, uma vez que o nome da empresa mercantil individual deve ser o nome do empresário que a compõe.

Firma social – A razão social é outro caso do emprego de firma, mas é adotado por uma sociedade. É o nome empresarial com que a sociedade assina documentos por qualquer que for de seus sócios. É utilizada pela SOCIEDADE EM NOME COLETIVO. O nome desse tipo de sociedade não pode ser imaginário ou de fantasia; sempre terá o nome do sócio ou dos sócios. Serão eles unidos pelo & (e comercial), um S virado ao contrário.

Vamos examinar alguns exemplos. Quando houver só dois sócios, o nome deles deverá constar no nome empresarial, unidos pelo &. Digamos que uma sociedade em nome coletivo seja constituída por dois sócios: João Machado e Mário Marino; deverá essa sociedade chamar-se de várias formas:
João Machado & Marino – João Machado & Mário Marino – João Machado & Cia. – Mário Marino & Machado – Mário Marino & Cia.

Nota-se que o nome dos sócios poderá figurar de forma completa ou abreviada, admitida a supressão de prenomes; havendo mais de um patronímico, um deles não poderá ser abreviado, como se viu nos exemplos acima. Assim sendo, não poderia chamar-se Machado & Marino.

Se a firma for idêntica à de outra sociedade já registrada, terá que ser modificada ou acrescida de designação que a distinga, uma vez que se houver um registro, fica garantido o privilégio de uso a quem primeiro registrar.

Denominação social

O terceiro tipo de nome empresarial é a denominação. Trata-se da adoção de nome próprio para uma sociedade. Não é firma, pois não pode constituir assinatura. Esse tipo de sociedade assinará seus compromissos colocando sua denominação, colocando carimbo ou datilografando seu nome. É o que acontece com as S/A. São exemplos de denominação:

Cia. Nacional de Estamparia
Química Industrial Fidalga S/A
S/A Tecidos Pereira Sobrinho.

As sociedades anônimas só têm denominação; não podem elas adotar firma. Por outro lado, a sociedade em nome coletivo só pode adotar firma, mas não a denominação. A sociedade limitada pode adotar denominação ou firma, mas essa última hipótese é muito rara.

Embora o nome de empresa ou nome empresarial seja um bem de caráter intelectual, a tutela jurídica dele não se faz pela Lei de Patentes, mas pela Lei do Registro Público das Empresas Mercantis e Atividades Afins.

Essas considerações são feitas para melhor interpretação do nome empresarial da sociedade em nome coletivo. Adota ela firma ou razão social, de acordo com as considerações que acabamos de fazer.

3.3 A constituição

A sociedade em nome coletivo deve ser constituída pelo contrato social, sendo portanto uma sociedade contratual. O contrato deverá trazer os requisitos exigidos pelo art. 997 do novo Código Civil, ou seja, os normais exigidos para as outras formas societárias. Requisito importante é o de constar no contrato a adoção da firma. Outros modelos societários podem também adotar firma, mas na sociedade em nome coletivo essa adoção é obrigatória.

A este respeito, torna-se conveniente relembrar certos aspectos que agora estão sendo cogitados. Nunca será demais ressaltar o sentido da palavra "firma", uma vez que tem sido ela utilizada erroneamente como sinônimo de "empresa". Firma é assinatura, tanto que se fala em "firma reconhecida".

Somente pessoas físicas podem constituir essa sociedade, não se admitindo pessoas jurídicas como sócios.

3.4 A responsabilidade dos sócios

A característica primordial da sociedade em nome coletivo é a responsabilidade solidária e ilimitada dos sócios. Só existe um tipo de sócio nela: o sócio solidária e ilimitadamente responsável. Se a sociedade, por exemplo, for à falência e deixar dívidas de um milhão de reais e não tiver possibilidade de pagar essas dívidas, cada sócio ficará responsável pelo pagamento dessa importância e responderá com seu patrimônio particular. É a responsabilidade ilimitada. Entretanto, essa responsabilidade é subsidiária, ou seja, o devedor direto é a sociedade; se esta não pagar, serão os sócios chamados a pagar as dívidas dela. Nosso Código Civil não realça esse aspecto, apenas apontando no art. 1.039 que a responsabilidade dos sócios pelas obrigações sociais é solidária e ilimitada. Há entretanto outros dispositivos legais que enfatizam a responsabilidade subsidiária. Consta ela porém do art. 2.304 do Código Civil italiano:

RESPONSABILITÀ DEI SOCII *I creditori sociali, anche se la società è in liquidazione, non possono pretendere il pagamento dei singoli soci, se non dopo escussione del patrimonio sociale.*	RESPONSABILIDADE DOS SÓCIOS Os credores sociais, ainda que a sociedade esteja em liquidação, não podem pretender o pagamento perante os sócios em particular, a não ser após a execução do patrimônio social.

Por essa solidariedade, se um dos sócios assinar a firma social dessa sociedade, as obrigações assumidas por essa assinatura estender-se-ão a todos os demais sócios. Ainda que um dos sócios ultrapasse seus poderes, assumindo obrigações para com terceiro, que os outros sócios condenem, mesmo assim a sociedade será responsável, como também os outros sócios, já que existe a solidariedade. Poderá a sociedade interar ação contra o sócio que tenha abusado de seus poderes (ultra vires societatis), visando a ressarcir-se dos danos que este causou e também o terceiro que tiver sido prejudicado terá essa faculdade. Se porventura o abuso do sócio tiver sido fraudulento, poderão todos, sociedade, sócios e terceiros, intentar contra o sócio faltoso ação criminal.

A analogia leva-nos a considerar uma questão prevista em algumas normas. Se o terceiro que contratar com a sociedade, sabendo que o sócio dela estava praticando ato sem ter poderes para tanto, não poderia alegar tal fato em sua defesa. Por exemplo: uma indústria de peças automobilísticas compra uma tonelada de açúcar ou duzentas geladeiras e vende em seguida essas mercadorias. Nesse caso, a sociedade responsabiliza-se pelo pagamento dessas mercadorias, bem como o sócio agente dessa operação, mas a responsabilidade não se estende aos demais sócios.

O parágrafo único do art. 1.039 abre porém uma exceção: sem prejuízo da responsabilidade perante terceiros, podem os sócios, no ato constitutivo, ou por unânime convenção posterior, limitar entre si a responsabilidade de cada um. Mais precisamente, os sócios poderão incluir cláusula contratual limitando a responsabilidade de algum ou todos os sócios, mas será acordo entre eles, não prevalecendo "erga omnes".

3.5 A administração da sociedade

A administração da sociedade em nome coletivo compete exclusivamente aos sócios, sendo o uso da firma, nos limites do contrato, privativa dos que tenham os necessários poderes. Não fica totalmente clara essa questão, mas entendemos que o espírito da lei queira vedar a delegação de poderes a um preposto ou a um gerente. A gerência deve ser exercida pessoalmente pelos sócios. A assinatura da sociedade, vale dizer, o uso da firma só pode ser do próprio punho do sócio-administrador.

Entendemos ainda que o contrato queira indicar quais sócios exercerão a gerência, ou seja, quem serão os administradores. Se não houver essa indicação, entende-se que todos os sócios sejam administradores.

3.6 A impenhorabilidade das quotas

O credor particular de sócio não pode, antes de dissolver-se a sociedade, pretender a liquidação da quota do devedor. Poderá, entretanto, fazê-lo quando:
- a sociedade houver sido prorrogada tacitamente;
- tendo ocorrido prorrogação contratual, for acolhida judicialmente oposição do credor, levantada no prazo de três meses, contado da publicação do ato dilatório.

As quotas dessa sociedade, pelo jeito, são impenhoráveis. A quota é um patrimônio do sócio e, por princípio, deveria ser garantia de seus débitos. Contudo, problemas pessoais de cada sócio não pode tumultuar a vida e a estabilidade de uma sociedade, pois há muitos interesses em jogo, quer dos demais sócios, como ainda interesses da coletividade.

Poderia o credor particular do sócio requerer a penhora dos rendimentos da quota, pois seria dinheiro já desgarrado da sociedade e passou a integrar o patrimônio particular do sócio. Poderia também atingir a quota se a sociedade for a prazo determinado e esse prazo já escoou, entrando portanto a sociedade em dissolução. Ou ainda, se o prazo se venceu, mas houve prorrogação, devendo o credor opor-se judicialmente a essa prorrogação. Essa oposição judicial do credor deve ser apresentada no prazo de três meses, a partir da prorrogação.

3.7 Dissolução da sociedade em nome coletivo

Esta sociedade dissolve-se de pleno direito por qualquer das causas enumeradas pela lei para a dissolução da sociedade simples. Interessante notar que a sociedade simples, chamada antes de sociedade civil, designação ainda adotada, não era regulamentada legalmente e pouco se importava o direito com ela. Como o novo Direito Empresarial, emergente do Código Civil unificado, no início do século XXI, entretanto, a regulamentação da sociedade simples até se estende a outros tipos societários.

Parece-nos objeto de dúvida e observação a referência de nosso código, de que se dissolve a sociedade em nome coletivo, se for empresária, pela falência. Esta questão está regulamentada pela Lei Falimentar, o Decreto-lei 7.661/45, adotando esquema jurídico especial para qualquer tipo de sociedade. É pois questão a cargo do Direito Falimentar, que está para ser reformulado por projeto que corre no Congresso Nacional.

Ficamos também em dúvida quanto à afirmação "se empresária". Para nós, essa sociedade é sempre empresária, tanto que antigamente era regulamentada pelo nosso Código Comercial. Se não fosse sociedade empresária, deveria tomar a forma de sociedade simples.

Para evitar repetição, faremos remissão às considerações feitas à dissolução da sociedade simples nesse nosso compêndio, uma vez que a sociedade em nome coletivo se rege pelos arts. 1.039 a 1.044, mas aplicam-se a ela subsidiariamente as normas adotadas para a sociedade simples.

4. DA SOCIEDADE EM COMUM

4.1 Sociedade de fato
4.2 Sociedade irregular
4.3 Regulamentação legal da sociedade em comum

4.1 Sociedade de fato

A expressão *de fato e de direito* é utilizada com muitas aplicações. É o caso do casamento de fato e o de direito. Este último é o casamento realizado nos termos da lei, conforme prova a certidão emitida pela autoridade competente, o Juiz de Casamentos. Casamento de fato é o concubinato, quer dizer, um casamento feito à margem da lei; marido e mulher vivem como se casados fossem, mas falta-lhes essa certidão. Esse casamento é um fato, mas não reconhecido pela lei; é uma sociedade conjugal de fato. O casamento a que nos referimos não se refere à *união estável*, pois esta é um tipo de sociedade conjugal regulamentada pela lei.

Também é possível constituir-se uma sociedade de fato, mas não de direito. Por exemplo: dois cidadãos conjugam seus esforços para acionarem um restaurante. O Sr. Santos fornece o prédio em que funcionará o estabelecimento e o Sr. Souza, os apetrechos. Começam a operar, fazendo compras, contratando empregados e prestando serviços. Abrem uma conta conjunta em nome dos dois, para o movimento financeiro da sociedade. Quem comparecer no domicílio da *Santos & Souza* encontrará o Sr. Santos e o Sr. Souza dirigindo as operações empresariais. A existência da sociedade *Santos & Souza* é um fato.

Entretanto, o Sr. Santos e o Sr. Souza não elaboraram um contrato escrito para a constituição dessa sociedade; tudo foi combinado verbalmente. Sem os atos constitutivos, não puderam fazer o registro dessa sociedade no órgão público competente. Não há sociedade de direito, pois ela não tem existência legal; a Junta Comercial não pode emitir a certidão de registro, porquanto ela desconhece tal sociedade. Os bancos não podem abrir conta em nome dessa sociedade, visto que ela não poderá comprovar legalmente sua existência. Se alguém lhe ficar devendo dinheiro, não terá a possibilidade de cobrar judicialmente essa dívida, porque não poderá outorgar procuração para advogado. Ela não existe legalmente e não tem personalidade jurídica; não é sujeito de direitos. Se pedir concordata, esta não poderá lhe ser concedida, não restando ao juiz outra alternativa a não ser decretar-lhe a falência.

Se não tem ela personalidade jurídica, é uma sociedade não personificada e a lei lhe nega direitos. Contudo, se não pagar uma duplicata, o credor poderá executá-la ou requerer sua falência. Além disso, os sócios serão responsabilizados solidária e ilimitadamente por todas as dívidas da sociedade de fato. Esse é um dos principais motivos pelos quais rareiam as sociedades de fato; tão logo se desenvolvem as operações, procuram os sócios transformá-la em sociedade de direito, promovendo seu registro no órgão público competente.

Essa sociedade, agora chamada pelo novo código de sociedade em comum, está regulamentada pelos arts. 986 a 990, mas não se pode dizer que essa responsabilidade solidária e ilimitada tenha sido ignorada pelo direito, inclusive pelo direito brasileiro. Nosso vetusto Código Comercial, cuja revogação já era reclamada há várias décadas já negava direito aos sócios de uma sociedade de fato, prevendo no art. 303 textualmente:

> "Nenhuma ação entre sócios ou deste contra terceiros, que fundar a sua intenção na existência da mesma sociedade, será admitida em juízo se não for logo acompanhada do instrumento probatório da mesma sociedade".

Assim sendo, um sócio da sociedade de fato não poderia reclamar direitos contra outros sócios e nem contra terceiros. Por exemplo: se um devedor não paga dívida para com a sociedade de fato, esta não poderia acioná-lo, por não existir legalmente; os sócios dessa sociedade de fato também não poderão reclamar esse crédito.

Por outro lado, o art. 304 de nosso antigo Código Comercial abre possibilidade a terceiros de agirem contra a sociedade de fato, embora ela não tivesse existência legal. Poderão ainda executá-la, penhorando seus bens e os de seus sócios. Por isso, enquanto o art. 303 negava-lhe direitos, o art. 304 concedia direitos a terceiro contra ela e seus sócios, dizendo:

> "São, porém, admissíveis, sem dependência da apresentação do dito instrumento, as ações que terceiros possam intentar contra a sociedade em comum ou contra qualquer dos sócios em particular. A existência da sociedade, quando por parte dos sócios se não apresenta instrumento, pode provar-se por todos os gêneros de prova admitidos em comércio, e até por presunções fundadas em fatos de que existe ou existiu sociedade".

Nota-se, pelos artigos acima transcritos, que já em 1850 nosso Código Comercial previu a sociedade de fato, chamando-a de *sociedade em comum*. A designação de sociedade em comum é portanto oriunda de nosso direito e as disposições de nosso antigo Código Comercial podem ser ainda invocadas, graças à sua clareza e perfeição, tanto que elas se incorporaram nas disposições apresentadas pelo novo Código Civil. É um aspecto da presença do antigo direito brasileiro no novo.

Contudo, se a sociedade de fato é formada verbalmente, sem atos constitutivos, como se poderá provar que essa sociedade fantasma praticou realmente atos pelos quais deverá se responsabilizar? Esse aspecto também foi previsto pelo Código Comercial, no art. 305:

"Presume-se que existe ou existiu sociedade, sempre que alguém exercita atos próprios de sociedade, e que regularmente se não costumam praticar sem a qualidade social".

Desta natureza são especialmente:

1 – Negociação promíscua e comum;
2 – Aquisição, alheação, permutação ou pagamento comum;
3 – Se um dos sócios se confessa sócio, os outros o não contradizem por uma forma pública;
4 – Se duas ou mais pessoas propõem um administrador ou gerente comum;
5 – O emprego do pronome *nós* ou *nosso* nas cartas de correspondência, livros, faturas, contas ou mais papéis comerciais;
6 – O fato de receber ou responder cartas endereçadas ao nome ou firma social;
7 – O uso de nome com a adição – *e companhia*.

Muitos outros fatos podem ser adicionados a estes, surgidos das modernas práticas empresariais. Já houve caso de requerimento da falência de uma sociedade de fato, baseada na propaganda que ela fez de compra e venda de tapetes; se essa empresa compra mercadorias e as vende ao público, indicando inclusive o nome empresarial e endereço, evidente ficou sua atividade empresarial.

4.2 Sociedade irregular

Há diferença doutrinária entre sociedade de fato e sociedade irregular; esta se constitui por um contrato, em que os sócios assumem as obrigações societárias. Como o contrato faz lei entre as partes, os sócios poderão reclamar uns dos outros o cumprimento das obrigações assumidas. Entretanto, esse contrato não foi registrado na Junta Comercial. Essa sociedade não é de fato, pois existem direitos e obrigações entre as pessoas que celebraram esse contrato. Não tem entretanto existência legal; não poderá reclamar direitos perante a justiça, mas poderão os sócios, uns constra os outros.

Uma sociedade irregular é pois uma sociedade cujo contrato não foi registrado na Junta Comercial, embora haja esse contrato assinado entre os sócios para a sua constituição. Não pode ela também exercer direitos contra terceiros; os direitos dos sócios entre si são pessoais, podendo a sociedade irregular ser objeto de direito, mas não titular de direitos. Não podendo ser titular de direitos, muitos juristas alegam não haver diferença entre sociedade de fato e sociedade irregular, pois ambas se submetem ao mesmo regime jurídico: não podem sofrer sanções, e seus sócios incorrem nas mesmas responsabilidades.

No entanto, há diferenças sutis. Uma sociedade pode requerer o arquivo de seu contrato na Junta Comercial e esse registro pode demorar, por exemplo, dois meses. Juridicamente ela só poderia iniciar suas atividades empresariais após receber a certidão de registro. Nesse ínterim, porém, ela já vai exercendo atividades empresariais, como por exemplo, comprando móveis e equipamentos, matéria-prima, e contratando empregados. É uma sociedade irregular, mas não de fato. Seus atos são anuláveis. Dois meses depois, é concedido o registro, que tem efeito retroativo até a data do protocolo do requerimento do registro. Os atos que ela tiver praticado serão validados. Essa validação não ocorre com a sociedade de fato, pois seus atos são nulos.

Também se considera irregular uma sociedade devidamente inscrita na Junta Comercial, mas tornou-se irregular por fatos supervenientes, não registrados no registro. Citaremos como exemplo, o caso de uma sociedade limitada, com dois sócios, mas ambos faleceram; mesmo assim, a sociedade continuou a exercer atividades operacionais por vários anos. Não é uma sociedade de fato, pois ela existe, conforme pode comprovar certidão da Junta Comercial. Pode-se ainda dizer que ela não *é* irregular, mas *está* irregular.

No caso de uma sociedade irregular assumir compromissos e não os cumprir, poderá sofrer sanções, como a execução ou um pedido de falência. Quem for requerer a falência de uma sociedade mercantil irregular deverá provar que ela exerce atividades mercantis. Um meio de prova será o contrato firmado entre os sócios, ainda que ele não esteja registrado. O contrato estabelecido entre os sócios e não registrado na Junta Comercial é pois prova da existência de sociedade, aplicável apenas à sociedade irregular.

Quanto aos efeitos jurídicos das obrigações assumidas pela sociedade irregular, são os mesmos da sociedade de fato. Respondem solidária e ilimitadamente pelas responsabilidades da sociedade irregular, embora subsidiariamente, todos os sócios dela.

4.3 Regulamentação legal da sociedade em comum

A situação da sociedade de fato ou da sociedade irregular já era prevista antigamente, quando existia o Código Comercial. Com o advento do novo código, não foi ela esquecida, mas prevista nos arts. 986 a 990. Diz nosso código que enquanto não inscritos os atos constitutivos, a sociedade reger-se-á pelos arts. 986 a 990 e demais disposições do Código Civil, e subsidiariamente e no que com ele forem compatíveis, pelas normas aplicadas às sociedades simples. Há portanto ampla regulamentação, a saber:
- pelos artigos 986 a 990 do Código Civil;
- pela regulamentação da sociedade simples, subsidiariamente, isto é, se o Código Civil silenciar a respeito de alguma dúvida, deve-se apelar pelas disposições legais sobre a sociedade simples.

Em nosso código, está esta sociedade localizada num subtítulo denominado: "Da sociedade não personificada", ou seja, é uma pessoa jurídica sem personalidade jurídica. Segundo o código, sociedade adquire personalidade jurídica com a inscrição, no registro próprio e na forma da lei, dos seus atos constitutivos.

Na sociedade em comum, os sócios, nas relações entre si ou com terceiros, somente por escrito podem provar a existência da sociedade, mas os terceiros podem prová-la de qualquer modo. As relações jurídicas da sociedade empresária ficam contempladas em dois aspectos: relacionamento entre sócios e entre a sociedade e terceiros.

Quanto ao relacionamento entre os sócios, se quiserem eles reclamar judicialmente seus direitos terão que prová-los por escrito. Poderá haver um contrato escrito, embora não registrado, e este terá efeito entre os celebrantes, confirmando a velha máxima: "o contrato faz lei entre as partes". Não havendo contrato, servirão outros documentos escritos.

No que tange a terceiros, se eles fizerem valer seus direitos contra a sociedade, poderão provar a existência delas de qualquer modo. Os meios de prova estão elencados no capítulo VI, como depoimentos judiciais, confissão, testemunhas, perícia e vários outros. No que tange especificamente ao Direito Empresarial, podemos levar em consideração as provas indicadas em nosso antigo Código Comercial, comentadas no item anterior.

Os bens e dívidas sociais da sociedade em comum formam um patrimônio especial, do qual os sócios são titulares em comum, vinculado a todos os sócios, de tal forma que as dívidas contraídas em nome da sociedade por qualquer de seus sócios, tem esse patrimônio comum como garantia. A sociedade responde pois por todas as dívidas por ela contraídas. É possível haver pacto entre os sócios, definindo a responsabilidade de cada um, mas esse pacto só tem efeitos entre os sócios, não podendo prevalecer contra terceiros. Excetua-se o terceiro que tiver contratado com a sociedade, tendo conhecimento evidenciado desse pacto; nesse caso, em relação a ele, surtirá efeitos.

Todos os sócios respondem solidária e ilimitadamente pelas obrigações sociais. Como a sociedade em comum não tem personalidade jurídica, não tem patrimônio próprio. Por isso, o patrimônio pessoal dos sócios responde também pelas dívidas sociais, pela totalidade das dívidas. Essa responsabilidade não é subsidiária, isto é, só após executados os bens da sociedade, ataca-se o patrimônio pessoal dos sócios; a responsabilidade da sociedade é direta e imediata; a dos sócios é subsidiária e indireta.

A sociedade em comum, como foi dito antes, é considerada sociedade não personificada, como também a sociedade em conta de participação, que será estudada logo adiante.

5. DA SOCIEDADE EM COMANDITA

5.1 Conceito e características
5.2 Modalidades de sócios
5.3 Dissolução da sociedade em comandita simples
5.4 Da sociedade em comandita por ações

5.1 Conceito e características

Divide-se a sociedade em comandita em duas espécies: sociedade em comandita simples e sociedade em comandita por ações. Na sociedade em comandita simples tomam parte sócios de duas categorias: os comanditados, pessoas físicas, responsáveis solidária e ilimitadamente pelas obrigações sociais; e os comanditários, obrigados somente pelo valor de sua quota. As duas categorias de sócios assumem então responsabilidade própria. Esta sociedade apresenta assim como principal característica a presença de dois tipos de sócios: comanditados e comanditários. Essa distinção deve constar do contrato social, isto é, indicará ele quem são os comanditados e os comanditários.

Há ainda outra característica: a adoção de firma social (ou razão social), como na sociedade em nome coletivo. Existe algum paralelismo entre esses dois tipos societários, tanto que as normas do Código Civil aplicáveis à sociedade em nome coletivo aplicam-se à sociedade em comandita simples subsidiariamente. Aos sócios comanditados cabem os mesmos direitos e obrigações dos sócios da sociedade em nome coletivo, ou seja, respondem eles solidária e ilimitadamente pelas obrigações sociais.

A respeito do nome empresarial, ou nome da sociedade, ficou a questão regulada pela nova Lei do Registro Público de Empresas Mercantis e Atividades Afins (Lei 8.934/94), regulamentada pelo Decreto 1.800/96, e no tocante ao nome empresarial pela Instrução Normativa 53/96. Por essa instrução, o nome empresarial compreende a firma ou razão individual, a firma ou razão social e a denominação social. A firma ou razão social é o nome utilizado não só pela sociedade em comandita simples, como pela sociedade em comandita por ações, mas também pela sociedade em nome coletivo. Em caráter opcional, pelas sociedades limitadas. Essa questão foi largamente exposto no estudo da sociedade em nome coletivo.

5.2 Modalidades de sócios

Como os sócios constituem o aspecto primordial desse modelo societário, será necessário expor cabalmente a participação deles:

Comanditados

São os sócios que se encarregarão da gerência da sociedade e farão parte da firma. A responsabilidade deles é solidária e ilimitada, porém subsidiária. Só eles exercerão a função de administrador e só seus nomes poderão constar no nome dela. A responsabilidade solidária e ilimitada dos sócios comanditados é subsidiária, vale dizer, quem se responsabiliza pelas dívidas sociais é ela própria, mas caso não tenha bens para garantir essas dívidas, aí é que os sócios comanditados responderão pessoalmente e com seu patrimônio particular. É um princípio geral já consagrado, tanto que o vetusto Código Comercial de 1850 estabelecia a responsabilidade subsidiária no art. 350, com os dizeres:

> "Os bens particulares dos sócios não podem ser executados por dívidas da sociedade, senão depois de executados todos os bens sociais".

Aos sócios comanditados cabem os mesmos direitos e obrigações dos sócios da sociedade em nome coletivo. Entre as duas sociedades, há um ponto comum: a existência de sócios com responsabilidade solidária e ilimitada, motivo pelo qual há essa remissão às normas de uma e outra. Há porém uma diferença: na sociedade em nome coletivo todos os sócios têm o mesmo tipo de responsabilidade: solidária e ilimitada; na sociedade em comandita simples há sócios dos dois tipos de responsabilidade: limitada e ilimitada.

Comanditários

Não poderão fazer parte da firma social e nem exercer a gerência da sociedade. São prestadores de capital, ou seja, contribuem com fundos para a formação do capital da sociedade. Não podem eles praticar qualquer ato de gestão, nem ter o nome na firma social, sob pena de ficarem sujeitos às responsabilidades de sócio comanditado. A responsabilidade deles é limitada; limita-se às suas quotas de participação para o capital da sociedade.

Entretanto, sendo o sócio comanditário um prestador de capital e por ter interesse nos resultados da empresa, é-lhe facultado fiscalizar as atividades empresariais e a atuação dos sócios comanditados, e participar das deliberações.

A sociedade em comandita poderá outorgar procuração ao sócio comanditário para a prática de algum negócio em nome dela. Neste caso, age ele como procurador e não como sócio; essa procuração não foi outorgada para exercer atividade empresarial, mas para a prática de determinada transação.

O sócio comanditário não é obrigado à reposição de lucros recebidos de boa-fé e de acordo com o balanço. Diminuindo o capital social, por perdas supervenientes, não pode o comanditário receber quaisquer lucros antes de reintegrado aquele. Vejamos como se aplicaria essa disposição: uma sociedade obtém lucros num exercício e os distribui aos sócios comanditários. Logo em seguida, no exercício seguinte, essa sociedade sofre prejuízos; esses prejuízos não constituem motivo para que o sócio comanditário devolva os lucros recebidos de boa-fé.

Todavia, os prejuízos do exercício seguinte afetaram o capital. Por exemplo: o capital da empresa era de R$ 100.000,00, mas os prejuízos foram de R$ 30.000,00, ficando contabilizados como "prejuízos suspensos". Sob o ponto de vista econômico, o capital da sociedade ficou reduzido a R$ 70.000,00. No terceiro exercício, os lucros foram de R$40.000,00; neste caso, R$ 30.000,00 deverão ser aplicados na reintegração no capital e só poderão ser distribuídos como lucro os R$10.000,00 restantes.

Somente após averbada a modificação do contrato produz efeito, quanto a terceiros, a diminuição da quota do comanditário, em conseqüência de ter sido reduzido o capital social, sempre sem prejuízo dos credores preexistentes.

Essas disposições legais visam a prevenir fraudes e prejuízos aos credores da sociedade em comandita simples, no caso de retirar-se um sócio comanditário da sociedade ou ele diminuir o valor da sua quota. Neste caso, o recesso do sócio comanditário não terá eficácia quanto a dívidas existentes. A eficácia quanto a terceiros só haverá após a averbação, na Junta Comercial, da diminuição do capital, o que é evidente, uma vez que as transformações de uma sociedade deverão ser averbadas no registro dela se só então produzirão efeitos.

Vamos examinar hipótese dessa fraude acontecer: uma sociedade tem prejuízos no ano 2001, digamos como aconteceu no item acima referido. Tinha ela o capital de R$ 100.000,00, mas com o prejuízo de R$

30.000,00 fez com que seu capital se depreciasse para R$ 70.000,00. Essa depreciação porém não chegou a ser contabilizada e antes que tal acontecesse, um sócio dela se retira. Essa sociedade não paga suas dívidas e seu capital já tinha ficado depauperado, ficando os credores sem receber, enquanto que o sócio retirante já estava fora dela.

No caso de morte de sócio comanditário, a sociedade, salvo disposição no contrato, continuará com seus sucessores, que designarão que os represente (art. 1.050). Muito louvável a disposição contida naquele artigo, prevendo o futuro da sociedade no caso da morte de um sócio comanditário: ela não se dissolve, mas continua normalmente. Em caso semelhante, os direitos do sócio comanditário perante a sociedade transmitem-se aos seus herdeiros e eles nomearão o seu representante ante a sociedade. A situação será mais tarde resolvida de acordo com o Direito das Sucessões.

5.3 Dissolução da sociedade em comandita simples

A dissolução de uma sociedade pode se dar por acerto entre os sócios ou por decisão judicial. Quanto à dissolução da sociedade em comandita simples, o art. 1.051 faz remissão ao art. 1.044 e este faz remissão ao art. 1.033. Para evitar naturais dificuldades de se examinar na lei cada artigo, preferimos nos ocupar especificamente da dissolução da sociedade em comandita simples, uma vez que o novo código trata da dissolução de cada modelo societário.

A dissolução da sociedade acontece, em princípio, da mesma forma que a sociedade simples. Especificamente quanto a ela, dissolve-se de pleno direito quando por mais de seis meses perdurar a falta de uma das categorias de sócio. Na falta de sócio comanditado, os comanditários nomearão administrador provisório para praticar os atos de administração, sem que o referido administrador assuma a posição de sócio.

A primordial característica da sociedade em comandita simples é a existência de duas categorias de sócios. Se uma delas desaparecer, deixa ela de ser o que é; portanto, deve ser dissolvida. Por exemplo: uma sociedade em comandita simples tem dois sócios; falece o sócio comanditário: a sociedade deve dissolver-se. Se houvesse dois sócios comanditários, não seria causa de dissolução, pois ficou outro sócio dessa categoria.

Se houver falta de sócio comanditado também deverá ser dissolvida, mesmo porque só ele poderia acionar a empresa. Entretanto, reserva a lei uma saída: não havendo sócio comanditado, os sócios comanditários poderão nomear para a sociedade um administrador provisório até ser incluído novo sócio comanditado.

No tocante à dissolução da sociedade simples, da mesma forma que a sociedade em comandita simples, vamos relembrá-la, pelas suas causas:

- Por iniciativa dos sócios;
- Pelo vencimento de seu prazo de duração;
- Pelo consenso unânime dos sócios;
- Pela falta de autorização para funcionar, quando for a sociedade dependente de autorização do Governo para funcionar;
- Por decisão judicial;
- Anulada a sua constituição;
- Exaurido o objetivo social ou verificada a sua inexeqüibilidade.

5.4 Da sociedade em comandita por ações

Esta sociedade surgiu em nosso direito em 1882, mas está hoje regulamentada pelos arts. 280 a 284 da Lei das S/A (Lei 6.404/76). A ela porém não se aplicam as disposições aplicáveis à sociedades anônimas. Não conhecemos sociedades desse tipo aqui no Brasil. Consta ser ela bem utilizada nos EUA, mas em nosso país não foi aceita por não fazer parte de nossos costumes. É sociedade de pessoas e não de capital.

Segundo o nome e o disposto no art. 280 da Lei das S/A, o capital dessa sociedade é dividido em ações; logo, os subscritores das ações devem ser chamados de acionistas. Todavia, a lei chama de sócios os diretores ou gerentes. Naturalmente, para ser sócio é preciso ser acionista. Pode ela adotar denominação, mas na denominação, em vez de S/A, deverá constar *Comandita por Ações*, ou abreviadamente. Exemplo: Alvorada C/A, ou Alvorada Comandita por Ações.

Entretanto, poderá adotar razão social (ou firma), assinatura utilizada só pelos sócios-diretores ou gerentes, como por exemplo, SANTOS & SOUZA COMANDITA POR AÇÕES. Os que figurarem na firma assumem responsabilidade solidária e ilimitada pelas obrigações sociais.

Os acionistas não podem figurar na razão social, e por isso a responsabilidade deles é limitada ao valor das ações que tiverem subscrito.

A constituição da sociedade em comandita por ações não se dá por contrato, mas pelas formas adotadas pelo sociedade anônima, com a assembléia geral dos acionistas e aprovação do estatuto, que regerá o funcionamento da sociedade. Em assembléia, os acionistas elegerão alguns deles que deverão gerir a atividade empresarial, os sócios-diretores ou sócios-gerentes; estes ficam obrigados solidária e ilimitadamente pelas obrigações sociais. Vê-se então que há na sociedade em comandita por ações dois tipos de componentes: o acionista e o sócio. O acionista tem a sua responsabilidade limitada ao capital subscrito e o sócio responsabilidade solidária e ilimitada.

6. SCP – SOCIEDADE EM CONTA DE PARTICIPAÇÃO

6.1 Os sócios

6.2 Conceito

6.3 A constituição

6.4 A gerência

6.5 A aplicação da SCP

6.6 A regulamentação da SCP no novo Código Civil

6.1 Os sócios

Esta sociedade *sui generis* caracteriza-se pela presença de sócio participante e sócio ostensivo. Como a sociedade em comandita e a sociedade de capital e indústria, a SCP é formada por dois tipos de sócios. É sociedade *sui generis* porque nem personalidade jurídica tem, visto que independe de registro no órgão competente, seja a Junta Comercial, seja o Cartório de Registro Civil de Pessoas Jurídicas. É o que se infere do art. 996 do novo Código Civil:

> "O contrato social produz efeito somente entre os sócios, e eventual inscrição em qualquer registro não confere personalidade jurídica à sociedade".

Vemos assim que a lei dispensa mas não veda o registro, razão pela qual esse tipo societário pode e deve registrar-se, sem ficar descaracterizado. É o nosso modo de ver, malgrado algumas oposições ao registro. Declara apenas a lei que não terá ela personalidade jurídica mesmo que seja registrada.

Na SCP, a atividade constitutiva do objeto social é exercida unicamente pelo sócio ostensivo, em seu nome individual e sob sua própria e exclusiva responsabilidade, participando os sócios participantes dos resultados correspondentes. Só o sócio ostensivo é atuante; só ele aparece e representa a sociedade perante terceiros, ou seja, o sócio participante não participa das atividades, mas dos lucros.

O sócio participante não pode também tomar parte nas relações do sócio ostensivo e da SCP com terceiros, sob pena de responder solidariamente com este pelas obrigações em que intervier. Assim sendo, se o sócio participante intervier nos negócios da SCP, transformar-se-á em sócio ostensivo. Assumirá ele então as responsabilidades inerentes ao ostensivo, ficando solidariamente responsável pelas dívidas da SCP, não todas, mas aquelas resultantes dos negócios que contaram com sua interferência.

Em resumo, há na SCP dois tipos de sócios:
- Ostensivo: é o sócio aparente e atuante; entra com o trabalho e obriga-se perante terceiros, assumindo a responsabilidade pelos atos da SCP;
- Participante: é o sócio oculto e desempenha o papel de prestador de capital, com direito a participar dos lucros que a SCP obtiver. Cabe-lhe também o direito de fiscalizar a gestão dos negócios da SCP.

Não exige a lei que o sócio ostensivo seja uma empresa mercantil, como acontecia no regime do antigo Código Comercial; é realmente uma empresa, mas poderá ser empresa mercantil ou civil, prestadora de serviços. A empresa civil é a que não trabalha com mercadorias, mas com serviços. Anteriormente, não era prevista pela lei, mas o novo Código Civil lhe dá a devida regulamentação, nos arts. 1.000 e seguintes, dando-lhe o nome de SOCIEDADE SIMPLES.

Por outro lado, afirma o art. 999, que se aplica à SCP, subsidiariamente, e no que com ela for compatível, o disposto para a sociedade simples. Se as regras referentes à sociedade simples se aplicam à SCP, é porque exige alguma semelhança entre elas. Aplicam-se subsidiariamente, ou seja, desde que haja omissão da lei específica e desde que essas disposições não sejam incompatíveis entre si. Além disso, a sociedade simples é registrada no Cartório de Registro Civil de Pessoas Jurídicas e não na Junta Comercial, e a SCP não está obrigada a registrar-se na Junta Comercial, o que nos leva a crer que a SCP poderá ter seu contrato social registrado no Cartório de Registro Civil de Pessoas Jurídicas.

6.2 Conceito

Sabendo já do que se trata a SCP, vamos encontrar para ela uma definição, conforme lhe dava o antigo Código Comercial de 1850, embora antiquada. É uma sociedade, pois assim está ela regulamentada pela lei. Não precisa ter nome, nem personalidade jurídica, nem registro no órgão competente.

É formada para o exercício de empresa, vale dizer, para exercer atividades empresariais; é, portanto uma empresa. É uma empresa coletiva, por ser formada por, no mínimo, dois sócios. Tomaremos então por base a definição abaixo:

> "Sociedade em conta de participação é aquela em que duas ou mais pessoas, sendo ao menos uma delas empresa, celebram contrato social, sem nome empresarial, para a obtenção de lucros comuns em uma ou mais atividades empresariais determinadas, trabalhando uma, algumas ou todas em seu nome, para o fim social".

Toda definição define mas não explica. Definir é restringir, delimitar. Realmente explica mas de forma restrita. Há necessidade de se explicar também os termos da definição. Procuraremos assim compreender os termos dessa definição. Aristóteles, o notável filósofo da Grécia Antiga, disse que a definição consiste em apontar o gênero próximo e a diferença específica do que for definido. No tocante ao nosso caso, o gênero próximo é sociedade.

Sociedades porém existem muitas. Haverá necessidade de se apontar as diferenças específicas, aquelas que a discriminam das outras sociedades. Uma delas é a existência de dois tipos de sócios, o que não acontece com a S/A e a sociedade limitada. O sócio ostensivo deve ser uma empresa, mas pelas características da SCP é possível empresa de tipo variado:

- Sociedade mercantil: poderá ser sociedade limitada ou S/A;
- Sociedade civil: só poderá ser sociedade limitada;
- Empresa individual: também chamado empresário individual (pessoa individual que se registra com nome próprio para o exercício de empresa).

Cabe entretanto uma dúvida: poderia uma pessoa física ser o sócio ostensivo da SCP? Em nosso parecer, é possível, pois a lei não veda esse exercício. Tomemos por exemplo essa possibilidade: um professor (pessoa física) decide importar da Itália livros jurídicos, mas não tem capital para esse empreendimento; reúne então alguns colegas desejosos de participar dessa operação e cada um aporta parte do dinheiro, prevendo todos dividir os lucros da importação e venda dos livros.

É claro modelo de SCP. Pode ser elaborado contrato social criando essa SCP, que irá reger o relacionamento entre o professor-importador (sócio ostensivo) e os colegas (sócios ocultos). Nenhuma restrição legal existe quanto a esse tipo de SCP. Digamos então que esse sócio oculto fica equiparado a uma empresa.

Infelizmente, a SCP foi abolida do direito francês e do direito italiano, razão pela qual não podemos fazer um estudo de direito comparado. Todavia, o Código Civil italiano regula uma entidade semelhante, nos arts. 2.549 a 2.554, com o nome de "associazione di participazione". Não faz porém referência a esse tipo de pessoa jurídica do sócio ostensivo.

6.3 A constituição

É uma sociedade *sui generis* porquanto sua constituição não segue a formalidade das outras sociedades. O art. 995 do novo Código Civil deixa clara a maleabilidade da formação dessa sociedade:

> "A constituição da sociedade em conta de participação independe de qualquer formalidade e pode provar-se por todos os meios de direito".

Achamos um exagero dizer que a SCP "independe de qualquer formalidade". Não se compreende que uma empresa que se lança num empreendimento, associando-se a vários investidores e realizando transações econômicas, possa constituir-se sem no mínimo um contrato escrito. Os sócios participantes vão colocar seu dinheiro nas mãos do sócio ostensivo, sem qualquer formalidade? Sem um contrato escrito assinado e registrado? Que documento poderia dar o sócio ostensivo ao sócio participante? Não pode ser uma nota promissória, pois seria então um empréstimo.

Qualquer empreendimento sério exigiria o contrato social, registrado pelo menos no cartório de títulos e documentos. Esse contrato regulará as relações entre os sócios. Há ainda outros aspectos: se o sócio ostensivo tiver sua falência decretada, ficará dissolvida a SCP e a liquidação da respectiva conta, segundo reza a lei. Como irão os sócios participantes habilitar seus créditos na falência do sócio ostensivo se não tiverem documentos hábeis para essa habilitação? Está certo que o contrato social da SCP produz efeito somente entre os sócios, mas entre eles há sérias relações patrimoniais, que não podem dispensar esse contrato.

Vamos citar como exemplo, um fato ocorrido em São Paulo. A Cia. Irai de Empreendimentos S/A empreendeu a construção e incorporação de um edifício no centro de São Paulo. Como precisava de dinheiro para esse empreendimento, formou SCP com centenas de pessoas, que contribuíram para formar o capital. Construído o edifício, foi ele vendido por unidades e o lucro foi distribuído entre o sócio ostensivo e os participantes, de acordo com o contrato social. Essa SCP tinha os seguintes elementos:

- Sócio ostensivo: Cia. Irai de Empreendimentos S/A;
- Sócios participantes: centenas de pessoas;
- Objeto social: construção, incorporação e venda de um edifício;

- Objetivo social: obtenção de lucros com a venda e distribuição entre os sócios.

Embora o contrato social fosse bem explícito, mesmo assim houve controvérsias, pois eram muitos os sócios participantes. Como ficaria essa SCP se tivesse sido ela constituída sem formalidades?

Citemos ainda outra situação: a SCP é muito utilizada no mercado de capitais, havendo entidades financeiras especializadas nessa operação. A instituição financeira constitui SCP para recolher dinheiro e fazer operações no mercado de capitais, celebrando contrato com os sócios participantes. Esse contrato deve ser registrado no Banco Central e fiscalizado por ele. Operação tão delicada não poderia ser informal.

Examinemos agora a questão patrimonial. A contribuição do sócio participante constitui, com a do sócio ostensivo, patrimônio especial, objeto da conta de participação, relativa aos negócios sociais. Essa especialização patrimonial somente produz efeito em relação aos sócios (art. 997). Portanto, a SCP provoca a formação de um patrimônio especial; esse patrimônio destina-se a ser aplicado em operações empresariais. Atos dessa magnitude devem ser cercados da maior formalidade para segurança de todos os envolvidos.

Realmente, não há necessidade de registro da SCP, pois não exerce ela atividades e não assume responsabilidade. O sócio ostensivo sim, e ele necessitará estar registrado e adotar modelo societário descrito na lei.

Há ainda outra interpretação da lei, no que tange ao art. 990 do novo Código Civil, dizendo que os sócios, nas relações entre si ou com terceiros, somente por escrito podem provar a existência da sociedade. Ora, a forma escrita da comprovação da sociedade já é uma formalidade. Embora pareça apenas um contrato, o acordo dos sócios é para formar sociedade, se não o dinheiro que os sócios aportarem para a formação do capital seria um empréstimo. Estes receberiam juros e não participação nos lucros e nem poderiam tampouco ser chamados de sócios participantes. Têm eles o direito de exigir prestação de contas do sócio ostensivo e fiscalizar as atividades da empresa, embora não se responsabilizem pelas dívidas da sociedade, uma vez que as dívidas são assumidas pela empresa que ocupa a posição de sócio ostensivo.

Interpretaremos assim a expressão "independe de qualquer formalidade" de forma mitigada, considerando-a como a de que o contrato de constituição da SCP não precisa se submeter aos rigores normais dos contatos, ou como dizia o antigo Código Comercial: "esta sociedade não está sujeita às formalidades prescritas para a formação das outras sociedades".

6.4 A gerência

A gerência da SCP é exercida pela empresa revestida da condição de sócio ostensivo, ou então as empresas, pois nada obsta que haja vários sócios ostensivos, como também poderá haver um ou vários sócios participantes. Esta sócia-gerente é quem faz a SCP agir; é ela a representante legal desta última e responderá perante terceiros. Em outras palavras, a empresa que exercer a função de sócio-gerente da SCP adquirirá direitos e assumirá obrigações em nome do sócio-gerente; a SCP não aparece perante terceiros; obriga-se tão somente o sócio ostensivo.

Indiretamente porém obriga-se a SCP, pois, recebendo recursos dos sócios ocultos, o sócio-gerente aplica-os nas operações sociais, mas em nome dele, razão por que, se este falir, os fundos da SCP rolarão na falência.

Os sócios participantes não exercem nem podem exercer a gerência da SCP e por isso não respondem por ela. Contudo, podem exigir satisfações do sócio ostensivo, uma vez que a eles cabe o direito de fiscalizar a gestão dos negócios sociais.

Não é também de se estranhar que a gerência da SCP seja exercida por uma empresa. Em outros tipos de sociedade pode ocorrer idêntica hipótese. Há uma sociedade constituída de três sócios; os três são empresas e os três são sócios-gerentes. Naturalmente, a empresa será representada na sociedade por uma pessoa física.

Sendo o sócio ostensivo a pessoa escolhida pelos sócios participantes para exercer a gerência da SCP é ele pessoa de confiança. Sua posição é a de um administrador de fundos alheios, posição comparável à de um banqueiro. Assim sendo, veda o art. 998 do novo Código Civil que ele admita novo sócio sem o consentimento expresso dos demais. Aliás, esta situação vai mais além do que prevê a lei; o sócio ostensivo não poderá introduzir qualquer modificação na estrutura de sua empresa que possa colocar em risco seu futuro e sua estabilidade.

Vamos analisar um exemplo: uma empresa promotora de eventos recolhe fundos dos sócios participantes, constituindo SCP para promover espetáculos artísticos. O sócio ostensivo dessa empresa tem dois sócios e foram eles que celebraram o contrato com os sócios participantes.

No decorrer das atividades empresariais o sócio ostensivo admite novo sócio ou troca de sócios; transforma-se de S/A em sociedade limitada, diminui seu capital ou introduz qualquer modificação em sua estrutura. Tudo isso coloca em risco os investimentos do sócio participante, o que precisa ser reprimido. Se os sócios participantes tem direito de fiscalizar a gerência, tem também o direito de fiscalizar o gerente.

6.5. A aplicação da SCP

Sendo uma sociedade sem registro, não se conhece o alcance desse tipo societário, tornando-se difícil a elaboração de dados estatísticos. No Direito do Mercado de Capitais poderemos porém encontrar inúmeras aplicações da SCP, tanto no Brasil como no exterior. As sociedades de investimento arrebanham fundos de inúmeros investidores para aplicá-los em uma ou mais atividades, para obtenção de lucros e distribuí-los entre os participantes do investimento. A sociedade de investimento é uma empresa mercantil e será o sócio ostensivo. Os sócios participantes, ou seja, os investidores, são um conjunto massivo, constituído de pessoas variadas: físicas ou jurídicas, empresas civis ou mercantis, de direito privado ou público.

Na Europa deve estar ela decadente, pois foi abolida do Código Civil italiano e do Código Comercial francês.

6.6. A regulamentação da SCP no novo código civil

Capítulo II
Da Sociedade em Conta de Participação

Art. 994. Na sociedade em conta de participação, a atividade constitutiva do objeto social é exercida unicamente pelo sócio ostensivo, em seu nome individual e sob sua própria e exclusiva responsabilidade, participando os demais dos resultados correspondentes.

Parágrafo único. Obriga-se perante terceiro tão-somente o sócio ostensivo; e, exclusivamente perante este, sócio participante, nos termos do contrato social.

Art. 995. A constituição da sociedade em conta de participação independe de qualquer formalidade e pode provar-se por todos os meios de direito.

Art. 996. O contrato social produz efeito somente entre os sócios, e eventual inscrição de seu instrumento em qualquer registro não confere personalidade jurídica à sociedade.

Parágrafo único. Sem prejuízo do direito de fiscalizar a gestão dos negócios sociais, o sócio participante não pode tomar parte nas relações do sócio ostensivo com terceiro, sob pena de responder solidariamente com este pelas obrigações em que intervier.

Art. 997. A contribuição do sócio participante constitui, com a do sócio ostensivo, patrimônio especial, objeto da conta de participação, relativa aos negócios sociais.

§ 1º Essa especialização patrimonial somente produz efeitos em relação aos sócios.

§ 2º A falência do sócio ostensivo acarreta a dissolução da sociedade e a liquidação da respectiva conta, cujo saldo constituirá crédito quirografário.

§ 3º Falindo o sócio participante, o contrato social fica sujeito às normas que regulam os efeitos da falência nos contratos bilaterais do falido.

Art. 998. Salvo estipulação em contrário, o sócio ostensivo não pode admitir novo sócio sem o consentimento expresso dos demais.

Art. 999. Aplica-se à sociedade em conta de participação, subsidiariamente e no que com ela for compatível, o disposto para a sociedade simples. A sua liquidação rege-se pelas normas relativas à prestação de contas, na forma da lei processual.

Parágrafo único. Havendo mais de um sócio ostensivo, as respectivas contas serão prestadas e julgadas no mesmo processo.

7. DA SOCIEDADE LIMITADA

7.1 Conceito e características

7.2 Histórico e legislação

7.3 A sociedade limitada no novo Código Civil

      I - Disposições preliminares

      II - Das quotas

      III - Da administração

      IV - Do conselho fiscal

      V - Das deliberações dos sócios

      VI - Do aumento e da redução do capital

      VII - Da resolução da sociedade em relação a sócios minoritários

      VIII - Da dissolução da sociedade limitada

7.1 Conceito e características

A sociedade limitada é aquela cujo capital é dividido em quotas e a responsabilidade de cada sócio é restrita ao valor de sua quota. Digamos por exemplo, a sociedade com capital de R$ 100.000,00, dividido em duas quotas: Alexandre Souza tem uma quota de R$ 70.000,00 e Ezequiel de Abreu R$ 30.000,00. A sociedade responde por suas dívidas ilimitadamente, ou seja, pela totalidade das dívidas, mas se não pagá-las e for executada sem ter bens para garantir o pagamento, cada sócio, subsidiariamente, responderá pelas dívidas da sociedade, mas limitada essa responsabilidade ao valor de sua quota. Destarte, Alexandre Souza terá que pagar R$ 70.000,00 e Ezequiel de Abreu R$ 30.000,00. As quotas de ambos serão arrecadadas para pagar as dívidas sociais.

Essa responsabilidade é subsidiária, assim considerada que os sócios só responderão pelas dívidas sociais depois de executados todos os bens da sociedade e esta não tiver mais bens para garantir seus débitos. A responsabilidade dos sócios porém só é limitada após a integralização de sua quota, ou seja, quando ele pagar à sociedade o valor da quota que subscreveu. Até o pagamento, todos respondem solidária e ilimitadamente pela integralização do capital.

A sociedade limitada está regulamentada pelo novo Código Civil, nos arts. 1.052 a 1.087, em 36 artigos. Se algum aspecto sobre ela estiver omisso nessa regulamentação, aplicam-se-lhe subsidiariamente as normas aplicáveis à sociedade simples, e, em segundo plano, a Lei das S/A.

É sociedade contratual, isto é, constituída pelo contrato social, que deverá ser registrado na Junta Comercial. É por isso sociedade personificada, cuja personalidade jurídica é adquirida com o registro. É também sociedade de pessoas. É possível, porém, que a sociedade limitada adquira feições de sociedade de capitais, tanto que é possível aplicar-se a ela a Lei das S/A. Por exemplo: uma sociedade possui dez sócios, com elevado capital e atividade empresarial importante; seu nome tem projeção nacional. As pessoas que transacionam com essa sociedade levam em consideração o nome dela, a tradição, o patrimônio e outros fatores. Os bancos que lhe emprestam dinheiro baseiam o crédito na análise do balanço dessa sociedade, averiguando principalmente seu capital, o ativo, a lucratividade e até mesmo o *Fundo de Comércio*. Não conferem grande importância à pessoa de seus sócios. É portanto uma sociedade capitalista e não personalista. No entanto, bastante rara é essa ocorrência – não é fácil manter uma sociedade de pessoas com dez ou mais sócios, pois se torna difícil a *affectio societatis*, o consenso geral dos sócios e a adoção de objetivo comum.

É conveniente relevar que a responsabilidade limitada é dos sócios e não da sociedade; esta responde ilimitadamente pelas suas dívidas. Somos de parecer que o nome certo desse tipo de sociedade deveria ser, sob o aspecto dogmático, *sociedade de responsabilidade limitada dos sócios*. No direito italiano, francês e alemão é chamada de sociedade de responsabilidade limitada. No direito português recebe o nome de *sociedade por cotas, de responsabilidade limitada*. A designação atual, que lhe dá o novo Código Civil, de sociedade limitada, é porém bastante simples, ficando a cargo da doutrina esclarecer seu real significado.

A sociedade por quotas poderá adotar denominação ou firma. A denominação poderá, de preferência, indicar o tipo de atividade, o objeto social; não é porém obrigatória essa indicação. Exemplo: Comércio e Indústria de Vestuário Sibil Ltda., ou Comércio e Indústria Sibil Ltda. Obrigatória será contudo a presença da palavra "limitada", abreviada ou por extenso; se for ela omitida, não haverá responsabilidade limitada dos sócios, e todos responderão solidária e ilimitadamente pelas obrigações sociais.

Essa sociedade também poderá adotar firma ou razão social. A firma deverá conter o nome de um deles ou de todos. Exemplos: Mario Souza, Faria & Cia. Ltda. Não conhecemos sociedade limitada alguma que adote firma, todas elas adotando a denominação. Em todo caso, faculta a lei essa possibilidade para quem dela quiser utilizar-se.

Ressalte-se ainda a dupla grafia da palavra quota, que poderá também ser grafada como cota. É uma palavra sincrética, ou seja, com duas grafias, como loiro e louro, covarde e cobarde, taverna e taberna.

7.2 Histórico e legislação

Ao que parece, a sociedade por quotas surgiu na Inglaterra, onde já existia, no século XIX, um tipo de sociedade, denominado "limited company". A primeira lei regulamentadora desse modelo societário foi promulgada em 1892 na Alemanha, com o nome de sociedade de responsabilidade limitada, nome esse ainda conservado na Alemanha, França e Itália. A segunda lei conhecida foi a portuguesa, de 1901, tendo adotado o nome de sociedade por cotas, de responsabilidade limitada (note-se a presença da vírgula). Parece ter sido a lei portuguesa calcada na lei alemã, pois é muito parecida com esta.

Ainda no século XIX o Brasil cogitou de estabelecer esse modelo societário, com base na lei francesa de 1863, mas sem sucesso. Nova tentativa houve no início do século passado, em 1912, quando Inglês de Souza foi encarregado de rever e elaborar o novo Código Comercial, desejado naquela época. No projeto, constava a regulamentação dessa espécie de sociedade, com base na lei portuguesa de 1901. Entretanto, não foi dessa vez que nosso Código Comercial foi reformulado e não foi introduzida ainda a sociedade limitada em nosso direito, já que o Código Comercial de 1850 não a incluíra.

Surgiu ela silenciosamente em 1919, com o Decreto 3.708. O deputado gaúcho Joaquim Luiz Osório elaborou projeto de lei muito semelhante àquele que Inglês de Souza houvera incluído no projeto do Código Comercial, mas que não fora aprovado. Apresentado o projeto na Câmara, não provocou discussão nem alterações, transformando-se na lei regulamentadora dessa sociedade, chamada pela lei de SOCIEDADE POR QUOTAS DE RESPONSABILIDADE LIMITADA, nome inspirado pela lei portuguesa, apenas com diferenças de grafia; a lei portuguesa escreve cotas e coloca vírgula após essa palavra. O decreto 3.708 tinha apenas 19 artigos e sofreu muitas críticas no decorrer dos 70 anos em que vigorou no Brasil, até surgir o novo Código Civil. Foi apontado como confuso, omisso e incompleto, exigindo após sua promulgação ampla reformulação.

Todavia, resistiu essa lei galhardamente às críticas e manteve-se inalterada por mais de 70 anos. Sob a sua égide foram criadas, logo após sua promulgação em 1919, as primeiras sociedades desse tipo, avolumando-se de tal forma, que hoje constituem quase 99% das sociedades brasileiras. As sociedades civis amoldaram-se a esse modelo societário. Poucas ações correm no foro de São Paulo, e acreditamos que assim seja em outras comarcas, discutindo questões relacionadas com essa espécie de sociedade, ou de interpretação da lei.

Concluímos então que essa lei cumpriu sua finalidade, pois os fatos no-la demonstram. A realidade prática não exige de forma tão frisante a reformulação da lei. Todavia, julgamos sempre necessária uma revisão e atualização da lei de 1919, porquanto o tempo e a evolução da economia e da sociedade oferecem situações novas, problemas diferentes do que os de costume e não é possível enquadrá-los todos a um sistema jurídico elaborado em priscas eras. A situação criada pela lei é a de que, sendo ela omissa, remetia para o contrato social a solução do problema. Assim sendo, os sócios celebravam o contrato social incluindo nele as cláusulas que lhes convinham e depois não podiam reclamar imperfeições no contrato que eles elaboraram.

Finalmente, a solução do problema veio com a reformulação geral do direito brasileiro, graças à promulgação do novo Código Civil. Em 1967 foi nomeada comissão para revisar nosso superado Código Civil, da qual faziam parte mestres conceituados como Miguel Reale e Sílvio Marcondes. O projeto elaborado por essa comissão unificava parcialmente o direito privado, fundindo-se num só código o Código Civil e o Código Comercial. O projeto de lei 634-B/75 correu pelo Congresso Nacional durante 27 anos, com várias reformulações, revisões, enfim submetido e inúmeras análises, bastando-se dizer que mais de duas mil modificações foram introduzidas ao projeto inicial. Foi a batalha pelo novo código, que lutou contra tudo e contra todos, granjeando poucos amigos mas não pouco inimigos, mas venceu, pois sua vitória viria cedo ou tarde.

Até que não representa radical transformação no Direito Civil, sob o aspecto substancial, apegando-se mais a pormenores técnicos e periféricos. No que tange ao Direito Empresarial, entretanto, a reformulação foi ampla, profunda, abrangente. Criou praticamente um novo Direito Empresarial, introduzindo no Brasil o Direito Empresarial já implantado em todo o mundo, que o Brasil relutava em aceitar, permanecendo na contra-mão da história. Se houve luta por essa reformulação, foi ela empreendida principalmente pelos comercialistas, que não mais suportavam conviver com um Direito Empresarial superado, confuso, contrastante e dissociado da realidade. O ensino do Direito Comercial nas faculdades era verdadeiro martírio para mestres e acadêmicos.

Esta obra de Direito Societário teve que ser inteiramente reformulada em sua segunda edição, de fio a pavio, tal é a extensão e profundidade da mudança de critérios, de fundamentos e de normas operadas nas sociedades. Criou a sociedade simples, cujas disposições aplicam-se à sociedade limitada e outros modelos de sociedade. O principal acontecimento histórico apresentado pela nova legislação foi porém a nova regulamentação dada à sociedade limitada, pelo menos no que tange ao Direito Societário.

Malgrado tenham sido esperadas e por elas muitos lutaram principalmente os comercialistas, as inovações introduzidas haverão de provocar mal-entendidos na sua aplicação. O Brasil conviveu mais de um século com um direito empresarial omisso, anacrônico e imperfeito, mas simplista e ao qual o país já estava acomodado e conformado. O Decreto 3.708, de 1919, apesar de omisso, tem grande vantagem: transfere para os sócios a possibilidade de pactuarem o que lhes aprouver na formulação do contrato. As linhas mestras da sociedade estão portanto expressas no contrato social, que visa a regulamentar seu funcionamento. O contrato passa a ser então o conjunto de normas orientadoras de quase todas as atividades de uma sociedade limitada, desde que suas cláusulas não se oponham a disposições da lei. Tão simplista e tão cômoda ficou a situação que nem precisa mais advogado para elaborar contrato de sociedade, assunto que passou para a alçada dos contadores. O contrato é um impresso vendido nas papelarias e basta preencher alguns claros.

Como reagirá nosso país ao assimilar um direito sofisticado, aperfeiçoado, vibrante e evoluído como o de agora, comparável ao direito dos países do primeiro mundo jurídico, como o da Itália, França, Alemanha e outros? Estamos certos de que essa adaptação será demorada e eivada de dificuldades. Por esta razão procuramos fazer neste trabalho a análise cuidadosa dos 36 artigos do código referentes à sociedade limitada, por ser obra pioneira e inovadora. Seguem-se então os comentários sobre a sociedade limitada, tal como a regulamenta nosso Código Civil.

Os 36 artigos do Código Civil tratam da sociedade limitada em quase todos os seus aspectos, em várias seções, a saber:

1 – Disposições preliminares
2 – Das quotas
3 – Da administração
4 – Do Conselho Fiscal
5 – Das deliberações dos sócios
6 – Do aumento e da redução do capital
7 – Da resolução da sociedade em relação aos sócios minoritários
8 – Da dissolução

7.3 A sociedade limitada no novo Código Civil

Capítulo IV
Seção I – Disposições preliminares

Art. 1.052 – Na sociedade limitada, a responsabilidade de cada sócio é restrita ao valor de sua quota, mas todos respondem solidariamente pela integralização do capital social.

Até que enfim a sociedade limitada tem uma regulamentação condigna, após quase 80 anos de obscurantismo ditado pelo Decreto 3.708, de 1919. O conceito porém não mudou: o capital é dividido em quotas (ou cotas) e a responsabilidade dos sócios é limitada ao capital social. Malgrado se chame "sociedade limitada", não é ela que seja limitada, nem a sua responsabilidade, mas é a responsabilidade dos sócios. A sociedade limitada responde ilimitadamente, pelo total de suas dívidas.

Ficou claro agora que o sócio, individualmente, tem sua responsabilidade limitada à sua cota, à sua parte no capital. Assim sendo, se a sociedade ficar abarrotada de dívidas, a ponto de não ter com que pagá-las, cada sócio perderá o dinheiro que tiver colocado na sociedade, que será aplicado no pagamento das dívidas. Os sócios, em conjunto, responderão portanto pela totalidade do capital social.

Embora a lei não tenha feito referência, a responsabilidade dos sócios é subsidiária. É a sociedade limitada que terá de pagar as suas dívidas, devendo primeiro ser excutidos seus bens; na falta de bens suficientes da sociedade, aí é que serão excutidas as quotas dos sócios. Todavia, a responsabilidade do sócio só será limitada após a integralização do capital, ou seja, quando o sócio pagar a quota que tiver subscrito. Enquanto não aportar ele ao capital da sociedade limitada o valor de sua quota, sua responsabilidade será solidária com a dos outros sócios.

Art. 1.053 – A sociedade limitada rege-se, nas omissões deste Capítulo, pelas normas da sociedade simples.

Além de ser bem regulamentada, a sociedade limitada, no que a regulamentação que lhe dá o novo Código Civil, for omissa, será ela suprida pelas normas referentes à sociedade simples. Não há diferenças muito sensíveis entre os dois modelos societários, razão pela qual ficam bem aplicadas as normas de uma à outra. A sociedade simples está prevista nos arts. 1.000 a 1.041 do novo Código Civil.

Art. 1.054 – O contrato mencionará, no que couber, as indicações do art. 997, e, se for o caso, a firma social.

A elaboração do contrato social segue a norma geral, com os requisitos do contrato expressos no art. 997. Há porém uma peculiaridade: a sociedade por quotas pode ter firma social ou não. Geralmente, a sociedade limitada tem denominação; raramente tem firma. Assim era no regime antigo e acreditamos que seja no novo. A lei contudo não veda a adoção de firma. Considerações sobre a firma foram feitas nos artigos deste código, referentes ao nome empresarial.

Seção II – Das quotas

Art. 1.055 – O capital social divide-se em quotas, iguais ou desiguais, cabendo uma ou diversas a cada sócio, mas, em qualquer caso, as primitivas são distintas das posteriormente adquiridas.
Parágrafo 1º – Pela exata estimação de bens conferidos ao capital social, respondem solidariamente todos os sócios.
Parágrafo 2º – É vedada contribuição que consista em prestação de serviços.

Quota (também se diz cota) é uma fração do capital social da sociedade limitada. Cada quota pertence a um sócio e representa o dinheiro que este aportou para formar o capital da sociedade limitada. Cada quota pertence a um sócio e representa o dinheiro que este aportou para formar o capital social. As quotas não têm o mesmo valor nominal, como as ações, podendo ter valor desigual. Por exemplo: uma sociedade pode ter o capital de R$ 9.000,00, dividido em três cotas de R$ 3.000,00 para cada um dos sócios. Poderá porém o capital de R$ 9.000.00 ter uma cota de R$ 5.000,00, uma de R$ 3.000,00 e outra de R$ 1.000,00.

Ao se constituir uma sociedade, o contrato social irá indicar uma cota para cada um dos sócios, havendo, assim, tantas cotas quantos serão os sócios. Entretanto, pode um sócio sair e ceder sua cota a outro; neste caso, o sócio adquirente passará a ter duas cotas, uma vez que a nova cota não se incorpora à antiga, detida pelo sócio adquirente.

A cota deve corresponder ao valor monetário que o sócio pagou por ela; é como se a sociedade vendesse parte de seu capital a alguém, recebendo o preço. Dá-se assim a integralização do capital, ou seja, o pagamento da cota. Não é obrigatório, entretanto, o pagamento em dinheiro, podendo ser em bens, como imóveis, máquinas, veículos, títulos de crédito. Esses bens serão posteriormente transformados em dinheiro, que será incorporado ao capital. Devem os bens ser antes avaliados, constituindo problema delicado, pois havendo conflitos, os sócios que aprovaram a inclusão dos bens responderão solidariamente pelos prejuízos que puderem advir à sociedade. A cota deve ser integralizada em dinheiro ou bens, mas não com a prestação de serviços.

Art. 1.056 – A quota é indivisível em relação à sociedade, salvo para efeito de transferência, caso em que se observará o disposto no artigo seguinte.

Parágrafo 1º – No caso de condomínio de quota, os direitos a ela inerentes somente podem ser exercidos pelo condômino representante, ou pelo inventariante do espólio de sócio falecido.

Parágrafo 2º – Sem prejuízo do disposto no art. 1.052, os condôminos de quota indivisa respondem solidariamente pelas prestações necessárias à sua integralização.

A quota é indivisível, mas poderá ser transferida parcialmente, como por exemplo, se um sócio transferir a metade de sua quota para uma pessoa e a outra metade para outra. É possível que uma quota tenha vários possuidores, como no caso de um sócio falecer e deixar sua quota para três herdeiros. Neste caso, só uma pessoa poderá representar a quota, isto é, será um só voto. Se o inventário não terminar, a quota será representada pelo inventariante. Se não, um dos herdeiros será escolhido para representar os demais.

Se essa quota formando um condomínio não estiver integralizada, todos os condôminos respondem solidariamente pela integralização dela. Segue-se o mesmo critério para a quota individual, conforme estabeleceu o art. 105.

Art. 1.057 – Na omissão do contrato, o sócio pode ceder sua quota, total ou parcialmente, a quem seja sócio, independentemente de audiência dos outros, ou a estranho, se não houver oposição de titulares de mais de um quarto do capital social.

Parágrafo único – A cessão terá eficácia quanto à sociedade e terceiros, inclusive para os fins do parágrafo único do art. 1.003, a partir da averbação do respectivo instrumento, subscrito pelos sócios anuentes.

Fica aberta a possibilidade de um sócio transferir sua quota a terceiro sem que haja concordância de todos os demais, o que antes não acontecia. É preciso porém a concordância dos sócios detentores de mais de 25% do capital social. O contrato social entretanto poderá dispor de modo diferente, devendo ser obedecido.

O instrumento de transferência da quota deverá ser averbado no registro da sociedade, na Junta Comercial, tendo a assinatura dos transferentes e dos anuentes. Sem a averbação, essa transferência não produzirá efeitos quanto a terceiros e quanto aos sócios que não tiverem dado anuência à operação de transferência.

Art. 1.058 – Não integralizada a quota de sócio remisso, os outros sócios podem, sem prejuízo do disposto no art. 1.004 e seu parágrafo único, tomá-la para si ou transferi-la a estranhos, excluindo o primitivo titular e devolvendo-lhe o que houver pago, deduzidos os juros de mora, as prestações estabelecidas no contrato mais as despesas.

Cuida-se de uma sanção ao sócio que tiver subscrito sua quota e depois não pagar. Integralizar é aportar à sociedade o dinheiro referente a uma quota. Não realizar a quota é falta muito grave, prevendo a lei várias sanções ao faltoso e neste artigo está uma delas. Poderão os demais sócios excluir o sócio faltoso, ficando com a quota que ele subscrevera. Caso ele tenha pago parcialmente essa quota, o dinheiro lhe será devolvido, com o desconto de comissões decorrentes de sua falta. É o sócio chamado de remisso, com sentido de inadimplente.

Entretanto, se o sócio subscreveu a quota, comprometeu-se a pagar seu valor. Poderão os sócios processá-lo a fim de compelir o faltoso a cumprir sua obrigação: integralizar o valor da quota que subscrevera. É o que nosso código chama de "obrigação de fazer".

Art. 1.059 – Os sócios serão obrigados à reposição dos lucros e das quantias retiradas, a qualquer título, posto autorizados pelo contrato, quando tais lucros ou quantia se distribuírem com prejuízo do capital.

Cabe aos sócios o direito de auferir os lucros proporcionados pelas atividades empresariais durante determinado exercício. A remuneração do capital, portanto, não poderá ser extraída do capital, senão seria retorno do investimento. Essa distribuição poderá ocorrer de várias formas, não se constituindo muitas vezes operação fraudulenta. Por exemplo: a sociedade vem auferindo lucros durante o ano e adianta aos sócios a distribuição deles. No final do exercício, ao levantar-se o balanço, fica contestada a ocorrência de prejuízos. Os sócios deverão, neste caso, devolver os lucros adiantados, senão o capital será prejudicado.

Seção III – Da administração

Art. 1.060 – A sociedade limitada é administrada por uma ou mais pessoas designadas no contrato social ou em ato separado.

Parágrafo único – A administração atribuída no contrato a todos os sócios não se estende de pleno direito aos que posteriormente adquiriram essa qualidade.

Há dois tipos de sócios numa sociedade limitada: o SÓCIO-GERENTE e o SÓCIO-QUOTISTA. O sócio-quotista é quem aporta capital à sociedade, mas não exerce atividades administrativas e empresariais. O sócio-gerente é também um sócio quotista mas exerce na sociedade atividade empresarial: administra e gere o funcionamento da sociedade, assina cheques e contratos e representa a sociedade perante terceiros. Deve receber por essa participação uma remuneração especial: o "pro labore".

É possível que todos os sócios-quotistas sejam também sócios-gerentes, devendo o contrato social esclarecer essa situação; na omissão do contrato social, tem-se que todos os sócios-quotistas sejam sócios-gerentes. O contato social poderá designar, entretanto, um ou mais sócios que serão os sócios-gerentes, os administradores da sociedade. Ainda que o contrato social diga que todos os sócios serão sócios-gerentes, se entrar um novo sócio será necessária a inclusão deste, averbando-se na Junta Comercial.

Art. 1.061 – Se o contrato permitir administradores estranhos, a designação deles dependerá da aprovação da unanimidade dos sócios, enquanto o capital não estiver integralizado, e de dois terços, no mínimo, após a integralização.

A sociedade poderá admitir um estranho como administrador dela. Será um gerente e não sócio-gerente, já que não é sócio, mas um funcionário assalariado; poderá auferir comissão ou porcentagem nos lucros. A investidura do administrador deve ter aprovação dos sócios. Oferecem-se duas situações:

A – se o capital não estiver integralizado: – deverá haver anuência da totalidade dos sócios;
B – se o capital já estiver integralizado: – deverá contar com a aprovação de sócios que representem dois terços, no mínimo, do capital.

Necessário porém se torna que o contrato social tenha previsto a contratação de administrador não sócio.

Art. 1.062 – O administrador designado em ato separado investir-se-á no cargo mediante termo de posse no livro de atas da administração.

Parágrafo 1º – Se o termo não for assinado nos trinta dias seguintes à designação, esta se tornará sem efeito.

Parágrafo 2º – Nos dez dias seguintes ao da investidura, deve o administrador requerer se já averbada sua nomeação no Registro das Empresas, mencionando o seu nome, nacionalidade, estado civil, residência, o ato e a data da nomeação, e o prazo de gestão.

Pelo que dá a entender este artigo, a designação do administrador estranho à sociedade, ou seja, que não seja sócio, deve ser feito em assembléia de sócios, o que é confirmado no art. 107. Deve ser lavrada a ata de designação no Livro de Atas da Administração. O administrador escolhido deverá tomar posse no prazo de até 30 dias. A posse dá-se por termo naquele livro de atas. Esses atos deverão ser averbados no registro da sociedade, na Junta Comercial. É bom esclarecer que averbação é um registro em outro registro.

Art. 1.063 – O exercício do cargo de administrador cessa pela destituição, a qualquer tempo, do titular, ou pelo término do prazo se, fixado no contrato ou em ato separado, não houver recondução.

Parágrafo 1º – Tratando-se de sócio nomeado no contrato, a destituição somente se opera com a aprovação de titulares de quotas correspondentes, no mínimo, a três quartos do capital social.

Parágrafo 2º – A cessação do exercício do cargo de administrador deve ser averbada no Registro das Empresas, mediante requerimento apresentado nos dez dias seguintes ao da ocorrência.

Parágrafo 3º – A renúncia de administrador torna-se eficaz, em relação à sociedade, desde o momento em que esta toma conhecimento da comunicação escrita do renunciante; e, em relação a terceiros, após a averbação e publicação.

Enquanto o art. 1.062 fala sobre a entrada do administrador, o art. 1.063 fala da saída. Essa questão apresenta-se sob diversos aspectos: se o administrador é um sócio ou um estranho; se ele renuncia ao cargo ou é destituído, se o mandato dele é a prazo ou por tempo determinado, se a nomeação estiver no contrato social ou em ato em separado.

Se o administrador tiver sido designado por um determinado prazo, sua designação terminará naquele prazo. Entretanto, ocupa ele um cargo de confiança e se é escolhido pelos sócios, estes têm a faculdade de destituí-lo a qualquer tempo. A destituição deve fazer-se da mesma forma pela qual tenha sido feita a designação. Ao vencer-se o prazo deve ele deixar o posto. Todavia, os sócios têm a faculdade de reconduzi-lo ao cargo, por novo prazo ou sem prazo.

Se a nomeação do administrador deve contar com a aprovação de sócios que representem três quartos do capital, a desnomeação deve contar com igual porcentagem. Como também: se a nomeação deve ser averbada no registro da empresa na Junta Comercial, a desnomeação está obrigada ao mesmo registro.

Se o administrador pode ser afastado por vontade dos sócios, pode também afastar-se por sua vontade; trata-se então de renúncia de cargo. Comunica ele por escrito à sociedade e desde o momento em que ela recebe esse comunicado, cessa a relação profissional entre ambos. Em relação a terceiros, todavia, os efeitos jurídicos do exercício da função apenas cessam no momento em que a renúncia for averbada na Junta Comercial e publicada a averbação.

Art. 1.064 – O uso da firma ou denominação social é privativo dos administradores que tenham os necessários poderes.

Deixou claro o novo código, como também a lei antiga, que a sociedade limitada poderá adotar firma, embora essa adoção seja, na prática, muito rara. Não se conhece alguma sociedade desse modelo que tenha adotado firma.

O administrador está investido nos poderes de administração; ele poderá dirigir as atividades empresariais. Não tem contudo poderes de representação; ele não é o representante legal da sociedade; não pode assinar por ela; apenas tem essa faculdade o sócio-gerente.

Para que ele possa fazer uso da firma ou da denominação, será necessário que o ato de nomeação especifique esse poder: além do poder de administração, também de representação. Nesse caso terá ele procuração para assinar pela sociedade.

Art. 1.065 – Ao término de cada exercício social, proceder-se-á à elaboração do inventário, do balanço patrimonial e do balanço do resultado econômico.

Toda empresa mercantil, seja o empresário mercantil individual, seja a sociedade empresária, tem certas obrigações comuns a todas elas, como por exemplo, o registro nos órgãos competentes. Entre elas, estão as previstas neste artigo, conforme ficará regulamentado logo adiante. Em primeiro lugar, deve ela proceder ao levantamento de seu inventário: uma relação e descrição sucinta de seus bens e outros dados de seu patrimônio. Em segundo, o balanço patrimonial, um mapa expositivo de sua situação financeira. Outro levantamento é o do resultado do exercício, ou resultado econômico; é muitas vezes chamado pela expressão tradicional "demonstração de lucros e perdas".

Seção IV – Do conselho fiscal

1066 – Sem prejuízo dos poderes da assembléia dos sócios, pode o contrato instituir conselho fiscal composto de três ou mais membros e respectivos suplentes, sócios ou não, residentes no País, eleitos na assembléia anual prevista no art. 1.078, nº 1.

Parágrafo 1º – Não podem fazer parte do conselho fiscal, além dos inelegíveis enumerados no parágrafo 1º do art. 1.011, os membros dos demais órgãos da sociedade ou de outra por ela controlada, os empregados de quaisquer delas ou dos respectivos administradores, os cônjuges ou parentes destes até o terceiro grau.

Parágrafo 2º – É assegurado aos sócios dissidentes, que representarem pelo menos um quinto do capital social, o direito de eleger, separadamente, um dos membros do conselho fiscal e o respectivo suplente.

O conselho fiscal é órgão próprio da S/A e antes no novo código era também permitido para a sociedade limitada, já que subsidiariamente poderia a lei das S/A ser aplicada para a sociedade por quotas. Não será pois novidade a nova disposição do novo código, já que também não obriga, dizendo apenas que "pode" o contrato social instituir o conselho fiscal.

O conselho fiscal é um órgão de fiscalização, por conseguinte, de controle. Como exercem funções de ordem crítica das operações sociais, há necessidade de que possuam nível intelectual ou experiência empresarial. Não podem ser empregados da empresa, pois não teriam independência; igualmente parentes de algum administrador.

Art. 1.067 – O membro ou suplente eleito, assinado termo de posse lavrado no livro de atas e pareceres do conselho fiscal, em que se mencione o seu nome, nacionalidade, estado civil, residência e a data da escolha, ficará investido nas suas funções, que exercerá, salvo cessação anterior, até a subseqüente assembléia anual.

Parágrafo único – Se o termo não for assinado nos trinta dias seguintes ao da eleição, esta se tornará sem efeito.

A investidura do conselheiro fiscal, como se observa neste artigo, obedece ao rito previsto para o administrador.

Art. 1.068 – A remuneração dos membros do conselho fiscal será fixada, anualmente, pela assembléia dos sócios que os eleger.

Tratam-se de pessoas com algum conhecimento especializado e portanto devem ser remuneradas. A empresa muito pequena não poderá arcar com esses gastos, razão pela qual acreditamos que raras sociedades desse modelo societário possam constituir o conselho fiscal, tanto que, até agora, não consta que alguma tenha criado esse órgão, embora fosse também permitido pelo sistema anterior.

O conselheiro fiscal recebe remuneração específica; não é "pro labore" nem salário. A remuneração devida aos membros do Conselho Fiscal das S/A, segundo o art. 162-3º da Lei das S/A não poderá ser inferior a 10% da remuneração do diretor. Esse critério deveria ser aplicado à sociedade limitada, pelo menos pela analogia.

Art. 1.069 – Além de outras atribuições determinadas em lei ou no contrato social, aos membros do conselho fiscal incumbem, individual ou conjuntamente, os deveres seguintes:

I – Examinar, pelo menos trimestralmente, os livros e papéis da sociedade e o estado da caixa e da carteira, devendo os administradores ou liquidantes prestar-lhes as informações solicitadas.
II – Lavrar no livro de atas e pareceres do conselho fiscal o resultado dos exames referidos no nº 1 deste artigo.
III – Exarar no mesmo livro e apresentar à assembléia anual dos sócios parecer sobre os negócios e as operações sociais do exercício em que servirem, tomando por base o balanço patrimonial e o de resultado econômico.
IV – Denunciar os erros, fraudes ou crimes que descobrirem, sugerindo providências úteis à sociedade.
V – Convocar a assembléia dos sócios se a diretoria retardar por mais de um mês a sua convocação anual, ou sempre que ocorram motivos graves e urgentes.
VI – Praticar, durante o período de liquidação da sociedade, os atos a que se refere esse artigo, tendo em vista as disposições especiais reguladoras da liquidação.

Pela própria competência do conselho fiscal é possível avaliar as exigências do cargo e da pessoa que o ocupa. Examinar a situação patrimonial da empresa e apresentar relatório sobre ela é tarefa que demanda conhecimentos de contabilidade. Elaborar pareceres sobre as operações empresariais requer descortino superior ao dos sócios. Denunciar erros e fraudes é trabalho de auditoria que requer alta perspicácia.

Art. 1.070 – As atribuições e poderes conferidos pela lei ao conselho fiscal não podem se outorgados a outros órgãos da sociedade, e a responsabilidade de seus membros obedece à regra que define a dos administradores (art. 1.016).

Parágrafo único. O conselho fiscal poderá escolher para assisti-lo no exame dos livros, dos balanços e das contas, contabilista legalmente habilitado, mediante remuneração aprovada pela assembléia dos sócios.

Corresponde este artigo ao art. 163-7º da Lei das S/A. Não é obrigatória a adoção do conselho fiscal para a sociedade limitada, mas se adotá-lo, terá ele que cumprir suas funções, não podendo delegá-las. Caso os membros do conselho fiscal não possuam experiência contábil, poderão contratar a assessoria de contabilista habilitado na profissão.

Seção V – Das deliberações dos sócios

Art. 1.071 – Dependem da deliberação dos sócios, além de outras matérias indicadas na lei ou no contrato:

I – A aprovação das contas da administração.
II – A designação dos administradores, quando feita em ato separado.
III – A destituição dos administradores.
IV – O modo de sua remuneração, quando não estabelecida no contrato.
V – A modificação do contrato social.
VI – A incorporação, a fusão e a dissolução da sociedade, ou a cessação do estado de liquidação.
VII – A nomeação e destituição dos liquidantes e o julgamento das suas contas.
VIII – O pedido de concordata.

É um órgão criado pelo novo código e parece bem original, embora aproveite algumas idéias do art. 122 da Lei das S/A, e dos arts. 2.484 a 2.486 do Código Civil italiano. É órgão obrigatório e democratiza a estrutura da sociedade limitada, aproximando-a da S/A, em que os acionistas podem votar a respeito dos fatos mais importantes.

Art. 1.072:
As deliberações dos sócios, obedecido o disposto no art. 1.010, serão tomadas em reunião ou em assembléia, conforme previsto no contrato

social, devendo ser convocadas pelos administradores nos casos previstos em lei ou no contrato.

§ 1º – A deliberação em assembléia será obrigatória se o número dos sócios for superior a dez.

§ 2º – Dispensam-se as formalidades de convocação previstas no parágrafo 3º do art. 1.151, quando todos os sócios comparecerem ou se declararem, por escrito, cientes do local, data, hora e ordem do dia.

§ 3º – A reunião ou a assembléia tornam-se dispensáveis quando todos os sócios decidirem, por escrito, sobre a matéria que seria objeto delas.

§ 4º – No caso do inciso VII do artigo antecedente, os administradores, se houver urgência e com autorização de titulares de mais da metade do capital social, podem requerer concordata preventiva.

§ 5º – As deliberações tomadas de conformidade com a lei e o contrato vinculam todos os sócios, ainda que ausentes ou dissidentes.

§ 6º – Aplica-se às reuniões dos sócios, nos casos omissos no contrato, o disposto na presente seção sobre a assembléia.

O novo código usa duas expressões várias vezes, *reunião* e *assembléia*, não deixando clara a diferença entre as duas, nem quando se usa uma ou outra, deixando a cargo do contrato social dizer quais questões serão resolvidas em reunião e quais em assembléia. A assembléia é uma reunião, mas reunião com características especiais. Em primeiro lugar, numa assembléia, as pessoas que dela participam devem ser da mesma categoria, com identidade de funções, interesses, de propósitos. Por exemplo: assembléia de sócios, de acionistas, de condôminos, de credores. A reunião pode ser de pessoas heterogêneas, como credores e devedores.

Em segundo lugar, a assembléia só pode ser realizada com a observância das disposições contidas na lei, no estatuto ou no contrato, enfim, observando certas formalidades legais. Assim, uma assembléia deve ser convocada por edital de convocação assinado pelo presidente, contendo ordem do dia, publicada com certo prazo antes de sua realização e outras formalidades.

A reunião é mais livre, mais informal; pode ser convocada por telefone, por exemplo. Pelo parágrafo primeiro deste artigo, não se podem resolver em reunião questões da sociedade constituída por mais de dez sócios; nesse caso deve haver assembléia.

Depende do que dispuser o contrato social sobre a reunião ou a assembléia para certas deliberações; é o contrato que dirá se determinado assunto deva ser resolvido em reunião ou em assembléia. O contrato dirá também quem deverá convocar a reunião ou a assembléia, quando a própria lei não determinar.

Ao fazer remissão ao art. 1.010, o código estabeleceu como "modus faciendi" das deliberações dos sócios da sociedade limitada o mesmo adotado pela sociedade simples. As deliberações são tomadas por maioria de votos, contados segundo o valor das quotas de cada um. Por exemplo, Ulpiano tem quota de R$ 10.000,00, Modestino de R$ 5.000,00, Pompônio de R$ 5.000,00 e Paulo de R$ 20.000,00, formando o capital social de R$ 40.000,00. Haverá então o total de 40 votos, sendo 10 de Ulpiano, 5 de Modestino, 5 de Pompônio e 20 de Paulo. Por maioria de votos, entende-se mais da metade, ou seja, 50% dos votos mais um.

É possível que haja empate na votação, mas será solucionado se houver maior número de sócios numa deliberação, prevalecendo o voto por cabeça o que representa a maioria. Será a hipótese em que numa reunião apresentaram-se os quatro sócios: Upiano, Modestino e Pompônio, cada um com direito a um voto e Paulo com três votos. Ulpiano, Modestino e Pompônio votam a favor de uma proposta, mas Paulo vota contra: há empate de três e três. Vence então o voto de Ulpiano, Modestino e Pompônio, pois são três contra um.

Para facilitar o trabalho de todos, a assembléia poderá ter convocação facilitada, dispensando-se formalidades se houver declaração dos sócios de que estão cientes dela. Essa possibilidade ocorre comumente na sociedade limitada por ter esta, via de regra, poucos sócios. Digamos que uma sociedade limitada tenha três sócios e sejam eles convocados verbalmente ou por telefone para uma reunião e estes declaram por escrito estar cientes dessa reunião. Em caso assim, não há necessidade de formar nova convocação.

Há outra possibilidade de ocorrência prevista em lei. Há convocação de uma sociedade limitada para decidir sobre determinada proposta. Antes da assembléia ou da reunião, os sócios celebram acordo sobre a proposta, antecedendo-se à discussão em assembléia. Torna-se então desnecessária a realização da assembléia, pois não haverá necessidade de reunião para ratificar o acordo.

Se houver premência de decisão em assembléia, para possível pedido de concordata ou auto-falência da sociedade limitada, pode ser dispensada reunião dos sócios. Requerer concordata ou auto-falência é uma decisão muito séria e delicada e só deve ser tomada por unanimidade ou maioria dos sócios, conforme disponha no contrato. Às vezes, o pedido de concordata precisa de ser urgente, por haver títulos vencidos e com ameaça de protesto. Digamos que algum ou alguns sócios estejam ausentes, ou o prazo para a assembléia retarde o pedido, provocando protesto de títulos. Em tal situação de premência, os administradores e com autorização da maioria de votos de acordo com o capital, pode decidir pelo pedido de concordata.

As decisões tomadas pelos sócios em reunião ou assembléia são soberanas, no sentido de que elas valem para os sócios que não tiverem comparecido a elas ou, se tiverem comparecido, votaram contra. Para vincular esses sócios, entretanto, há necessidade de que as reuniões tenham obedecido às disposições da lei ou do contrato social. É a hipótese de os sócios se reunirem e decidirem alterar o contato, elaborando o instrumento de alteração e assinando. Se eles assinaram é porque já deliberaram e decidiram. Que necessidade haveria de uma assembléia?

Art. 1.073 – A reunião ou a assembléia podem também ser convocadas:
I – Por sócio, quando os administradores retardarem a convocação, por mais de dois meses, nos casos previstos em lei ou no contrato, ou por titulares de mais de um quinto do capital, quando não atendido, no prazo de oito dias, pedido de convocação fundamentado, com a indicação das matérias a serem tratadas.
II – Pelo conselho fiscal, se houver, nos casos a que alude o nº V do art. 1.069.

A assembléia é um órgão obrigatório e não facultativo como o conselho fiscal. Sua convocação cabe aos administradores, e se esses não cumprirem sua missão de convocá-la, pode ela ser convocada pelo conselho fiscal, que tem essa competência, a pedido de algum sócio ou "sponte propria". Poderá ainda qualquer sócio pedir sua convocação.

Art. 1.074 – A assembléia dos sócios instala-se com a presença, em primeira convocação, de titulares de três quartos, no mínimo, do capital social, e, em seguida, com qualquer número.

§ 1º – O sócio pode ser representado na assembléia por outro sócio, ou por advogado, mediante outorga de mandato com especificação dos atos autorizados. O instrumento será levado a registro, juntamente com a ata.

§ 2º – Nenhum sócio, por si ou na condição de mandatário, pode votar matéria que lhe diga respeito diretamente.

Sendo sociedade de pessoas, e como diz o novo código "sociedade personificada", não pode um sócio votar sobre questão pessoal, pois criaria conflito de interesses entre ele e a sociedade. O rigorismo é maior do que na S/A quanto à presença dos sócios, exigindo a lei o mínimo de três quartos.

Art. 1.175 – A assembléia será presidida e secretariada por sócios escolhidos entre os presentes. Dos trabalhos e deliberações será lavrada, no livro de atas da assembléia, ata assinada pelos membros da mesa e por sócios participantes na reunião, quantos bastem à validade das deliberações, mas sem prejuízo dos que queiram assiná-la.

§ 1º – Cópia da ata assinada pelos administradores, ou pela mesa, será, nos vinte dias subseqüentes à reunião, apresentada ao Registro das Empresas para arquivamento e averbação.

§ 2º – Ao sócio, que o solicitar, será entregue cópia autenticada da ata.

A assembléia deverá transcorrer de acordo com a lei e lavrada em livro próprio. Criou-se mais um livro obrigatório e novo registro, aumentando o volume de encargos para o Registro das Empresas (Junta Comercial). Como porém a maioria das empresas brasileiras com este modelo societário são pequenas, constituídas muitas vezes de dois sócios, não raro marido e mulher, acreditamos que esses encargos serão leves.

Art. 1.076 – Ressalvado o disposto nos parágrafos 1º e 2º dos arts. 1.060 e 1.066, as deliberações dos sócios serão tomadas:

I – Pelos votos correspondentes, no mínimo, a três quartos do capital social, nos casos previstos nos nºs V e VI do art. 1.074.

11 – Pelos votos correspondentes a mais da metade do capital social, nos casos previstos nos nºs II, III, IV e VII, do art. 1.071.

III – Pela maioria dos votos dos presentes, nos demais casos previstos na lei ou no contrato, se este não exigir maioria mais elevada.

Este artigo faz muitas remissões a outros e neste aspecto nosso novo Código Civil sofreu muito a influência de seu congênere italiano. A necessidade de três quartos do capital só é exigida para a modificação do contrato social e no caso de incorporação, fusão, dissolução e cessação do estado de liquidação da sociedade.

Há várias porcentagens de votos, conforme a questão submetida à votação.

Art. 1.077 – Quando houver modificação do contrato, fusão da sociedade, incorporação de outra, ou dela por outra, terá o sócio que dissentiu o direito de retirar-se da sociedade, nos trinta dias subseqüentes à reunião, aplicando-se, no silêncio do contrato social antes vigente, o disposto no art. 1.031.

Eis aqui mais uma medida de respeito ao sócio remisso e minoritário nas votações. Este artigo garante o sócio que discordar de medidas que alterem o objetivo ou o objeto social. Quando entra numa sociedade, o sócio tem certas pretensões, que devem ser respeitadas. Por exemplo, a sociedade vai-se fundir com outra; essa medida implica a estrutura da empresa, a inclusão de novos sócios, e outras transformações não previstas por ele ao integrar-se naquela sociedade. Não deve ser obrigado a aceitar o que não fora estabelecido no momento de sua entrada.

Art. 1.078 – A assembléia dos sócios deve realizar-se ao menos uma vez por ano, nos quatro meses seguintes à terminação do exercício social, com o objetivo de:

I – Tomar as contas dos administradores e deliberar sobre o balanço patrimonial e o de resultado econômico;
II – Designar administradores quando for o caso.
III – Tratar de qualquer outro assunto constante da ordem do dia.

Parágrafo 1º – Até um mês antes da data marcada para a assembléia, os documentos referidos no nº 1 deste artigo devem ser postos, por escrito, e com a prova do respectivo recebimento, à disposição dos sócios que não exerçam a administração.

Parágrafo 2º – Instalada a assembléia, proceder-se-á à leitura dos documentos referidos no parágrafo precedente, os quais serão submetidos, pelo presidente, a discussão e votação, nesta não podendo tomar parte os membros da administração e, se houver, os do conselho fiscal.

Parágrafo 3º – A aprovação, do balanço social e do resultado econômico, salvo erro, dolo ou simulação, exonera de responsabilidade os membros da administração e, se houver, os do conselho fiscal.

Parágrafo 4º – Extingue-se, em dois anos, o direito de anular a aprovação a que alude o parágrafo anterior.

O novo código não discrimina a assembléia em geral e ordinária, como na S/A. É exigida ao menos uma reunião por ano, a fim de examinar o exercício passado. Não veda a lei, contudo, a realização de alguma outra reunião. Trata-se entretanto de ato obrigatório e acreditamos ser muito louvável essa disposição legal, tendo o condão de diminuir o grande volume de fraudes que vem caracterizando a administração das sociedades limitadas.

Art. 1.079 – Aplica-se às reuniões dos sócios, nos casos omissos no contrato, o estabelecido nesta Seção sobre a assembléia, obedecido o disposto no Parágrafo 1º do art. 1072.

Fala esse artigo em "reuniões dos sócios" e não em assembléia. Já fizemos referências ao sentido de reunião e assembléia, na análise do art. 1.072. O contrato social indicará quais decisões dos sócios devem ser tomadas em assembléias e quais em reunião.

Adverte porém esse artigo que se a sociedade limitada tiver mais de dez sócios as decisões deverão ser tomadas em assembléia e não em reunião, conforme dispõe o art. 1.072 no seu parágrafo primeiro.

Embora as reuniões sejam mais liberais, as formalidades estabelecidas para a assembléia aplicam-se também à reunião, salvo se no contrato social forem estabelecidas formalidades próprias para as reuniões.

Art. 1.080 – As deliberações infringentes do contrato ou da lei tornam ilimitada a responsabilidade dos que expressamente as aprovaram.

É um tipo de sanção imposta aos dirigentes de uma sociedade, que se exorbitarem no uso dos poderes que lhe foram confiados. Em nosso parecer, esse artigo abre levemente a brecha para a aplicação da "disregard theory" (desconsideração da personalidade jurídica)

Seção VI – Do aumento e da redução do capital

Art. 1.084 – Ressalvado o disposto em lei especial, integralizadas as quotas, pode ser o capital aumentado, com a correspondente modificação do contrato.

§ 1º – Até trinta dias após a deliberação, terão os sócios preferência para participar do aumento na proporção das quotas de que sejam titulares.

§ 2º – À cessão do direito de preferência, aplica-se o disposto no **caput** do art. 1.057.

§ 3º – Decorrido o prazo da preferência e assumida pelos sócios, ou por terceiros, a totalidade do aumento, com a concordância daqueles, realizar-se-á a assembléia dos sócios, a fim de aprovar a modificação do contrato.

De acordo com as conveniências do momento, o capital da limitada poderá ser aumentado ou diminuído. Necessário porém que as quotas estejam todas integralizadas, ou seja, já pagas. Faz-se o aumento com alteração do contrato social, devidamente registrado no órgão competente. Os sócios atuais terão o direito de preferência na participação desse aumento, a exemplo do que acontece na S/A, conforme o art. 171 da Lei das S/A. O direito de preferência é limitado porém ao valor da quota do sócio.

Art. 1.082 – Pode a sociedade reduzir o capital, mediante a correspondente modificação do contrato:

I – Depois de integralizado, se houver perdas irreparáveis.
II – Se excessivo em relação ao objeto da sociedade.

Da mesma forma que pode a sociedade aumentar seu capital, poderá diminui-lo nas condições previstas neste artigo. O aumento é livre, mas a redução deve ser motivada, conforme está previsto aqui: se o capital é demais para o volume de atividades da empresa; ou então, se houver perdas no exercício das atividades.

Art. 1.083 – No caso do nº 1 do artigo anterior, a redução do capital será realizada com a diminuição proporcional do valor nominal das quotas, tornando-se efetiva a partir da averbação, no Registro das Empresas, da ata da assembléia que a tenha aprovado.

Trata-se de redução do capital, em vista de haver a sociedade sofrido prejuízos. Neste caso, o capital será diminuído, com a diminuição proporcional das quotas dos sócios.

Art. 1.084 – No caso do nº II do art. 1.082, a redução do capital será feita restituindo-se parte do valor das quotas aos sócios, ou dispensando-se as prestações ainda devidas, com diminuição proporcional, em ambos os casos, do valor nominal das quotas.

§ 1º – No prazo de três meses, contado da data da publicação da ata da assembléia que aprovar a redução, o credor quirográfico, por título líquido anterior a essa data, poderá opor-se ao deliberado.

§ 2º – A redução somente se tornará eficaz se, dentro nesse prazo, não for impugnada, ou se provado o pagamento da dívida ou o depósito judicial do respectivo valor.

§ 3º – Satisfeitas as condições estabelecidas no parágrafo anterior, proceder-se-á à averbação, no Registro das Empresas, da ata que tenha aprovado a redução.

Cuida-se agora do segundo motivo da redução do capital, isto é, quando ele se revelar excessivo e desnecessário às atividades empresariais. Há portanto dinheiro sobrando, ocioso. Neste caso, o dinheiro deverá ser devolvido aos sócios, proporcionalmente a suas quotas.

Poderá todavia um credor opor-se a essa redução, caso seu crédito seja afetado, uma vez que a redução seria fraudulenta. Entretanto, só pode opor-se à redução o credor quirográfico, pois se ele tiver seu crédito garantido, a redução não o afetará. Interessante notar a expressão "quirográfico", não referida antes em nosso direito, pois é usada a expressão "quirografário".

Seção VII
Da resolução da sociedade em relação a sócios minoritários

Art. 1.085:
Ressalvado o disposto no art. 1030, quando a maioria dos sócios, representativa de mais da metade do capital social, entender que um ou mais sócios estão pondo em risco a continuidade da empresa, em virtude de atos de inegável gravidade, poderá excluí-los da sociedade, mediante alteração do contrato social, desde que prevista neste a exclusão por justa causa.

Parágrafo único – A exclusão somente poderá ser determinada em reunião ou assembléia especialmente convocada para esse fim, ciente o acusado em tempo hábil para permitir seu comparecimento.

Art. 1.086:
Efetuado o registro da alteração contratual, aplicar-se-á o disposto nos arts. 1.031 e 1.032.

O novo código, na esteira do Código Civil italiano, é pródigo em fazer remissão a artigos. O art. 1.085 faz remissão ao art. 1.030; este, por sua vez, faz remissão ao art. 1.004 e este ao art. 1.026, que por sua vez, remete aos arts. 1.031 e 1.032. Teremos então que fazer remissão aos comentários realizados sobre todos esses artigos.

Procura o art. 1.085 dar meios de defesa a uma sociedade limitada, ante a possibilidade de algum ou alguns sócios terem agido em prejuízo dela. É muito difícil juridicamente expulsar um sócio da sociedade, pois ele é um dono dela. Entretanto, faculta a lei essa possibilidade, se o sócio tornar-se nocivo. Necessária se torna a iniciativa de sócios que representem mais da metade do capital. Para tanto, será preciso que essa possibilidade de exclusão conste de cláusula no contrato social, não bastando apenas a lei.

Deverão os sócios convocar assembléia geral dos sócios, especialmente convocada para o fim de excluir o sócio infrator, dando oportunidade a ele de defender-se se quiser, convocando-o para essa assembléia. Sendo deliberada a exclusão, altera-se o contrato social, com a baixa do nome do sócio excluído, averbando-se esses atos constitutivos no registro da sociedade na Junta Comercial.

A quota do sócio excluído será liquidada, apurando-se o valor dela em balanço. O capital sofrerá redução, mas os demais sócios poderão suprir o valor da quota. Essa quota será paga em dinheiro ao sócio excluído no prazo de 90 dias, a partir da liquidação, salvo acordo ou estipulação em contrário. A exclusão do sócio não o exime da responsabilidade pelas obrigações anteriores, até dois anos após averbada sua exclusão.

Seção VIII
Da dissolução da sociedade limitada

Art. 1.087 – A sociedade se dissolve, de pleno direito, por qualquer das causas previstas no art. 1.044.

Novamente faz a lei remissão a outro artigo, desta feita, é o art. 1.087 fazendo remissão ao art. 1.044. Ao fazer remissão ao art. 1.044, o Código Civil declara que a dissolução da sociedade limitada opera-se da mesma forma como se dissolve a sociedade simples. Para não repetirmos a questão, fazemos também remissão à dissolução da sociedade simples, exaustivamente descrita neste compêndio no capítulo que lhe é próprio.

8. CLASSIFICAÇÃO DAS SOCIEDADES

8.1 Critérios de classificação

8.2 Classificação pela regulamentação legal

8.3 Classificação pela pessoa dos sócios

8.4 Classificação pela responsabilidade dos sócios

8.5 Classificação pelo ato constitutivo

8.6 Classificação pela obediência à lei

8.7 Classificação pela nacionalidade

8.8 Classificação pelo tipo de atividade

8.9 Classificação pelo poder de mando

8.1 Critérios de classificação

Quase tudo que se queira classificar deve ser olhado sob diversos prismas, de tal forma que surgem diversas classificações. Tratando-se de sociedade mercantil, antes de estabelecermos as diversas classificações, é conveniente citar quantas e quais sejam as sociedades mercantis reconhecidas pelo direito brasileiro. São elas em número de sete, mas, na prática, nosso país adota apenas duas: a Sociedade Limitada e a Sociedade Anônima. Nossa legislação, porém, prevê mais cinco tipos e o estudo desses tipos é de elevado interesse, pelas facetas que ele apresenta e pelo conteúdo doutrinário.

Examinaremos então as classificações variadas que até agora surgiram, cada uma seguindo um critério diferente, mas que se completam, dentro do esquema abaixo:

a) pela regulamentação legal
- previstas no Código Civil
- previstas em leis extravagantes

b) pela pessoa dos sócios
- sociedades de pessoas
- sociedades de capital

c) pela responsabilidade dos sócios
- de responsabilidade limitada
- de responsabilidade ilimitada
- de responsabilidade mista

d) pelo ato constitutivo
- contratuais
- estatutárias ou institucionais

e) pela obediência à lei
- regular
- de fato
- irregular

f) pela nacionalidade
- nacional
- estrangeira
- sociedade brasileira de capital estrangeiro

g) pelo tipo de atividade $\begin{cases} \text{civil} \\ \text{mercantil} \end{cases}$

h) pelo poder de mando $\begin{cases} \text{privada} \\ \text{pública} \\ \text{de economia mista} \end{cases}$

8.2 Classificação pela regulamentação legal

De acordo com a localização das normas que tratam da sociedade, vamos encontrar algumas delas previstas no Código Civil. Nem todas as sociedades estão inseridas no Código Civil, estando duas delas em lei autônoma. São cinco as sociedades regulamentadas pelo Código Civil:
• Sociedade simples;
• Sociedade limitada;
• Sociedade em nome coletivo;
• Sociedade em conta de participação.
• Sociedade em comandita

Dois modelos societários porém não constam do Código Civil, ficando regulamentadas por Lei autônoma, mais precisamente, a Lei 6.404/76. São elas:
• Sociedade anônima;
• Sociedade em comandita por ações.

8.3 Classificação pela pessoa dos sócios

Entre esses diversos tipos de sociedade mercantil, a pessoa dos sócios apresenta importância desigual. Em algumas, a contribuição dos sócios tem importância primordial, em outras é secundária. Nesse aspecto, dividem-se em sociedade de pessoas e sociedade de capital. As sociedades de pessoas são aquelas em que predomina a pessoa do sócio; prevalece nela a opinião do sócio, que se projeta externamente. Terceiros que procuram uma sociedade desse tipo é porque conhecem seus sócios e estes lhes inspiram confiança. É o caso das quatro sociedades reguladas pelo Código. Também se inclui a Sociedade Limitada, que é quase sempre uma sociedade de pessoas, embora haja algumas exceções. Quaisquer acontecimentos na vida de seus sócios afeta essa sociedade, como, por exemplo, a morte de um deles.

As sociedades de capitais são aquelas em que predomina o próprio nome da empresa, com seu patrimônio, sua organização, tecnologia e lucratividade. Quem procura uma sociedade desse tipo não olha quem são seus sócios, mas seu poder econômico, para honrar seus compromissos. É o caso da S/A e da Sociedade em Comandita por Ações. Por exemplo, a General Motors do Brasil S/A. inspira confiança aos bancos para concessão de algum empréstimo? Entretanto, nem sabem quem são os acionistas ou os diretores dessa sociedade. Se houver mudança de acionistas ou diretores, não haverá reflexos perante terceiros.

8.4 Classificação pela responsabilidade dos sócios

Outro critério adotado para a divisão das sociedades mercantis é o da extensão da responsabilidade de seus sócios, quanto às dívidas da sociedade. Parece ser este o critério mais importante e de maiores implicações jurídicas. Sob esse prisma, as sociedades mercantis se dividem em três tipos: de responsabilidade limitada, ilimitada e mista.

Sociedade de responsabilidade limitada: nesse tipo de sociedade, o sócio se responsabiliza pelas obrigações sociais até o limite do capital da sociedade, ou seja, até o montante do dinheiro que ele incorporou ao capital. Esse dinheiro será aplicado no pagamento das dívidas contraídas pela sociedade, mas, afora esse valor, o sócio não se responsabilizará por outras dívidas.

É portanto uma responsabilidade subsidiária, ou seja, as obrigações assumidas pela sociedade são dela; contudo, se ela não puder cumprir essas obrigações, os sócios lhe darão cobertura subsidiariamente. A responsabilidade principal e direta é da sociedade e, caso ela não cumpra suas obrigações, serão os sócios chamados a cumpri-las pela sociedade. Ressalte-se ainda que essa responsabilidade não é do sócio para com a sociedade, mas para com terceiros, ou seja, pelas dívidas da sociedade para com terceiros.

Enquadram-se nessa classificação os dois tipos de sociedade em prática no Brasil: Sociedade Limitada e Sociedade Anônima. A Sociedade Limitada, conforme o próprio nome diz, caracteriza-se pela responsabilidade do sócio até o total do capital social. Por outro lado, a S/A adota também limite de responsabilidade do subscritor do capital, restringindo-o apenas ao valor das ações detidas por um sócio.

Sociedade de responsabilidade ilimitada: é aquela em que a responsabilidade do sócio atinge a totalidade das dívidas da sociedade, ou seja, ele se responsabiliza pelas obrigações que não foram cumpridas por ela. A responsabilidade ilimitada é igualmente solidária e não conjunta; são duas características justapostas: a ilimitabilidade societária e a solidariedade cambiária. Pela solidariedade, os sócios de uma sociedade de responsabilidade ilimitada respondem pelo total das dívidas, cada um pelo total, e não em conjunto. Por exemplo, uma sociedade desse tipo, com três sócios, foi à falência, deixando uma dívida de R$ 5.000.000,00. O leilão dos bens arrecadados dessa sociedade apurou e abateu dívida de R$ 2.000.000,00, sobrando então um saldo, em vermelho, de R$ 3.000.000,00. Os três sócios serão responsabilizados, cada um, pelos R$ 3.000.000,00; essa dívida não fica fracionada em partes iguais para cada um deles, o que seria R$ 1.000.000,00.

A solidariedade ocorre então quando houver uma pluralidade de devedores e cada um fica obrigado pela dívida toda, ou seja, cada um dos devedores fica compelido a solver inteiramente a dívida, como se fosse o único devedor. Essa é a solidariedade passiva, mas pode haver a solidariedade ativa, formada por vários credores e cada um deles pode exigir a prestação total *solidum*, como se fosse o único credor.

Nozione della solidarietà	Noção da solidariedade
L'obrigazione è in solido quando più debitori sono obligatti tutti per la medesima prestazio ne, in modo che ciascuno può essere costretto all' adempimento per la totalità e l' adempimento da parte di uno libera gli altri; o quando tra più creditore ciascuno ha diritto di chiedere d' adempimento della intera obbrigazione e lá adempimento con seguito di essi libera il debitori verso tutti i creditori.	A obrigação é solidária quando vários devedores são todos obrigados pela mesma prestação, de modo que cada um pode ser constrangido ao adimplemento pelo total e o adimplemento por parte de um libera os outros; quando entre vários credores cada um tem direito de pedir o adimplemento da obrigação por inteiro e o adimplemento feito por um devedor libera os demais para com todos os credores.

A solidariedade é um dos motivos pelos quais não mais se constituem as sociedades com ela, bem como rareiam as empresas individuais

nos grandes centros. Cada sócio fica adstrito a todas as obrigações sociais; algumas assumidas por outros sócios, em nome da sociedade. Restam poucas delas, grande parte situadas nas pequenas cidades. São desse tipo:
– Sociedade em nome coletivo;
– Sociedade em comum.

Sociedades mistas: são as sociedades em que há dois tipos de sócios: um com responsabilidade limitada e outro com responsabilidade ilimitada. É o caso da sociedade em comandita simples, da sociedade em comandita por ações.

8.5 Classificação pelo ato constitutivo

De acordo com a maneira pela qual se constitui uma sociedade, haverá também uma forma de funcionamento. Algumas sociedades se constituem por ato constitutivo denominado *contrato social*. Outras porém, como as sociedades por ações, constituem-se de forma bem diferente, com vários atos constitutivos, como *assembléia geral de acionistas*. O documento básico de seu funcionamento é o estatuto. De acordo com esses atos constitutivos, dividem-se as sociedades mercantis em contratuais e estatutárias.

O contrato social é o acordo entre os sócios para constituir a sociedade, após as longas deliberações entre eles; deve haver concorrência unânime de opiniões, pois o contrato precisa de ser assinado. Se um sócio não estiver de acordo, não assinará o contrato. O estatuto não é um acordo de vontades; ele é votado mas não assinado. Se numa assembléia geral, um acionista vota contra o estatuto e ele é aprovado por maioria, seu voto contrário não o isenta de obediência ao estatuto. Há diferença ainda no conteúdo de cada: o contrato social estabelece normas práticas, objetivas e pessoais; o estatuto estabelece normas gerais, abstratas e impessoais.

São sociedades estatutárias (ou institucionais) as sociedades por ações, isto é, a Sociedade Anônima e a Sociedade em Comandita por Ações. São contratuais as outras cinco, incluindo-se a Sociedade em Conta de Participação.

8.6 Classificação pela obediência à lei

Conforme foi amplamente observado, a constituição e funcionamento de uma sociedade mercantil deve obedecer à regulamentação legal, devendo-se submeter a muitos trâmites, como os registros, publicidade e tantos outros. Uma sociedade enquadrada à lei, por estar regulamentada, constituída e funcionando nos termos da mesma, diz-se regular. Não sendo regular, poderá ser irregular e de fato.

8.7 Classificação pela nacionalidade

Sendo uma pessoa jurídica, a sociedade tem um nome, um domicílio, um registro, uma profissão (objeto social) e também uma nacionalidade. A nacionalidade de uma sociedade é determinada pelo registro de seus atos constitutivos. Assim, é brasileira a sociedade cujos atos constitutivos sejam elaborados de acordo com a lei brasileira e registrados no Brasil. É estrangeira a sociedade registrada no registro de comércio de outro país. Só pode operar no Brasil a sociedade que estiver registrada na Junta Comercial. Por isso, não há sociedade estrangeira operando no Brasil, pois ela se torna brasileira quando fizer o registro.

No entanto, embora não seja referida na lei brasileira como sociedade estrangeira, merece citação a sociedade devidamente constituída no Brasil, com seus atos constitutivos registrados na Junta Comercial, mas com poder deliberativo na mão de sociedade estrangeira. É chamado esse tipo de SBCE – sociedade brasileira de capital estrangeiro. Tomemos, por exemplo, a Ford do Brasil S/A.: é constituída nos termos da lei brasileira e devidamente registrada na Junta Comercial; é uma sociedade brasileira. Porém, a maioria de suas ações pertencem a uma sociedade registrada em outro país; o domicílio está no Brasil, mas as decisões, o poder decisório, diretivo e deliberante está em outro país, pois seu capital (desde que mais de 50% mais um com direito a voto) pertence a estrangeiros. É pois uma SBCE – sociedade brasileira de capital estrangeiro.

8.8 Classificação pelo tipo de atividade

De acordo com o ramo do direito a que seu funcionamento seja submetido e de acordo com a atividade que desenvolve, a sociedade pode ser civil e mercantil. A nosso ver, deveria a sociedade civil equiparar-se à sociedade mercantil, porquanto exerce uma atividade empresarial. A sociedade civil distingue-se da mercantil por não exercer atividades consideradas mercantis, mas se dedicar à prestação de serviços. De acordo com o art. 2.082 do Código Civil italiano, é empresa quem se dedica profissionalmente a atividade econômica organizada para a produção e troca de bens e de serviços. A sociedade civil é portanto uma empresa; exerce atividade econômica, persegue lucros, saca duplicatas, assume os riscos da atividade econômica.

8.9 Classificação pelo poder de mando

Quanto ao detentor do poder de administração, ou mais precisamente, quanto à participação do Estado no controle, dividem-se as sociedades em privadas, públicas e de economia mista. Todas elas são de direito privado e a ela se aplicam as disposições do Código Civil, mas as pessoas que detêm o capital dessas sociedades mercantis se diferenciam. As duas últimas se revestem da forma de S/A, e portanto estão cobertas pela legislação específica. A empresa pública pode se revestir de qualquer forma, mas na prática é uma S/A. É prevista pelo Decreto-Lei 900/69 e definida como entidade dotada de personalidade jurídica de direito privado, criada por lei, para exploração econômica que o governo seja levado a exercer por força da contingência ou de conveniência administrativa.

O capital da empresa pública pertence totalmente ao governo; às vezes pertence a várias pessoas de direito público, qual seja, a vários órgãos do governo e muitas vezes a um só órgão público; neste caso seria uma sociedade unipessoal, figura discutível de sociedade.

A sociedade de economia mista é parecida com a anterior, mas seu capital não pertence totalmente ao governo, que deterá no mínimo 50% das ações, mais uma. Será sempre uma S/A, e, como a pública, criada por lei e não por assembléia de acionistas. Exemplos de sociedades de economia mista são o Banco do Brasil S/A, a COSIPA, a Cia. Siderúrgica Nacional e muitas outras.

9. DISSOLUÇÃO E LIQUIDAÇÃO DA SOCIEDADE

9.1 Causas da dissolução

9.2 A dissolução judicial

9.3 A liquidação da sociedade

9.4 A partilha

9.1 Causas da dissolução

A sociedade é um organismo vivo em evolução, como ainda qualquer tipo de sociedade. Nasce, vive e falece; tem suas fases de ascensão e depressão. Por isso se diz que o Direito Falimentar é o ramo do direito que se ocupa das normas aplicáveis nas fases patológicas da sociedade. Ela se cria, evolui até extinguir-se, como tudo que é terreno e efêmero.

Constituir a sociedade é tarefa relativamente fácil, mas extingui-la é bastante difícil. Naturalmente, assume ela muitas obrigações e se constitui num centro de interesse; sua desagregação provoca conflitos vários e nem sempre de solução fácil e rápida. Há também na sua dissolução o interesse público, como o recolhimento de impostos, a perda de um contribuinte, a filiação da sociedade a diversos órgãos públicos, dos quais necessitará desvencilhar-se antes de dissolver-se. Não se admira pois que as leis imponham exigências na dissolução de complicado centro de interesses.

A extinção da sociedade processa-se nos termos de algumas normas previstas no Código Civil. Passa por duas fases: a dissolução e a liquidação. As normas referentes à dissolução constam dos capítulos regulamentadores de cada tipo societário. Assim sendo, encontraremos artigos pertencentes à regulamentação das seguintes sociedades:
- Sociedade em conta de participação – art. 996;
- Sociedade simples – arts. 1.033 a 1.038;
- Sociedade em nome coletivo – art. 1.044;
- Sociedade em comandita simples – art. 1.051;
- Sociedade limitada – art. 1.087.

Embora cada modelo societário tenha normas próprias para sua dissolução, há uma constante entre elas. Podemos dizer que a dissolução ocorre por duas causas: a judicial, quando resultar de uma sentença judicial, e a extra-judicial, quando for determinada por fatores legais ou iniciativa dos sócios. Em linhas gerais, a dissolução ocorre pelas causas seguintes:
- Expiração do prazo de duração;
- Consenso dos sócios;
- Morte de sócio;
- Pela vontade de algum ou alguns dos sócios;
- Perda da autorização;
- Falência.

Expiração de prazo

Esta causa só se aplica às sociedades que se constituírem com prazo de duração, o que não é muito comum. As sociedades podem ser a prazo ou por tempo indeterminado, e constando no contrato que é a prazo, ou seja, existirá até um determinado dia, ocorrerá legalmente sua dissolução *pleno jure*. Não há necessidade de um distrato, pois já ficara pactuado em cláusula contratual que a sociedade se dissolveria num determinado dia. Foi a vontade dos sócios que se efetivou.

Se os sócios chegassem à conclusão de que a sociedade deveria continuar após seu prazo de duração, poderiam alterar a cláusula contratual, transformando-a em sociedade com tempo indeterminado. Esse aditivo deverá ser estabelecido por instrumento escrito e registrado no órgão de registro competente antes do vencimento do prazo, porquanto, vencido o prazo, a sociedade não mais existe e não poderá ser ressuscitada. Poderão os sócios, contudo, antes de liquidado o patrimônio da sociedade, constituírem uma outra, que absorverá o patrimônio.

Consenso dos sócios

A constituição da sociedade se dá por consenso mútuo de todos os sócios, que manifestam sua vontade no contrato. Da mesma forma como ela é constituída, poderá ser dissolvida, ou seja, pela vontade dos sócios. Poderão eles elaborar o distrato, com o instrumento de alteração contratual, extinguindo a sociedade. Assim se faz com a sociedade por tempo indeterminado ou determinado; mesmo no segundo caso poderá ser extinta a sociedade antes do prazo, visto que prevalece a vontade dos sócios.

Elaborado o distrato, requererão os sócios o registro do instrumento no órgão público competente e o conseqüente cancelamento da matrícula. Haverá porém necessidade de juntar certidões negativas, para comprovar a inexistência de débitos à seguridade social, ao fisco e quaisquer outros órgãos. Se não for caso de premência, será conveniente comunicar ao órgão de registro a suspensão de atividades; após dois anos de atividades suspensas, poderá ser requerido o cancelamento do registro.

Morte de sócio

É a mais delicada das causas e nela pode ser incluída também o caso de um sócio declarado judicialmente interdito. Importante deverá ser a causa no contrato social, prevendo a solução desse problema. Poderá essa cláusula prever que, no caso de falecimento ou interdição de sócio, serão apurados seus haveres e entregues ao espólio, ou então, herdeiro do sócio o sucederá na sociedade. Se a sociedade tiver apenas dois sócios e morre um, terá ela que dissolver-se, pois não pode haver sociedade de uma só pessoa. Como as normas estabelecidas para a sociedade simples aplicam-se subsidiariamente à demais, a solução a esse problema tornou-se mais fácil; é dado o prazo de seis meses para que seja incluído novo sócio.

Vontade de um dos sócios

Como as sociedades de pessoas caracterizam-se pela *affectio societatis*, desde que não haja esse elemento subjetivo, a sociedade não poderá sobreviver. Entretanto, não é tão pacífica a aplicação desse princípio jurídico, por ser ele subjetivo e não fácil de ser provado, a não ser por demonstrações inequívocas do sócio dissidente. Sem esse princípio, nenhuma sociedade poderia sobreviver; bastaria haver um sócio contrariado nos seus interesses, discordando das idéias da maioria, uma trivial desavença ou simples capricho de algum sócio para pôr fim a uma instituição de interesse social amplo e profundo, destruindo o trabalho de longos anos e de muitas pessoas. Poderá ainda constituir-se numa forma de coação sobre os demais sócios, que poderão ter sérios prejuízos com a dissolução da sociedade.

O sócio que não desejar continuar na sociedade de pessoas poderá recorrer ao direito de recesso, ou seja, retirar-se da sociedade, levando sua parte. Deverá ter motivo para tanto. Não seria coerente admitir que, não tendo motivo para retirar-se, o sócio peça a dissolução da sociedade.

Falência

Esta causa está regulamentada em nossa lei falimentar e dela se ocupa minutamente o Direito Falencial. Ao ser decretada a falência da sociedade, suas atividades são suspensas. Os sócios são todos afastados e o patrimônio da sociedade é arrecadado para formar a massa falida. Após a falência, parece que a sociedade continua praticando atos, mas, efetivamente é a massa falida, que possui outra personalidade. Quando os sócios se manifestarem, não o fazem em nome da sociedade, mas de si mesmos.

Discordamos porém da consideração de que a falência seja causa de dissolução da sociedade, embora fique ela colocada em estado de letargia próprio de sociedade em dissolução. A Junta Comercial recebe a comunicação judicial da quebra, considerando então a sociedade bloqueada, não podendo ela pedir qualquer registro de alteração contratual. Não pode receber créditos, nem pagar débitos, adquirir direitos e contrair obrigações.

Não se pode porém dizer que ela morreu, mas seu funcionamento está suspenso. A própria lei falimentar faculta aos sócios afastados a possibilidade de requerer concordata suspensiva; sendo esta concedida a sociedade volta a funcionar, recupera seu patrimônio integrado na massa falida, passa a ser dirigida de novo pelos antigos sócios. Não é a ressurreição da sociedade, mas o retorno às atividades empresariais suspensas.

9.2 A dissolução judicial

Examinamos até agora alguns casos de dissolução da sociedade tendo por causa iniciativa dos próprios sócios, sem intervenção judicial, chamados ainda de *pleno jure*. Examinaremos em seguida a dissolução judicial da sociedade, provocada por qualquer dos sócios, fundamentada em motivo legal. Opera-se a dissolução judicial com a sentença do juiz, decorrente de um processo judicial que a objetive. A esse respeito, o Código Civil aponta causas provocadoras de demanda judicial para cada tipo societário. Não se trata porém de "numerus clausus", visto que a qualquer cidadão é facultado dirigir-se ao Judiciário, alegando ter sido prejudicado no seu direito individual.

Um exemplo é o motivo de um sócio sentindo que a sociedade revela a impossibilidade de atingir seu objetivo social, como a hipótese de uma concessionária de serviços públicos que perdeu a concessão. Outro exemplo, uma sociedade que explora serviços de loteria e essa atividade venha a ser declarada ilícita; será essa sociedade obrigada a dissolver-se pois seu objeto social tornou-se ilícito.

O art. 1.034, falando da sociedade simples, aponta como causa da dissolução judicial da sociedade quando for anulada a sua constituição. Assim, a sociedade é constituída mas teve sua constituição anulada pela justiça ou por outra razão qualquer sem lhe restar condições legais de funcionamento, quando ela já estava em pleno funcionamento. Caso os sócios não tomem as medidas necessárias à sua dissolução, poderá qualquer dos sócios requerer judicialmente a dissolução dessa sociedade.

A segunda hipótese prevista pelo art. 1.034 é a de que, exauriu-se ao fim social, ou verificou-se a sua inexequibilidade, aspecto sobre o qual já comentamos. Este artigo refere-se à sociedade simples, mas aplica-se subsidiariamente aos demais tipos societários.

9.3 Da liquidação da sociedade

Conforme vimos, extingue-se a sociedade observando duas fases primordiais: a dissolução e a liquidação. A dissolução ficou prevista no capítulo do Código Civil referente a cada tipo de sociedade, o que não acontece com a liquidação, regulamentada de forma genérica ou seja, para todos os modelos societários, nos arts. 1.102 a 1.112.

Na dissolução, a sociedade deve continuar somente para se ultimarem as negociações pendentes, procedendo-se à liquidação. Assim sendo, mesmo que os sócios já tenham dissolvido a sociedade, ela pode ter ainda questões pendentes, como um empregado que a esteja demandando na Justiça do Trabalho, um imposto a recolher, um processo contra devedor e outras questões cuja resolução escapa das imediatas providências dos sócios. Essas pendências devem ser resolvidas já na fase de liquidação, de acordo com o que dispuser o Código Civil, ressalvado o disposto no contrato social ou no instrumento de dissolução, se houver.

O primeiro passo a ser dado será a nomeação do liquidante. Os dirigentes da sociedade em liquidação assumem funções específicas de acionar sua extinção. Cessa o mandato dos administradores e os sócios escolherão quem será o liquidante, que poderá ser um dos sócios ou um dos administradores. O liquidante, que não seja administrador da sociedade, investir-se-á nas funções, averbada a sua nomeação no registro próprio, isto é, na Junta Comercial se for sociedade empresária e no Cartório de Registro Civil de Pessoas Jurídicas se for sociedade simples.

O Código fala apenas em "liquidante", o que nos leva a crer que seja um só. Embora o liquidante assuma as funções do administrador, há várias diferenças entre os dois.

São bem variados os deveres do liquidante.

1 – Em primeiro lugar, deve averbar e publicar a ata, sentença ou instrumento de dissolução da sociedade, no registro dela. Essa providência protege a sociedade, como por exemplo, imunizando-a ante um potencial pedido de falência.

2 – Deve arrecadar os bens, livros e documentos da sociedade, onde quer que estejam, formando uma massa de bens, uma "universitas juris", vale dizer, conjunto de bens formado por determinação da lei. Esse conjunto de bens tem alguma semelhança com a massa falida, destinado a ser transformado em dinheiro, para o pagamento dos credores e, o que restar, distribuído aos sócios.

3 – Procederá, nos quinze dias seguintes ao da sua investidura e com a assistência, sempre que possível, dos administradores, à elaboração do inventário e do balanço geral do ativo e do passivo. É precisa fazer o levantamento de toda a situação patrimonial da empresa; os créditos e os débitos, a avaliação dos bens componentes do ativo, para que possa ser processada a liquidação.

4 – Ultimará os negócios da sociedade; realizará o ativo, ou seja, transformará os bens do ativo em dinheiro; com esse dinheiro pagará os débitos e o que sobrar será dividido entre os sócios.

5 – Se o dinheiro arrecadado com a realização do ativo não for suficiente para o pagamento das dívidas, o litigante deverá exigir dos sócios as quantias necessárias, nos limites da responsabilidade de cada um e proporcionalmente à respectiva participação nas perdas, repartindo-se, entre os sócios solventes e na mesma proporção o devido pelo insolvente. A sociedade não pode ser liquidada com dívidas sem solução; não sobrando dinheiro para pagá-las, o liquidante pedirá suprimento de verbas aos sócios, na proporção de suas cotas.

6 – O liquidante convocará assembléia dos sócios, cada seis meses, para apresentar relatório e balanço do estado da liquidação, prestando contas dos atos praticados durante o semestre, ou sempre que necessário. O liquidante é um mandatário dos sócios e, por isso, deve prestar contas a eles, quando for solicitado. Essa prestação de contas deve ser mais solene, cada semestre, em assembléia.

7 – Ele está capacitado a passar procuração a advogado para requerer auto-falência da sociedade ou pedir concordata, de acordo com as formalidades prescritas para o tipo de sociedade liquidanda. Não há essa possibilidade quando se tratar de sociedade simples, por ser ela imune ao Direito Falimentar. Corre porém no Congresso Nacional projeto de nova lei de falências, modificando a situação.

8 – Ao findar-se a liquidação, o liquidante deverá apresentar aos sócios o relatório da liquidação e as suas contas finais.

9 – Cabe ao liquidante averbar no registro da sociedade a ata da reunião ou da assembléia, ou o instrumento firmado pelos sócios, que considerar encerrada a liquidação. Averbação é um registro feito em outro registro. No órgão competente, a sociedade faz a sua inscrição, registra-se; depois, cada modificação que ela experimenta, como mudança de sócios ou aumento de capital, deve ser registrado no registro da sociedade. Deve ser registrada também a ata de encerramento da liquidação, para que o órgão de registro cancele a inscrição da sociedade.

Em todos os atos, documentos ou publicações, o liquidante empregará o nome da sociedade sempre seguido da cláusula "em liquidação" e de sua assinatura individual, com a declaração de sua qualidade. Exemplo:

Tintas Idencolor Ltda. (em liquidação)

Mario Alves Lima (liquidante)

Compete ao liquidante representar a sociedade e praticar todos os atos necessários à sua liquidação, inclusive alienar bens móveis e imóveis, transigir, receber e dar quitação. É ele o representante legal da sociedade e responde por ela, já que os sócios não mais administram a sociedade. Suas faculdades e prerrogativas não são porém ilimitadas. Sem estar expressamente autorizado pelo contrato social, ou pelo voto da maioria dos sócios, não pode o liquidante gravar de ônus reais os móveis e imóveis, contrair empréstimos, salvo quando indispensáveis ao pagamento de obrigações inadiáveis nem prosseguir, embora para facilitar a liquidação, na atividade social.

As obrigações e a responsabilidade do liquidante regem-se pelos preceitos peculiares às dos administradores da sociedade liquidanda. Deverá ele observar a exigível probidade no desempenho de suas funções.

Responsabiliza-se pelos danos que causar à massa liquidanda, seja por negligência no desempenho de suas funções, por dolo ou abuso dos poderes que lhe tenham sido outorgados. Poderá ser destituído de suas funções, responder por perdas e danos e seus atos poderão ser anulados.

Não havendo mais ativo a ser realizado, nem passivo a ser liquidado, deve ter sobrado dinheiro. Se faltasse para pagar o passivo, o liquidante pediria aos sócios. Prepara-se então o liquidante para a partilha do que sobrou. Os sócios podem resolver, por maioria de votos, antes de ultimada a liquidação, mas depois de pagos os credores, que o liquidante faça rateios por antecipação da partilha, à medida em que se apurem os haveres sociais.

A liquidação judicial

No caso de liquidação judicial, será observado o disposto na lei processual, mais precisamente o antigo CPC (Decreto-lei 1.608/39). Essa antiga lei processual trazia um capítulo denominado "Da dissolução e da liquidação das sociedades", com os arts. 655 a 674. Esse capítulo e mais alguns não foram revogados pelo atual CPC, de 1973.

Qualquer interessado poderá requerer a dissolução e liquidação de uma sociedade. Se o juiz declarar ou decretar a dissolução, na mesma sentença nomeará liquidante a pessoa a quem pelo contrato, pelos estatutos, ou pela lei, competir tal função. Se a lei, o contrato ou o estatuto nada dispuserem a este respeito, o liquidante será escolhido pelos interessados, por meio de votos entregues em cartório. Se não houver solução pelos interessados, o juiz nomeará o liquidante dativo, que exercerá suas funções mais ou menos nos termos do liquidante privado.

No curso da liquidação judicial, o juiz convocará, se necessário, reunião ou assembléia para deliberar sobre os interesses da liquidação, e as presidirá, resolvendo sumariamente as questões suscitadas. As atas da assembléia serão, em cópia autêntica, apensadas ao processo judicial.

9.4 A partilha

É possível, todavia, que haja *superavit* na liquidação. Neste caso, deve o balanço ser submetido ao exame dos sócios, para deliberarem sobre o destino a ser dado ao dinheiro que sobrar, fazendo-se a partilha, nos moldes da partilha da herança. Pago o passivo e partilhado o remanescente, convocará o liquidante assembléia dos sócios para a prestação final de contas. Aprovadas as contas, encerra-se a liquidação, e a sociedade se extingue, ao ser averbada no registro próprio a ata da assembléia. O dissidente tem o prazo de trinta dias, a contar da publicação da ata, devidamente averbada, para promover a ação que couber.

Encerrada a liquidação, o credor não satisfeito só terá direito a exigir dos sócios, individualmente, o pagamento de seu crédito, até o limite da soma por eles recebida em partilha, e a propor contra o liquidante ação de perdas e danos.

Aplicam-se as normas do Direito das Sucessões para solucionar os problemas da partilha da massa liquidanda, no caso de haver menores ou interditos. A partilha será feita com os responsáveis, tutor ou curador, cujos atos serão válidos e irrevogáveis, a fim de não perturbar a extinção da sociedade. Caso se comprovem fraudes em prejuízo dos menores ou interditos, poderão estes exercer ação reparatória de danos.

Por derradeiro, vale lembrar que a dissolução e liquidação das sociedades por ações processam-se de acordo com a lei própria delas, ou seja a Lei 6.404/76, a Lei das S/A. As considerações retro expendidas aplicam-se aos demais tipos societários.

10. SOCIEDADES ANÔNIMAS

10.1 Características estruturais e funções econômicas

10.2 Companhias abertas e fechadas

10.3 A sociedade anônima e o mercado de capitais

10.4 A CVM – Comissão de Valores Mobiliários

10.5 A solução de divergências societárias: arbitragem e mediação

10.1 Características estruturais e funções econômicas

Já fizemos neste compêndio o estudo de cinco tipos de sociedades, previstos no novo Código Civil. Esses cinco modelos societários apresentam entre si algumas características comuns, entre elas a de serem sociedades contratuais estabelecidas pelo consenso unânime dos sócios. Na prática, são sociedades nos moldes mais apropriados para pequenas e médias empresas, com pequeno número de sócios, sem precisar de vultoso capital. São comuns, nessa classe, sociedades constituídas de marido e mulher, pais e filhos, enfim, organizações formadas por pessoas com ligação familiar.

Examinaremos agora um novo modelo societário com características estruturais diferentes das apresentadas até agora: a sociedade anônima. Não é sociedade de pessoas, mas de capitais; também não é contratual, mas estatutária ou institucional, por não possuir contrato mas estatuto. Amolda-se mais às grandes empresas, ao contrário das outras. Está prevista em um artigo do Código Civil, mas regulamentada por lei extravagante, conhecida Lei das Sociedades Anônimas (Lei 6.404/76). Muitas outras diferenças vão mostrar essa figura societária como diferente das sociedades contratuais e de pessoas.

A S/A é sociedade mercantil, cujo capital é dividido em ações, frações de igual valor nominal e a responsabilidade dos acionistas é limitada ao preço de emissão das ações subscritas ou adquiridas. Esse é o conceito que lhe é dado inclusive pelo art. 1º da Lei das S/A; baseia-se pois esse conceito em duas das principais características da S/A.

Não se trata de mera diferença de terminologia a diferença entre a ação e a quota dos demais modelos aqui estudados, mas vão-se diferenciar sob diversos aspectos. O capital da S/A é dividido em partes do mesmo valor nominal, enquanto o capital da sociedade limitada ou da sociedade simples pode ter o capital dividido em quotas de valor diverso. Fato é que o capital da sociedade limitada ou da sociedade simples pode também ter quotas de igual valor; por exemplo: um capital de R$ 30.000,00, dividido em três quotas de R$ 10.000,00, cada um pertencente a um sócio. Todavia, na S/A será obrigatório que todas as frações do capital tenham o mesmo valor nominal.

Outra característica estrutural da S/A e constante no conceito dado a ela pelo art. 1º é quanto à responsabilidade dos acionistas. Segundo o art. 1º, a responsabilidade dos acionistas será limitada ao preço de emissão das ações subscritas ou adquiridas. Ao limitar a responsabilidade do acionista apenas ao valor das ações que ele tenha subscrito ou adquirido, a S/A vai se caracterizar como sociedade de capital e não de pessoas. Algum terceiro que transacionar com a S/A não irá se preocupar com a pessoa dos acionistas.

A terceira característica discriminatória da S/A ante as demais é a sua natureza estatutária ou institucional e não contratual. Ela não tem contrato social mas estatuto. O ato constitutivo de uma sociedade de pessoas é o contrato social, documento elaborado por consenso unânime dos sócios e assinado por todos eles. Não há no contrato voz discordante pois quem o assina manifesta concordância com seus termos. A S/A não tem contrato social; seus atos constitutivos são vários, principalmente a ata da assembléia geral de seus acionistas fundadores, que decidiu pela constituição da sociedade. As linhas básicas de sua administração, seu objeto social e sua estrutura organizacional ficam expressas num instrumento denominado estatuto. Por isso são chamadas de estatutárias, distinguindo-se assim das contratuais. As decisões não são unânimes, mas existem votos discordantes, que não afetam a validade e eficácia das decisões societárias.

A quarta característica é a sua natureza exclusivamente mercantil. Estabelece o art. 2º – 2º, que a S/A (ou companhia) é mercantil e se rege pelas leis e usos da atividade empresarial, qualquer que seja seu objeto social. Assim sendo, mesmo uma S/A dedicada à prestação de serviços, como administração de imóveis, deverá ser registada na Junta Comercial e a ela aplicar-se-ão as normas mercantis, como a da Lei Falimentar.

A quinta característica da S/A é a inexistência de sócios. Verdade é que ela tem acionistas, que, em muitos sentidos, equiparam-se aos sócios; ambos são prestadores de capital e ambos são donos da sociedade. Contudo, a diferença entre o sócio e acionista não é exclusivamente terminológica. Os direitos e obrigações de um e outro se distinguem em vários aspectos. O sócio é figura exponencial na sociedade, tanto que sua morte poderá acarretar a dissolução dela, enquanto a morte do acionista não altera em nada a estrutura e o ritmo da S/A. O sócio não pode transferir a sua quota sem aprovação dos demais sócios, mas o acionista transfere livremente suas ações. A transferência da quota necessita ser registrada no órgão público, o que não acontece com a ação.

FUNÇÕES ECONÔMICAS – Importante aspecto a ser analisado na S/A é seu objeto social e seu objetivo social o papel que lhe cabe na economia nacional, suas funções econômicas. O objeto social é normatizado pelo art. 2, seu *caput* e três parágrafos, utilizando em todos eles a palavra *objeto*. Entretanto, o título desse artigo usa a expressão *objetivo social*. Ao nosso ver, deve haver distinção entre objetivo e objeto. O objetivo da sociedade é a obtenção de lucros para distribuição entre os prestadores de capital, remunerando assim os aportes financeiros que asseguram a ela suas atividades. Pode-se dizer que o objetivo da S/A é a satisfação dos interesses de colaboradores: acionistas, administradores e funcionários.

O objeto social tem significado bem diferente: é o ramo de atividade econômica perseguido pela S/A; se é indústria, comércio, serviços, mineração. O parágrafo 2º estabelece que o estatuto social definirá o objeto de modo preciso e completo. Destarte, não poderá ser o objeto definido como indústria ou comércio, pois será incompleto e impreciso. Ficará bem caracterizado com indicações mais minuciosas e claras, tais como:
• Indústria e comércio de roupas confeccionadas;
• Comércio de peças automobilísticas por conta própria ou de terceiros;
• Prestação de serviços médicos e hospitalares mediante convênios;
• Comércio, por atacado e a varejo, de materiais de segurança industrial.

O *caput* do art. 2º aponta alguns pressupostos para o objeto social da S/A (ou companhia), previstos no Código Civil, quais sejam, de não ser contrário à lei, à ordem pública e aos bons costumes. Diz ainda o art. 2º que pode ser objeto da companhia qualquer empresa de fim lucrativo; aponta aqui o objetivo da S/A, qual seja, o de produzir lucros. Ninguém organiza uma sociedade por diletantismo ou fins beneficentes. A S/A é um investimento, em que os investidores aportam seu capital para ser remunerado; o objeto social é portanto profissional. Observa-se no *caput* do art. 2º o termo empresa como sinônimo de objeto ou de empreendimento, tipo de atividade; é utilizada no sentido da famosa frase de um empresário: "ou triunfo na empresa ou morrerei com ela".

Quanto às funções econômicas das modernas companhias, muito variados são os seus aspectos. É normalmente o tipo societário adequado para os grandes empreendimentos, como uma indústria automobilística. É empreendimento que atrai a participação popular, por limitar a responsabilidade do investidor, proporcionar lucros e oferecer alta mobilidade para as ações. Por isso, constituíram-se as S/A em motores do mercado de capitais, oferecendo às economias privadas uma fonte de investimentos lucrativa, versátil e participativa.

DENOMINAÇÃO – A companhia deverá ter um nome, como toda sociedade, mas a lei brasileira limita seu nome à denominação. A este respeito, é conveniente rápida apreciação sobre o nome da sociedade; pode ela adotar denominação ou firma. A firma é também chamada de razão social. A sociedade em nome coletivo adota obrigatoriamente firma ou razão social; a sociedade simples e a sociedade limitada podem adotar denominação ou firma. A firma é o nome e a assinatura da sociedade.

Contudo, a S/A só pode adotar denominação. Assim diz o art. 3º, estabelecendo que a S/A será designada por denominação acompanhada das expressões *companhia ou sociedade anônima*, mas não as duas expressões simultaneamente. Podem ser expressas por extenso ou abreviadamente, mas vedada a utilização de *companhia* no final do nome. Tendo denominação, a assinatura de uma S/A será feita com um carimbo tendo o nome da S/A e a assinatura, embaixo do carimbo, dos seus representantes legais. Exemplo: Cia. Saturno de Seguros, ou Saturno de Seguros S/A. A expressão *companhia*, por extenso ou abreviadamente, não poderá ficar no final, para não ser confundida com a sociedade em nome coletivo, como por exemplo, Gomes, Faria & Cia.

Pelo parágrafo 1º do art. 3º, o nome do fundador, acionista ou pessoa que por qualquer modo tenha concorrido para êxito da empresa, poderá figurar na denominação. Havia em São Paulo várias companhias nessas condições:
• Indústrias Reunidas Francisco Matarazzo S/A.;
• Cotonifício Guilherme Giorgi S/A.;
• Companhia Metalúrgica Alberto Pecoraro.

10.2 Companhias abertas e fechadas

O art. 4º faz distinção entre duas espécies de S/A, ao dizer que a companhia é aberta ou fechada. A cia. aberta é aquela cujos valores mobiliários podem ser vendidos no mercado de capitais. Para melhor ser interpretada essa questão, há necessidade de um retrospecto.

Ao necessitar de dinheiro, a cia. pode recorrer a duas fontes de dinheiro: o mercado financeiro e o mercado de capitais. O mercado financeiro é o dinheiro em oferta a curto prazo, destinado à obtenção de juros. O dinheiro é um empréstimo, a concessão de crédito; não passa a pertencer à cia.; esta usa esse numerário durante um tempo previsto e o devolve ao seu legítimo dono. O mercado financeiro é representado principalmente pelos bancos. A S/A recebe esse dinheiro tomando-se devedora dos poupadores ou de quem faz a intermediação entre o dinheiro poupado e a iniciativa que dele necessita. Normalmente, é dinheiro a curto prazo, sendo o prazo mais comum o de 90 a 120 dias. Muitas vezes, a S/A transfere para os credores seus ativos financeiros, mormente as duplicatas. O mercado financeiro fornece dinheiro móvel, do qual a companhia necessita no momento, renovando o empréstimo quando voltar a necessidade.

O mercado de capitais, também chamado de valores mobiliários, é representado por milhares ou milhões de pessoas, sendo mais difícil sua captação. O meio de que se serve a S/A para atingir o mercado de capitais é a emissão de ações para vendê-las nesse mercado. Não é dinheiro móvel mas irá se fixar na empresa, fazendo com que o adquirente das ações se torne dono dela. Os poupadores não fazem empréstimo à S/A, mas investimento, aplicação nela.

O mercado de capitais é o montante de dinheiro destinado à aquisição de valores mobiliários, dos quais fazemos aqui estudo, mas, na sua maior parte, é representado pelas ações das companhias. Essas ações são colocadas nas mãos dos acionistas de duas maneiras e essas de venda é que determinam os dois tipos de companhia; fechada ou aberta.

COMPANHIA FECHADA – Ela escolhe quem serão seus acionistas, colocando suas ações nas mãos de pessoas previamente escolhidas. Ela própria promove por sua conta a venda das ações, selecionando as pessoas que farão parte de seu quadro acionário. Chama-se fechada, porque seu mercado é fechado, restrito, com poucos investidores. O lançamento de ações é geralmente de pequeno porte. Essas empresas quase sempre são médias e, no Brasil, constituem a maioria, como as sociedades cujas ações encontram-se nas mãos de uma família. Não pode ela entretanto colocar suas ações à venda na Bolsa de Valores Mobiliários e no mercado de balcão. Não precisa registrar-se na Comissão de Valores Mobiliários, a CVM.

COMPANHIA ABERTA – É a habilitada legalmente a vender suas ações no mercado de valores mobiliários; é o que a distingue da companhia fechada, conforme diz o art. 4º:

> "A companhia é aberta ou fechada conforme os valores de sua emissão estejam ou não admitidos à negociação no mercado de valores mobiliários."

Outra característica da companhia aberta é a necessidade de registro em órgão público especializado, neste caso a CVM – Comissão de Valores Mobiliários, da qual faremos estudo especial. Somente os valores mobiliários emitidos por companhia registrada na CVM podem ser negociados no mercado de valores mobiliários. E não só a S/A deve ser registrada na CVM: nenhuma distribuição pública de ações será efetivado no mercado sem prévio registro na CVM.

A venda de ações, que são os principais valores mobiliários emitidos pela S/A, é feita a um público massivo, indiscriminado. A companhia renuncia à escolha de seus donos; nem sequer sabe quem poderão ser seus novos donos. Centralizamos a consideração das ações como principal valor mobiliário, mas vamos ressaltar desde já os valores mobiliários que podem ser negociados no mercado de capitais:

Ações – debêntures – partes beneficiárias – commercial papers – bônus de subscrição – certificado de depósito de ações – certificado de depósito bancário – recibos de depósito (depositary receipts) – letras de câmbio – contratos de parceria para a engorda de animais.

A CVM poderá classificar as companhias abertas em categorias, segundo as espécies dos valores mobiliários por elas emitidos e negociados no mercado, e especificará as normas sobre companhias abertas aplicáveis a cada categoria.

A negociação das ações no mercado de capitais, que a lei prefere chamar de mercado de valores mobiliários, pode se processar de duas maneiras: na Bolsa de Valores Mobiliários e no mercado de balcão. Vamos depois fazer um estudo mais aprofundado a respeito das bolsas, principalmente da Bolsa de Valores Mobiliários, mas será conveniente esclarecer, desde já, as diferenças entre as duas espécies de venda de ações:

Na BVM – A venda das ações é realizada por leilões. Reúnem-se na sala de leilões da bolsa os interessados em vender suas ações, e os interessados em comprá-las. O contrato entre vendedor e comprador de ações não é direto, mas por intermédio da sociedade corretora de valores mobiliários, uma instituição financeira especialmente criada para atuar na Bolsa de Valores Mobiliários.

NO MERCADO DE BALCÃO – É a venda direta da companhia a quem quiser adquirir suas ações, mas geralmente se faz por uma instituição financeira denominada sociedade distribuidora de valores mobiliários. A venda se processa por um sistema organizado por operadores diversos, Não é feita em leilão mas pela negociação entre vendedor e comprador.

Há outra classificação do mercado de valores mobiliários, quanto à circulação da ações: é o mercado primário e o secundário. Vejamos o que são:

MERCADO PRIMÁRIO – É também chamado de primeira mão, porquanto a venda é feita diretamente pela companhia ao primeiro comprador. São ações novas colocadas no mercado e o comprador é o primeiro possuidor delas. É o caso de companhia nova; ao constituir-se abre-se a subscrição de seu capital e os subscritores são os primeiros acionistas. O capital não está ainda integralizado; ao integralizar-se o capital subscrito, ou seja, ao ser pago, o adquirente paga o preço determinado, o valor nominal da ação, o valor que consta do estatuto e do balanço da companhia.

MERCADO SECUNDÁRIO – É o mercado das ações de segunda mão. Digamos que o subscritor do capital da companhia subscreva e integralize o valor das ações adquiridas. Depois ele pretende se desfazer de suas ações e as coloca à venda. Trata-se agora de mercado secundário; o vendedor não é a companhia, mas um acionista. O comprador é o segundo dono. Não há subscrição, mas a aquisição das ações. O preço pago pela aquisição pode ser maior ou menor do que o valor nominal das ações.

10.3 A sociedade anônima e o mercado de capitais

A S/A é a pedra angular sobre a qual repousa a atividade do mercado de capitais. Desvia-se ela do recurso ao mercado financeiro, desafogando-o para que possa atender a outras iniciativas. Para amoldar-se às ciclotimias das crises financeiras e à necessidade de novos investimentos e atender ao ímpeto do progresso, a S/A recorre ao mercado de capitais, estimulando-o. Ao abrir seu capital à poupança pública, a S/A carreia para o campo do mercado de capitais o dinheiro que procura aplicação. Ao invés de conquistar novos credores e remunerá-los com juros, conquista novos parceiros, remunerando-os com dividendos e engajando-os na sua atividade e administração. Cria novas fórmulas organizacionais de relações econômicas, mantendo um relacionamento com seus acionistas, a quem se obriga a prestar informações e pagar-lhes dividendos.

Das relações sociedade-acionistas surgiu um vácuo que logo foi suprido com a criação de vasta e intensa malha de colaboradores. Nosso velho Código Comercial houvera previsto em capítulo próprio os vários colaboradores das atividades empresariais. Não poderia prever o surgimento dessa gama de modernos colaboradores empresariais, surgida em conseqüência da criação do mercado de capitais, que encontrou na S/A seu fator decisivo. Podemos dizer ainda que da S/A nasceu o Direito do Mercado de Capitais, que regulamenta não só as operações do mercado de capitais, dos agentes intermediários, mas até das próprias companhias, em concomitância com o Direito Societário.

Assim sendo, a S/A criou novo campo de atividade econômica, novo ramo do direito empresarial e novo mercado de trabalho, formando inclusive técnicos de alta especialização. Os agentes intermediários são agentes autônomos ou empresas que surgiram em decorrência do mercado de capitais, como as distribuidoras de valores mobiliários, as corretoras de valores mobiliários e os bancos de investimentos.

Essa atividade intermediária entre a S/A e o mercado de capitais é ampla, complexa, sofisticada e efervescente. É de elevada especialização técnica, de elaborada profissionalização. Orienta os empresários quanto ao momento exato de lançamento de ações, mantendo o mercado em constante pesquisa. Faz o lançamento das ações, operando sua estrutura mercadológica, atuando como mandatária e assessora da S/A. Apresenta aos investigadores as informações necessárias e legalmente exigidas, incentivando-se a alocação de seus recursos com segurança e confiança. As sociedades corretoras de valores mobiliários encaminham as ações à Bolsa de Valores Mobiliários para venda, ou as compram para os investidores.

    O mercado de valores mobiliários é o conjunto de instituições e de instrumentos que possibilita realizar a transferência de recursos entre tomadores e aplicadores de dinheiro, buscando compatibilizar seus objetivos. Por "tomadores" entendemos a companhia, pois só ela pode emitir valores mobiliários e colocá-los no mercado. Por "aplicadores de recursos" entendemos qualquer pessoa física ou jurídica, dotada de poupança, vale dizer, de dinheiro que sobrou da receita superior à despesa; são portanto os poupadores.

    Essa transferência se processa por um complexo de operações financeiras de médio e longo prazos ou por tempo indeterminado, normalmente efetuadas diretamente entre os poupadores e a S/A, ou por meio de intermediários financeiros destinados ao financiamento de investimentos. De forma mais simples podemos dizer que essa transferência de recursos opera-se pela aquisição feita, pelos poupadores, de títulos emitidos pela S/A. Esses títulos chamados de valores mobiliários serão estudados logo adiante. São muitos esses títulos, sendo os principais as ações e as debêntures. Podemos até dizer que o mercado de capitais é o mercado de ações.

    Da S/A nasceu também novo ramo do Direito Empresarial: o Direito do Mercado de Capitais. É a conjunção de outros dois ramos do Direito Empresarial: o Direito Societário com o Direito Bancário. Incorpora o Direito Societário por se concentrar nas transferências de títulos emitidos pela S/A e o Bancário por serem as organizações atuantes no mercado de capitais instituições financeiras. Os valores mobiliários emitidos pela S/A são vários, mas realçando mais as ações. Vamos novamente relacionar os valores mobiliários atualmente adotados:

    Ações – debêntures – commercial papers – certificado de depósito bancário – certificado de depósito de valores mobiliários – recibos de depósitos (depositary receipts) – letras de câmbio – contratos de parceria para a engorda de animais – certificado de depósito de ações – bônus de subscrição – partes beneficiárias.

10.4 A CVM – Comissão de Valores Mobiliários

A CVM, órgão em que obrigatoriamente deve ser registrada a S/A aberta, é uma autarquia vinculada ao Ministério da Fazenda. Destina-se a regulamentar, disciplinar, fiscalizar e desenvolver o mercado de capitais, também chamado mercado de valores mobiliários. Foi criada e regulamentada pela Lei 6.385/76, a Lei do Mercado de Capitais, mas outras normas menores cuidam do seu funcionamento. Fiscaliza ela também as companhias abertas, já que as companhias fechadas nem necessitam nela inscrever-se.

As funções da CVM são variadas, ressaltando a ação fiscalizadora exercida sobre o mercado de capitais e sobre as próprias companhias, para evitar abusos, fraudes ou manipulação destinada a criar condições artificiais de demanda, oferta ou preço dos valores mobiliários negociados no mercado. Acompanha o funcionamento eficiente e regular dos mercados de bolsa e de balcão. Procura coibir a emissão irregular de valores mobiliários e os atos ilegais de administradores e acionistas de companhias abertas, ou os administradores de carteira de valores mobiliários.

Em segundo lugar, constitui a CVM um poder normativo, ou seja, é órgão legislador; emite normas reguladoras do mercado de valores mobiliários. Esses atos, expedidos pela CVM, no exercício de suas funções normativas, obedecem à seguinte nomenclatura:

INSTRUÇÃO – Compreende os atos pelos quais a CVM regulamenta questões expressamente previstas na Lei do Mercado de Capitais (6.385/76) e Lei das S/A (6.404/76).

DELIBERAÇÃO – Consubstancia todos os atos de competência do Colegiado, nos termos do Regimento Interno da CVM.

PARECER – Responde às consultas específicas que vierem a ser formuladas por agentes do mercado de capitais e investidores, ou por componentes integrantes da própria CVM, a respeito dos assuntos por ela regulamentados e fiscalizados.

PARECER DE ORIENTAÇÃO – Corporifica o entendimento da CVM sobre assunto a que lhe caiba regular, fornecendo, assim, aos autores do mercado, orientação sobre consultas.

NOTA EXPLICATIVA – Torna públicos os motivos que levaram a CVM a baixar normas ou a apresentar proposições do CMN – Conselho Monetário Nacional, além, de fornecer explicações sobre a utilização da norma.

ATO DECLARATÓRIO – É o documento pelo qual a CVM credencia ou autoriza o exercício de atividade no mercado de capitais.

Constitui ainda a CVM um poder punitivo na sua área de atuação. Pode abrir inquérito administrativo para apurar a prática de irregularidades contra o mercado de capitais, assegurando ao agente de tais irregularidades ampla defesa. Se forem apuradas fraudes contra o mercado de capitais ou descumprimento das normas baixadas pela CVM ou da lei, poderá ela aplicar vários tipos de penalidades, como multas, suspensão ou cassação do registro da S/A, não podendo mais a companhia cassada colocar suas ações à venda na bolsa ou no mercado de balcão.

A CVM pode legalmente participar de processos referentes ao mercado de capitais, como o de um acionista contra a S/A. Poderá esse acionista requerer judicialmente a manifestação da CVM no processo. Pode ela ainda ser intimada pelo juiz *ex officio* ou a pedido do MP.

Se houver ilícito penal cometido por dirigente de S/A ou de qualquer outro agente do mercado de valores mobiliários, como a *sociedade corretora de valores mobiliários*, poderá a CVM denunciar ao MP, ou então encaminhar processos à Secretaria da Receita Federal se houver indícios de ilícito fiscal.

Vinculações internacionais

Uma das características do moderno Direito Empresarial, nele se incluindo o Direito Societário, é a tendência à internacionalização, recebendo essa tendência o nome de *globalização*. Essa tendência geral acentuou-se com a criação da União Européia. Desde então, as ações vendidas nas bolsas européias podem ser adquiridas por qualquer pessoa física ou jurídica dos países membros, como também no mercado de balcão. Inspirado na União Européia foi criado o Mercosul, em bases bem parecidas. É possível que ações vendidas nas bolsas dos países do Mercosul sejam adquiridas por pessoas dos países membros. Por essa razão, há necessidade de se harmonizar a legislação que rege a S/A e as práticas próprias do mercado de ações desses países. Dever haver ainda integração de entidades públicas especializadas na área. Por isso, a CVM integrou-se com suas congêneres de vários países, entre as quais citaremos:

United States Securities and Exchange Commission – EUA;
Comissión Nacional de Valores – Argentina;
Comissión Nacional de Valores – Paraguai;
Comissión Nacional de Mercado de Valores – Espanha;
Commissione Nazionale per la Società e la Borsa – Itália;
Commission des Opérations de la Bourse – França.

Órgãos direitos

A CVM será administrada por um presidente e quatro diretores nomeados pelo Presidente da República. O presidente da CVM será membro do Conselho Monetário Nacional. As decisões da CVM são tomadas em conjunto dos diretores, chamado de Colegiado.

10.5 A solução de divergências societárias: arbitragem e mediação

Uma das mais salutares inovações proporcionadas pela reforma da Lei das S/A, operada pela Lei 10.303, de 31.10.2001, foi a faculdade dada às S/A de poderem elas resolver controvérsias, no âmbito societário, por arbitragem. Essa disposição surge no auge da greve dos serventuários da Justiça no Estado de São Paulo, com duração de cem dias, paralisando o andamento de três milhões de processos. Essa paralisação veio comprometer ainda mais a combalida e acéfala justiça de São Paulo, diga-se de passagem, a mais confiável de todas.

Há muitos anos vem-se revelando à Justiça Pública o meio inadequado para a solução de litígios entre empresas e pessoas. As sucessivas e profundas transformações da sociedade nos últimos anos tem preconizado a criação de mecanismos alternativos para solucionar de forma rápida, sensata, lógica e eficaz os problemas empresariais. Resultado dos clamores sentidos pela sociedade brasileira e pela vida empresarial foi a promulgação da Lei 9.307/96, reformulando a instituição da arbitragem no Brasil, aliás, já regulamentada anteriormente pelo Código Civil e pelo CPC, mas de maneira anacrônica.

A arbitragem é um sistema de solução de litígios, paralelo à justiça comum, pelo qual as partes envolvidas numa contenda de natureza jurídica resolvem submeter sua lide a julgamento por julgadores arbitrais escolhidos pelas próprias partes e com a aplicação de direito por elas selecionado. Destarte, se as partes se virem a braços com alguma controvérsia e não conseguem resolvê-la por si mesmas, apresentam-se-lhes duas opções: vão debater sua lide na justiça comum ou a entregam à solução arbitral.

A Justiça Pública, ao resolver divergências empresariais, dentro das normas processuais, exaspera os ânimos dos contendentes, acirra mais a contenda e empurra cada vez mais para o futuro a solução do problema. É o resultado da natural morosidade da justiça, característica crônica observada em todo o mundo e não só no Brasil. Não se vislumbra solução para esse problema; ao revés, sente-se a tendência para o seu agravamento. Numerosas empresas estão emperradas e sofrendo definhamento por não poderem desenvolver atividades, em vista da dependência de algum provimento judicial. O andamento de um processo dura em média dez anos, consideradas todas as suas fases. No transcorrer do processo, muitas soluções internas estão congeladas por se encontrarem "sub judice".

Outro fator negativo se evidencia: a inconveniência de se "lavar roupa suja em praça pública". É sabido que a jurisdição caracteriza-se pelo princípio da publicidade e narração clara e ampla dos fatos discutidos e com vasta produção de provas. As questões empresariais são normalmente confidenciais e até secretas, como problemas financeiros, estratégias mercadológicas, tecnologia, segredos de fábrica, ramificações internacionais, débitos e créditos e tantos outros. A maioria dos documentos empresariais são reservados, como atas de órgãos diretivos da S/A, contratos empresariais, acordo entre acionistas, e outros acertos de política interna societária. O processo judicial é uma vitrina em que ficam expostos tais problemas, de fácil acesso público, mormente à concorrência. Esse assunto nos faz lembrar o ditado jurídico italiano: "Frai i due litiganti il terzo gode" (Entre dois litigantes, um terceiro se aproveita).

Aspecto que se agrava no direito moderno é a elevada contenciosidade do processo. Quem vai à Justiça é para brigar, para se vingar. Transformou-se o Judiciário numa arena de gladiadores ferozes, às vezes até estimulados por seus advogados. Cria-se um ambiente nada propício à solução do litígio. Esse estado de espírito não se justifica na moderna vida empresarial e dificulta a solução dos naturais problemas surgidos no relacionamento das empresas no âmbito da comunidade em que atua. A S/A, como qualquer tipo de sociedade, não tem sentimentos, espírito de vingança, honra ferida: tem interesses a tratar. A sociedade não tem inimigos; pode ter concorrentes disputando o mesmo mercado; pode ter outras sociedades prontas a aproveitar-se de sua ruína.

A solução de problemas empresarias, especificamente os societários, necessita de análise ponderada, estimativa de custos, planejamento, resultados favoráveis, minorização de prejuízos, exames dos efeitos das contendas. São aspectos a serem discutidos com calma e ponderação, com sensatez, olhando sempre o resultado econômico, ou seja, perder o mínimo possível ou ganhar o máximo possível. Quem estiver à sua frente não é seu inimigo, mas alguém com interesses a tratar também. Cada parte defende seus interesses o quanto pode e esses interesses são divergentes ou antagônicos, o que veio provocar a lide. Ambas as partes querem todavia a solução para seus interesses contrariados; essa solução exige espírito tranqüilo, estudo da situação e espírito conciliatório, enfim uma solução diplomática, não na base do "tudo ou nada".

Esses três motivos, malgrado haja muitos outros, já são suficientes para recomendar sistemas mais eficazes na solução de crises empresariais como na área societária. Os problemas societários levados à solução pela Justiça Pública acarretam conseqüências amplamente trágicas. Eis por que a nossa reformulada Lei Societária preconiza a solução de controvérsias no âmbito societário mediante a arbitragem, nos termos em que especificar. Essas questões versam entre:
• os acionistas e a sociedade;
• acionistas controladores e acionistas minoritários.

Assim, se houver alguma contenda interna no seio da S/A os contendentes requerem a instauração de tribunal arbitral, nos termos da Lei 9.307/96, definindo bem e esclarecendo qual é o objeto do litígio e o prazo exigido para sua solução. Poderão ainda escolher os membros desse tribunal e o direito a ser aplicado na solução. Abrir-se-á processo, com a participação das duas partes e seus advogados, com o depoimento das testemunhas, se houver, terminando no julgamento pela sentença arbitral. Antes de iniciar-se o processo, se as partes concordarem, um mediador abrirá a discussão entre as partes para que estas exponham seu ponto de vista e elas mesmas poderão conciliar-se, resultando num acordo, dispensando a abertura do procedimento arbitral.

Necessária se torna, entretanto, a inclusão de cláusula no estatuto da companhia, estabelecendo que as divergências entre os acionistas controladores e os acionistas minoritários, ou entre a sociedade e seus acionistas, poderão ser solucionados por arbitragem, nos termos em que se especificar. Necessária ainda se torna a conscientização dos advogados e empresários para essa questão. As S/A que se constituírem doravante deverão trazer essa cláusula. As S/A já constituídas deverão incluí-la por deliberação da assembléia geral, uma vez que se trata de reforma do estatuto.

11. CONSTITUIÇÃO DA S/A

11.1 Requisitos da constituição

11.2 Constituição por escritura pública

11.3 Capital social e sua divisão em ações

11.4 Espécies e classes de ações; sua circulação

11.5 As ações escriturais da S/A

11.1 Requisitos da constituição

A sociedade mercantil adquire sua forma e sua personalidade por seus atos constitutivos. As sociedades de pessoas se constituem pelo contrato social, mas a S/A, como sociedade de outra natureza, é constituída pela assembléia geral dos acionistas. As pessoas que decidirem criar uma S/A., reúnem-se e fazem publicação pela imprensa, marcando a reunião. Assinam o livro de *Presença de Acionistas* (art. 127) e deliberam a constituição da sociedade, subscrevendo seu capital.

O primeiro passo para se constituir uma sociedade mercantil, como é o caso da S/A será o de arrebanhar dinheiro para a formação do capital. Conforme já visto, é da essência da sociedade mercantil que os sócios contribuam financeiramente para a formação do capital. No tocante à S/A, a formação do capital está prevista nos artigos 80 e 81. Os potenciais acionistas deverão subscrever a totalidade do capital, realizando no ato o mínimo de 10% em dinheiro; o restante poderá ser pago depois. As ações devem ser subscritas por dois acionistas, no mínimo, pois não há sociedade de uma só pessoa. Essa entrada deverá ser depositada num banco, em nome da sociedade, que poderá levantá-lo quando houver adquirido personalidade jurídica.

Se a sociedade for constituída por subscrição pública de ações, necessário se torna requerer previamente seu registro na Comissão de Valores Mobiliários. Ao examinar o pedido de registro para sua aprovação, a CVB levará em conta vários fatores, entre os quais o estudo da viabilidade econômica e financeira do empreendimento, o projeto do estatuto e o prospecto organizado e assinado pelos fundadores e pela instituição financeira intermediária (art. 82). A CVM poderá aprovar ou reprovar o pedido ou pedir que ele seja reparado antes da aprovação.

O prospecto é um documento essencial a ser juntado no pedido de registro. Seus elementos estão previstos no art. 84, é um tipo de relatório, uma exposição clara e precisa das bases da companhia e dos motivos que animem a expectativa de sucesso. Os dados da sociedade devem ser devidamente esclarecidos: qual o capital a ser subscrito e a forma de sua realização, qual a parte do capital subscrito em dinheiro ou parte em bens, o número, espécies e classes de ações em que o capital está dividido e o preço de emissão, o valor da entrada inicial, as obrigações assumidas pelos fundadores, os contratos assinados no interesse da futura companhia e as quantias já despendidas ou por despender, as vantagens particulares a que terão direito os fundadores ou terceiros e dispositivo do projeto do estatuto que a regula.

Os incisos VII a XII do art. 84 apontam as bases da realização da assembléia de fundação, que deverão constar no prospecto. Constará a autorização governamental para constituir-se a companhia, se necessário (S/A previstas na antiga lei, o Decreto-lei 2.627/40). Constarão as datas de início e término da subscrição e as instituições autorizadas a receber as entradas. Indicará o prospecto a qualificação dos fundadores da S/A, com o número e espécies de ações que eles tiverem subscrito. Nele ainda constará a instituição financeira intermediária do lançamento, em cujo poder ficarão depositados os originais do prospecto e do projeto de estatuto, com os documentos a que fizerem menção, para exame de qualquer interessado.

Ao ser realizada a subscrição inicial das ações, os subscritos, ou seja, os fundadores, deverão assinar a lista ou o boletim individual, autenticados pelo banco que irá receber o depósito da entrada inicial. A entrada, de no mínimo 10% do valor das ações subscritas, deverá ser pago por todos os fundadores. O pagamento obrigatório dessa entrada obriga o fundador para com a sociedade a ser constituída. A lista ou o boletim individual deverá ter a qualificação dos fundadores, que poderão ser pessoas físicas ou jurídicas (art. 85). Ao assinar a lista ou o boletim individual, o fundador estará se obrigando a pagar o restante das ações subscritas.

Os fundadores são as pessoas que tomam a iniciativa da constituição da S/A; são potenciais acionistas, porquanto a sociedade ainda não existe juridicamente. Mesmo assim, os arts. 92 e 93 prevêem para eles obrigações e responsabilidades. Tão logo seja a sociedade constituída, deverão entregar todos os documentos, livros ou papéis relativos à constituição da companhia aos primeiros administradores eleitos. Responderão, no âmbito de suas respectivas atribuições, pelos prejuízos resultantes da inobservância de preceitos legais e responderão solidariamente pelo prejuízo decorrente de culpa ou dolo em atos e operações anteriores à constituição.

Havendo a subscrição total das ações e todos os fundadores tendo pago a entrada, de no mínimo 10%, os fundadores deverão convocar os subscritores, publicando edital, para a assembléia geral de constituição da companhia. A convocação deve ser feita no prazo previsto no prospecto, nos termos do art. 84, inciso X. A assembléia de constituição deverá contar com a presença de fundadores que representem no mínimo 50% do capital, para a primeira convocação. Em segunda convocação, qualquer número de ações representadas autorizará a realização da assembléia; cada ação dará direito a um voto. Realizando-se a assembléia nos termos da lei e do prospecto, o presidente da assembléia declarará constituída a companhia (art. 87).

Da assembléia será lavrada ata a ser registrada na Junta Comercial. Nenhuma companhia poderá funcionar sem que sejam arquivados e publicados seus atos constitutivos (art. 94). Além da ata, deverão ser arquivados na Junta Comercial o estatuto e o prospecto assinados pelos fundadores, um exemplar da publicação do edital, a relação completa dos subscritores do capital, com a respectiva qualificação, número de ações e o total da entrada de cada subscritor. Deve também ser juntado na documentação o recibo do depósito bancário da entrada do capital. Emitido o certificado de registro pela Junta Comercial, a S/A já pode começar legitimamente a operar. Os fundadores não possuem mais essa condição, tornando-se agora acionistas, ou acionistas-fundadores. Arquivados os documentos relativos à constituição da companhia, os primeiros administradores providenciarão, nos 30 dias subseqüentes, a publicação deles, bem como a certidão do arquivamento, em órgão oficial do local de sua sede. Um exemplar do Diário Oficial que trouxer essa publicação deverá ser arquivado na Junta Comercial (art. 98).

11.2 Constituição por escritura pública

Fizemos algumas considerações sobre a constituição de uma S/A por subscrição pública de ações. Há porém outra forma de se constituir uma S/A, que é por subscrição particular, prevista no art. 88. Nesse caso, não há necessidade de registro na CVM, nem da intermediação de instituição financeira. A S/A com subscrição poderá ser constituída pela assembléia geral, seguindo, mais ou menos, os passos da assembléia geral para constituição por subscrição pública. É possível ainda constituir-se uma S/A por escritura pública, desde que não seja por subscrição pública. Não há, nesse caso, necessidade da assembléia, o que facilita bastante, por dispensar várias formalidades. Se a companhia tiver sido constituída por escritura pública, bastará o arquivamento da escritura na Junta Comercial e esta expedirá a certidão de registro (art. 96).

11.3 Capital social e sua divisão em ações

A S/A é considerada uma sociedade de capital, em oposição a outras, chamadas de sociedades de pessoas. O capital é pois um fator importante na sua constituição e funcionamento. O capital de uma S/A é o montante de dinheiro que os acionistas aportam a ela para formar seu suporte financeiro. O *modus faciendi* desse aporte é aquisição de ações, isto é, das partes em que o capital se divide. Na constituição de uma S/A, os potenciais acionistas são obrigados a comprar a totalidade das ações que subscreveram, pagando pelo menos 10% do preço, mas obrigando-se a pagar o restante, tão logo seja constituída a sociedade.

O valor do capital consta no estatuto e já constava no prospecto. Deve ser expresso em moeda nacional e será corrigido anualmente, para não ficar desatualizado pela inflação. Ao subscrever as ações, o comprador delas torna-se um devedor da sociedade, obrigando-se a pagar o valor do capital subscrito. Não adimplindo essa obrigação, poderá a sociedade executá-lo, compelindo-o ao pagamento, ou poderá vender as ações subscritas e não pagas, a outra pessoa. Não há, porém, necessidade de que a aquisição das ações possa ser paga com outros valores. Por isso, diz o art. 7º que o capital da sociedade poderá ser formado com contribuições em dinheiro ou em qualquer espécie de bens suscetíveis de avaliação em dinheiro. Em vez de dinheiro, poderá o adquirente das ações aportar, para a formação do capital, bens móveis ou imóveis, títulos ou créditos diversos. Esses bens poderão ser transformados em dinheiro ou então passar para o ativo fixo da sociedade, como, por exemplo, imóvel em que a sociedade instalará seu parque de operações.

É meio rara a formação do capital com a contribuição em bens, mas ocorre de vez quando, posto que é autorizada pela lei. É uma forma difícil, custosa e tumultuada de se constituir o capital de uma sociedade, podendo ensejar protecionismo e fraudes. A lei, ao mesmo tempo em que permite, estabelece restrições e controles para esse processo. Os bens que entrarem para o capital precisam de ser avaliados por uma empresa especializada em avaliações de bens daquele tipo. Para a nomeação da empresa avaliadora, obrigatória se torna assembléia geral dos subscritores das ações, com aprovação da avaliadora por metade dos votantes, no mínimo. A avaliadora deverá apresentar laudo de avaliação feita por peritos, apontando os critérios da avaliação. Os peritos deverão estar presentes à assembléia para prestar esclarecimentos, se forem pedidos.

Sendo aprovada a entrada dos bens para a formação do capital, serão eles transferidos para a propriedade da companhia.

O capital é dividido em frações que recebem o nome de ações, em número fixado pelo estatuto. As ações devem ter um valor nominal. Admite a lei que haja ações sem valor nominal, o que é raro acontecer. Tem elas o mesmo valor nominal, estabelecendo a CVM um valor mínimo para cada ação. A ação sempre tem, pois, um valor e esse valor será igual para as ações de uma mesma classe. Quando se fala em ação sem valor nominal é porque não consta no documento representativo da ação um valor. Consta porém no estatuto o valor da ação, tanto que o balanço publicado indicará o valor do capital.

11.4 Espécies e classes de ações; sua circulação

O capital da companhia não é dividido em ações da mesma espécie, mas são de variadas espécies, que deverão constar inclusive do estatuto. A lei prevê a existência de várias espécies e classes, mas o estatuto da companhia dirá quais as espécies e classes de ações em que se dividirá o capital. As ações podem se classificar sob diversos aspectos. Mas a lei aponta duas classificações estabelecidas sob dois aspectos:

- Vantagens que dão aos titulares: $\begin{cases} \text{ordinárias} \\ \text{preferenciais} \\ \text{de fruição} \end{cases}$

- Forma de circulação: $\begin{cases} \text{nominativas} \\ \text{escriturais} \end{cases}$

Essa classificação tem pontos discutíveis. As ações de fruição foram localizadas nessa classificação, mas, na verdade, constituem um tipo especial, porquanto elas substituem ações ordinárias e preferenciais, com os mesmos direitos de cada uma.

Quanto à forma de circulação, a ação escritural tem maneira diferente de circular, vale dizer, ser transferida para outra pessoa. Possui entretanto características tão especiais que pode ser considerada como um tipo autônomo, sem ser incluída em classificação com outras.

Vejamos porém as modalidades de ações, segundo a classificação quanto aos direitos concedidos aos acionistas.

Ações ordinárias

As ações ordinárias são as mais comuns, tanto que muitas companhias só têm ações dessa espécie. O ordinarista, ou seja, o detentor de ações ordinárias, poderá participar das assembléias, votar e ser votado. Tem ele o direito de perceber dividendos, pois é direito básico de quem é dono de uma sociedade.

Se forem ações de companhia fechada, as ações ordinárias poderão se dividir em classes diversas. Por exemplo: ações ordinárias conversíveis em preferenciais, e ações não conversíveis. São duas classes diferentes. Outro exemplo de classe de ações: as que só podem pertencer a brasileiro, e as que podem pertencer também a estrangeiro.

Apenas a companhia fechada poderá adotar classes para as ações ordinárias; a companhia aberta não, pois perturbará a negociação delas no mercado de capitais. O que pode a cia. fechada é ter classes de ações preferenciais, mas não ordinárias. É o que estabelece o art. 15, 1º da LSA:

> "As ações ordinárias da companhia fechada e as ações preferenciais da companhia aberta poderão ser de uma ou mais classes."
>
> Não é livre a decisão de modificar as classes de ações, segundo o art. 16: a alteração do estatuto na parte em que rege a diversidade de classes, se esta não for prevista e regulada, dependerá da concordância de todos os titulares das ações atingidas.

Ações preferenciais

As ações preferenciais não dão poderes políticos, pois seus titulares não gozam da vantagem de participar das assembléias, por não terem direito a voto. Contudo, a Lei 10.303, de 31.10.2001, deu maior proteção às ações preferenciais, garantido aos seus titulares direitos que a assembléia geral dos acionistas com direito a voto não pode restringir. Aliás, essa lei modificando a LSA veio prevenir fraudes contra o mercado de capitais, principalmente contra os portadores de ações preferenciais.

Se elas não dão direito a voto, por outro lado, conferem aos seus titulares a vantagem de receber lucros antes que sejam distribuídos aos portadores de ações ordinárias. As preferências ou vantagens das ações preferenciais sobre as ordinárias podem consistir:
1 – A prioridade na distribuição de dividendo fixo ou mínimo;
2 – Prioridade no reembolso do capital com prêmio ou sem ele;
3 – Acumulação das duas prioridades acima citadas.

Antes da reforma da Lei das S/A (LSA) não havia muitas vantagens a não ser as retro citadas, mas a reforma de 31.10.2001 trouxe muitas inovações. Se forem ações admitidas à negociação no mercado de capitais, independente do direito de receber ou não o valor de reembolso do capital com prêmio ou sem, só serão admitidas se a elas for atribuída mais uma vantagem, pelo menos. Essa vantagem extra poderá ser uma das seguintes:
A – O direito de participar do dividendo a ser distribuído, corresponde a, pelo menos, 25% do lucro líquido do exercício.
B – Direito ao recebimento de dividendo, por ação preferencial, pelo menos 10% maior do que o atribuído a cada ação ordinária.
C – Direito de serem incluídas na oferta pública de alienação de controle da companhia, assegurado o dividendo pelo menos igual ao das ações ordinárias.

O número de ações preferenciais não pode ultrapassar a 50% das ações emitidas, ou seja, tem que ser, no mínimo, igual ao número de ações com direito a voto. Evita-se assim que alguns portadores de ações ordinárias imponham sua vontade à maioria. Essa disposição, como várias outras, introduzidas pela Lei 30.303, de 31.10.2001, procura evitar fraudes em prejuízo das minorias e das ações preferenciais.

Ações de fruição

As ações de fruição (ou de gozo), de uso parcimonioso, não são subscritas pelo acionista; elas substituem outras ações que tiverem sido amortizadas, nos termos do art. 44. A amortização consiste na distribuição aos acionistas, a título de antecipação e sem redução do capital, de quantias que lhes poderiam tocar em caso de liquidação da companhia. Assim, uma S/A que tenha obtido bons lucros, poderá usá-los devolvendo ao acionista o valor de seu investimento.

É como se a companhia fosse liquidada e devolvesse aos acionistas o valor das ações pertencentes a eles. Só que a companhia não vai ser liquidada, mas teve bons lucros e devolve o dinheiro investido pelos acionistas na compra de ações. Todavia, o acionista, mesmo pago no valor de suas ações, não deixa de ser acionista; não perde todos os seus direitos, pois suas antigas ações, ordinárias ou preferenciais, são substituídas pelas ações de fruição, conservando porém os direitos nas antigas ações.

Quanto à forma de circulação

Existiam antigamente mais duas modalidades de ações: ao portador e endossáveis. Eram de fácil circulação, o que ocasionava inúmeras fraudes e sonegação de impostos. Em 1990 essas duas espécies de ações foram abolidas por lei, sendo dado prazo para as companhias se amoldarem. A LSA faz várias referências a essas antigas espécies, uma vez que a revogação se deu por lei estranha ao Direito Societário. Sobraram então na classificação, quanto à forma, apenas dois tipos de ações: nominativas e escriturais.

Ações nominativas

Esse tipo de ações traz o nome de seu dono no texto do título, vale dizer, o certificado de ações. Está indicado quem seja o titular delas e só ele pode fazer valer os direitos que elas conferem. A LSA prevê um livro especial para registro dessas ações, chamado *Livro de Registro de Ações Nominativas*. A propriedade das ações nominativas presume-se pela inscrição do nome do acionista nesse livro. A transferência delas opera-se por termo lavrado no livro de *Transferência de Ações Nominativas*, datado e assinado pelo cedente e pelo cessionário, ou seus legítimos representantes. O nome do novo acionista inscreve-se em seguida no livro de *Registro de Ações Nominativas*.

Ainda que a transferência não se opere normalmente, ou seja, com a presença do vendedor e do comprador para assinarem o termo no livro próprio, deve a transferência das ações nominativas ser averbada no livro de Registro de Ações Nominativas, se for feita em virtude de sucessão universal ou legado, de arrematação em leilão público, adjudicação ou outro ato judicial. Nesse caso, o documento hábil deverá ser entregue à companhia e ficará em poder dela.

É possível, outrossim, que ações nominativas sejam adquiridas em leilão na Bolsa de Valores Mobiliários. Nesse caso, o cessionário será representado, no ato de transferência, pela Sociedade Corretora de Valores Mobiliários que tiver feito a venda em nome do cedente, ou pela caixa de liquidação da BVM, independentemente de instrumento de procuração.

11.5 As ações escriturais da S/A

As ações escriturais são as emitidas sem certificado e são chamadas de escriturais porque a existência delas está condicionada a um registro e sua transferência opera-se por assentamento nesse registro, ou seja, escrituralmente. Por isso, justifica-se a designação de ações escriturais. São ações nominativas, por se saber o nome de seu titular e sua forma de transferência é mediante ato próprio na escrituração contábil da instituição encarregada de sua administração. Não deixa de ser uma ação e transferível, embora sem tradição e nem endosso. Nem deixam de outorgar ao titular delas os direitos acionários. Elas criam uma C/C, com lançamentos a crédito ou a débito, conforme sejam compradas ou vendidas.

As ações são consideradas um título de crédito. Perante o Código Comercial francês, os títulos de crédito são divididos em duas classes: a dos efeitos de comércio, *effets de commerce,* e dos valores mobiliários, *valeurs mobilières.* Essa classificação é também viável em nosso direito e no de outros países, pois até juristas de renome internacional, como Ascarelli e Asquini, incluem as ações como títulos de crédito, do tipo seriado, por serem emitidos em série e não individualmente.

As ações escriturais distinguem-se totalmente dos outros tipos de ações nesse sentido e não podem ser consideradas um título de crédito. Se não há certificado, faltam-lhes a cartularidade; não há a incorporação de um direito, visto que não há documento em que ele possa incorporar-se. O endosso, declaração cambiária tão caracterizadora do título de crédito, não pode aplicar-se às ações escriturais. Também não podem ser chamadas de valores mobiliários, pois não é um título circulável para ser colocado na BVM. Não são bens móveis, mas valores incorpóreos.

O *caput* do art. 34 fala na manutenção da ação escritural em conta de depósito, em nome do titular delas, sem emissão de certificados. O *caput* do art. 35 volta a falar na conta de depósito das ações e na instituição depositária e repete outras vezes essa expressão. O depósito aqui referido tem um significado especial de administração; a instituição depositária é mais precisamente a instituição administradora, uma vez que é a instituição financeira que faz o registro das ações e averba a transferência. As ações são administradas pela companhia, tanto que o § 3º do art. 34 diz que ela responde pelo mau serviço que prestar com as ações escriturais.

Não existe, entretanto, um contrato de depósito, pois sendo a ação escritural um bem incorpóreo, não há como depositá-la, pois segundo o art. 125 de nosso Código Civil, faz-se depósito de coisa móvel, corpórea. É patente a influência do direito norte-americano em nossa lei societária e as ações escriturais são uma das inovações introduzidas pela Lei 6.404/76, adaptando ao nosso elenco de ações as *intangible shares*. Não tiveram até agora, em nosso país, muita aceitação e aplicabilidade, talvez por falta de divulgação e de tradição. Foi o que ocorreu com a sociedade em comandita por ações, que não se aplica na prática. As dúvidas relacionadas com a expressão *depósito* decorrem da interpretação americana do termo.

As vantagens que possam trazer as ações escriturais são várias, mas até agora não convenceram os investidores brasileiros. Sem o certificado na mão, o investidor não se sente um dono, um proprietário; não tem em suas mãos um objeto móvel, concreto, que ele possa vender no momento que quiser. O simples fato de podê-lo exibir quando solicitar um crédito, ou em qualquer ocasião, compensa os riscos de um possível furto do certificado. A racionalização administrativa não é tão marcante quanto afirmam ser muitos juristas, tanto que o § 3º do art. 35 autoriza a instituição administradora, se seu estatuto permitir, a cobrar despesas de transferência. Se a instituição da ação escritural criou novas opções de investimentos, esta não revelou até agora sensível evolução; além disso substitui uma opção por outra e não criou outras.

A instituição depositária de que fala a lei, é na verdade uma instituição financeira, que manterá contrato com a S/A criadora das ações escriturais. Assim sendo, o contrato de depósito não é estabelecido pelo acionista, sendo as partes contratantes a S/A e a instituição financeira, devendo esta manter a C/C das ações. O acionista receberá da instituição financeira o extrato dessa C/C e outros documentos esclarecendo a situação; é ele portanto o favorecido do contrato. Aliás, diz o § 2º do art. 34 que somente as instituições financeiras autorizadas pela CVM podem manter serviços de ações escriturais. Por essa razão, retornamos ao que já fora exposto, de que o contrato de depósito é, realmente, um contrato de prestação de serviços de administração. Deve pois a instituição financeira ser chamada de administradora e não de depositária.

12. VALORES MOBILIÁRIOS EMITIDOS PELA S/A

12.1 Debêntures
12.2 Partes beneficiárias
12.3 "Commercial papers"

12.1 Debêntures

Debêntures são títulos de crédito decorrentes de empréstimo feito pela S/A, tomado de um grupo massivo de credores. Necessitando de dinheiro para as suas atividades, a companhia recorre a um empréstimo público, com prazo médio ou longo, dando a seus credores esse documento. Há pois um empréstimo de dinheiro, um contrato de mútuo, tendo a companhia como mutuário e vários mutuantes, cada um recebendo esse título, largamente regulamentado pela Lei das S/A, do art. 52 a 74. Assim sendo, se uma companhia precisar de dinheiro, poderá aumentar seu capital, recorrer ao mercado financeiro ou emitir debêntures.

Para tanto, diz o art. 52 que a companhia poderá emitir debêntures que conferirão aos seus titulares direito de crédito contra ela, nas condições constantes da escritura de emissão e do certificado. O certificado da debênture tem alguma semelhança com a nota promissória, pois lastreia um empréstimo de dinheiro. Todavia, há algumas diferenças entre esse contrato de mútuo e o mútuo comum e entre o certificado de debêntures e a nota promissória. O empréstimo é um só e um só o mutuário; entretanto, os mutuantes são vários e cada um terá seu título. Há pois vários títulos correspondentes a um só empréstimo. Esse empréstimo é contraído de um credor desconhecido, pois a debênture pode ser vendida na BVM. Além do pagamento de juros, esse empréstimo poderá dar outras vantagens, como participar do capital da companhia.

A debênture terá valor nominal em moeda nacional, salvo nos casos de obrigação que, nos termos da legislação em vigor, possa ter o pagamento estipulado em moeda estrangeira (art. 54). Como é um título de crédito, é natural que a debênture tenha um valor líquido e certo a pagar. Peculiaridade da debênture, porém, é poder constar ela de valor em moeda estrangeira e ser colocada no mercado internacional de capitais. A companhia poderá efetuar mais de uma emissão de debêntures, e cada emissão pode ser dividida em séries; as debêntures da mesma série terão igual valor nominal e conferirão a seus titulares os mesmos direitos (art. 53). A lei faculta à companhia promover várias emissões de debêntures, mas na prática a emissão é parcimoniosa, porquanto o processo de emissão é demorado e exige muitos preparativos, como, por exemplo, a assembléia geral. A emissão pode ser dividida em várias séries, conforme as vantagens que concederem aos titulares das debêntures; uma série refere-se às debêntures com cláusula de correção monetária, outra série será de debêntures conversíveis em ações, outra será de debêntures nominativas endossáveis, outra com direito à participação nos lucros da companhia, outra com prêmio no reembolso.

Aspecto importante da debênture é a garantia de vários tipos que ela pode oferecer aos mutuantes. Pode haver debêntures com garantia real de hipoteca, penhor e anticrese; a companhia pode vincular, por exemplo, um móvel para garantir o pagamento da debênture. Essa hipoteca deverá inclusive ser registrada na circunscrição imobiliária; poderá também dar em penhor um determinado equipamento industrial. Esses bens ficarão vinculados ao empréstimo sob debêntures e no caso de falência ou dissolução da companhia o produto do leilão ficará reservado ao pagamento das debêntures; ficarão ainda a salvo de penhora ou seqüestro. Afora a garantia real, que lhe dá privilégio real sobre determinados bens, poderá a debênture contar com a *garantia flutuante,* dando-lhe privilégio geral sobre o ativo da companhia. A garantia flutuante não bloqueia o ativo da companhia, podendo seus bens serem negociados.

É possível, ainda, haver debênture sem garantia e outras que contêm cláusula de subordinação aos credores quirografários, de tal maneira que, no caso de falência da companhia, as debêntures serão pagas só após o pagamento dos créditos quirografários. Pelo que se deduz do *caput* do art. 58, há várias espécies de debêntures, de acordo com a garantia que lhes é dada, a saber:

a) Com garantia real sobre determinados bens;
b) Com garantia geral sobre o ativo da companhia;
c) Sem garantia;
d) Com cláusula de subordinação aos credores quirografários.

A emissão de debêntures só pode ser decidida pela assembléia geral dos acionistas, que decidirá também sobre as bases da emissão, quais sejam: o valor da emissão ou os critérios de determinação de seu limite, e a sua divisão, se for o caso; o número e o valor nominal das debêntures; as garantias reais ou a garantia flutuante, se houver; a conversibilidade ou não em ações e as condições a serem observadas na conversão, as condições de correção monetária, se houver; a época e as condições de vencimento, amortização e resgate; a época do pagamento dos juros, da participação nos lucros e do prêmio de reembolso, se houver; o modo de subscrição ou colocação e o tipo das debêntures (art. 59). Quanto ao tipo e série das debêntures, a assembléia decidirá se elas serão ao portador ou nominativas-endossáveis.

Se a assembléia geral decidir pela emissão, deverá ser feita a *escritura de emissão*, a que se referem os arts. 52, 55, 58 e 61. A escritura de emissão poderá ser feita por instrumento público ou particular, constando nela os direitos conferidos pelas debêntures, suas garantias e demais cláusulas ou condições. Quando tiver garantias reais, deverá a escritura de emissão ser registrada no registro de imóveis. A ata da assembléia geral, que tiver deliberado pela emissão, deverá ser registrada na Junta Comercial. Antes do lançamento das debêntures, deverá ser nomeado o *agente fiduciário dos debenturistas*, figura da qual se deve fazer considerações.

Se a emissão de debêntures for colocada à disposição do mercado, isto é, oferta pública, torna-se obrigatória a nomeação do agente fiduciário dos debenturistas, com função regulamentada pelos arts. 66 e 67 da Lei das S/A e na instrução CVM. 28/83. A nomeação do agente fiduciário deverá constar obrigatoriamente da escritura de emissão. Os adquirentes das debêntures fazem parte de um mesmo contrato de mútuo e se tornam co-credores da companhia; formam portanto uma comunhão de interesses, devendo pois ter um representante perante ela. O agente fiduciário será nomeado e deverá aceitar a função na escritura de emissão das debêntures (art. 66). Poderá ele ser pessoa natural ou jurídica, mas neste último caso deverá ser uma instituição financeira; ambos exercerão sua funções fiscalizados pela CVM, que poderá suspendê-los e dar-lhes substituto provisório, caso deixem de cumprir seus deveres.

Trata-se de um cargo de confiança dos debenturistas e por isso há algumas restrições para essa nomeação, principalmente a exigência de não haver vinculação do agente fiduciário com a companhia, pois há possibilidade de haver conflito entre ela e seus debenturistas. Não pode ser agente fiduciário a pessoa natural ou instituição financeira que seja credora ou preste serviços à emitente das debêntures, ou seja, agente financeiro em outra emissão de debêntures da mesma companhia. Se for pessoa natural, não pode ter sido condenada por crime falimentar, de prevaricação, peita ou suborno, concussão, peculato, crime contra a economia popular, a fé pública, ou por pena que vede o acesso a cargos públicos. Não pode ter sido declarado inabilitado para exercício de cargo de administrador ou para exercer funções em órgãos consultivos, fiscais ou semelhantes em instituições financeiras, por ato do Banco Central do Brasil, ou ter sido declarado inabilitado para administrador de companhia aberta, por ato da Comissão de Valores Mobiliários. Se o agente financeiro for instituição financeira, não poderá ela ter vinculação com a emitente das debêntures, como, por exemplo, o administrador de uma ocupar cargo na outra, uma for acionista de 10% ou mais das ações da outra.

As funções do agente financeiro são bem amplas, a ponto do art. 12 da Instrução CVM. 28/83 adotar 24 incisos e várias alíneas para apontá-las. Em sentido geral, ele será uma espécie de síndico de um condomínio ou de uma falência. Aliás, há muita semelhança entre o conjunto de debenturistas e um condomínio. Ele acompanha o comportamento da companhia emitente das debêntures, no interesse dos debenturistas; observa se ela registra a emissão nos órgãos competentes e poderá ele próprio promover os registros caso a companhia não os tenha promovido. Serve de elo entre a companhia e os debenturistas, promovendo, quando necessário, assembléia deles. Acompanha a integridade das garantias reais ou flutuantes e o comportamento da companhia, solicitando, quando considerar necessário, auditoria extraordinária nela. Pelo correto cumprimento de suas funções, o agente fiduciário responderá perante os debenturistas, responsabilizando-se pelos prejuízos que lhes causar por culpa ou dolo no exercício de sua funções.

12.2 Partes beneficiárias

Estamos cuidando, neste capítulo, de valores emitidos por uma S/A em papéis diversos, denominados *valores mobiliários*. Esses papéis, ou mais precisamente, títulos, são documentos negociáveis, para serem transformados em dinheiro, inclusive na BVM ou no mercado de balcão. As ações são os principais valores mobiliários emitidos pela S/A, mas as debêntures deveriam ter maior importância, apesar de não serem bem compreendidas e divulgadas no Brasil. Vamos agora falar noutro tipo de títulos negociáveis, criados pela S/A, cuja repercussão e importância é diminuta perante os outros dois: as partes beneficiárias. São títulos sem valor nominal e estranhos ao capital. A emissão das partes beneficiárias está prevista pelo art. 46 e regulamentada em quatro artigos: do 46 ao 49 da Lei das S/A.

As partes beneficiárias conferirão aos seus titulares direito de crédito eventual contra a companhia, consistente na participação nos lucros anuais. São normalmente concedidas ao fundador da companhia, a algum acionista ou mesmo a um terceiro, que tenham prestado a ela relevantes serviços; serão assim considerados beneméritos. Como prêmio pelo serviços prestados, a companhia lhes concede a possibilidade de participar dos lucros ao final do balanço anual, como se fossem acionistas. Podem ainda transferir o título a terceiro, auferindo seu valor.

Os titulares das partes beneficiárias, porém, não são acionistas; a lei veda-lhes a concessão de direitos privativos de acionista, salvo o de fiscalizar, nos termos da lei das S/A, os atos dos administradores. Não podem participar das assembléias, por exemplo. Se forem concedidas a fundações de funcionários da companhia, não terão os componentes da fundação beneficente quaisquer direitos de participarem da administração da companhia. É possível que partes beneficiárias sejam concedidas a um acionista e este poderá fazer valer seus direitos de acionista, independente de ser titular de parte beneficiária. Outra restrição que sofrem as partes beneficiárias é o limite da décima parte dos lucros como o máximo que elas possam proporcionar. Não terão elas duração permanente, não podendo vigorar por mais de 10 anos, a não ser as concedidas a sociedades ou fundações beneficentes dos empregados da companhia emitente.

As partes beneficiárias são representadas por um certificado; é um título de crédito com muitas características próprias deles. É um título formal, sendo-lhes exigidos vários requisitos, sem os quais não será um título de crédito dessa natureza, como aliás ocorre com os demais. São nove os requisitos exigidos pelos nove incisos do art. 49: precisará ter a denominação de *Parte Beneficiária*, pois se não houver essa denominação ficará em dúvida qual a legislação que se lhe aplica. Deverá trazer o nome da companhia emitente, sede e prazo de duração, o valor do capital, a data do ato que o fixou e o número de ações em que se divide. Pode ser emitido com o nome do beneficiário, sendo pois nominativo ou com cláusula ao portador. Trará o número das partes beneficiárias criadas pela companhia e o respectivo número de ordem, os direitos que lhe são atribuídos pelo estatuto, o prazo de duração e as condições de resgate, se houver, a data da constituição da companhia e do arquivamento e publicação dos seus atos constitutivos.

O certificado deverá declarar a transferibilidade das partes beneficiárias por endosso, se endossável. Por esse requisito, chega-se ao que dispõe o art. 50: que as partes beneficiárias, da mesma forma que as ações e as debêntures, podem ser ao portador, nominativas e endossáveis, circulando nos mesmos termos. Serão elas registradas nos livros próprios, previstos inclusive pela lei, como o *Registro de Partes Beneficiárias Nominativas* e *Registro de Partes Beneficiárias Endossáveis* e *Transferência de Partes Beneficiárias Nominativas*. Não há livro de registro de partes beneficiárias ao portador, uma vez que exerce os direitos quem as detiver em mãos e sua transferência se opera por simples tradição.

12.3 "Commercial papers"

Surge agora um novo valor mobiliário emitido pela S/A privativamente, com objetivos semelhantes aos das debêntures. É a nota promissória para distribuição pública no mercado de capitais. A nota promissória é um título de crédito que encerra uma promessa de pagamento em dinheiro; como tal é uma confissão de dívida. Sendo um documento confessório é um título executivo, pois se é uma dívida líquida e certa pode ensejar uma ação executiva, por não exigir exame prévio do mérito da obrigação.

Por suas características, é um título largamente utilizado para lastrear um contrato de mútuo, a venda de uma mercadoria a crédito, por uma pessoa que não possa emitir uma duplicata ou outras operações de crédito. Para cumprir essas funções, foi a nota promissória criada, analisada e regulamentada, a princípio e principalmente pelo direito italiano. Surgiram assim dois títulos semelhantes mas com designação única de *Cambiale* e cada um com nome distintivo de *cambiale-tratta* e o outro de *cambiale-propria* ou *vaglia-cambiario*. Este último é a nossa atual nota promissória.

Vemos destarte que a nota promissória, desde o surgimento, teve funções, características e objetivos específicos e vem, através dos séculos, cumprindo seu *desideratum* com largo sucesso. Afirmam alguns juristas que a nota promissória teria surgido como uma variante da letra de câmbio, sendo portanto posterior àquela. Todavia, superou, em aplicação, o título que lhe deu origem, pelo fato de atender mais os três atributos fundamentais dos títulos de crédito: certeza no direito, segurança no exercício desse direito e simplicidade no seu uso.

No mundo moderno, muitas criações tem apresentado o direito, e modificado as criações tradicionais. Uma dessas novidades foi a utilização, nos Estados Unidos da América, de um novo valor mobiliário, emitido pelas S/A, as *corporations*, com o nome de *commercial papers*, hoje de larga aplicação. Esse tipo de papel corresponde à nota promissória para distribuição pública no mercado de capitais e, há uns dez anos, tem sido cogitado para aplicação no Brasil. Assim sendo, é um concorrente das debêntures.

Não somos favoráveis à criação desse novo instituto jurídico, mesmo porque podem ser criados vários outros títulos, além dos diversos existentes e regulamentados, para idêntico mister. A nota promissória deve conservar sua autenticidade, suas características fundamentais, como a abstração. Nosso direito já criou a nota promissória rural, com características distorcidas daquelas que notabilizam a nota promissória. Criou ainda *notas de crédito industrial*, *notas de crédito à exportação*, *notas de crédito comercial*, embora não usando a expressão *promissória*, mas substancialmente contendo uma promessa de pagamento.

O enorme desenvolvimento econômico e tecnológico das últimas décadas trouxe profundas transformações no *modus vivendi* de todos os povos e criou inúmeros problemas novos. Para enfrentar os novos problemas surgidos haveria necessidade da criação de novos mecanismos, pois não se poderiam usar as mesmas armas para uma luta que apresenta ingredientes inesperados. Por essa razão, surgiram certas operações como o *leasing*, o *factoring*, o *franchising* e vários outros mecanismos adaptados às modernas formas de atividade empresarial.

Como sugestão para mobilizar ainda mais o crédito e a solução dos problemas financeiros das S/A, com o aprimoramento de nossas instituições jurídicas, podem ser apontadas as debêntures. Por que o Brasil não analisa, aperfeiçoa e divulga esse título de crédito já regulamentado em nossa lei? Por que não estudar sua adoção pelas empresas de responsabilidade limitada, ao invés de ser exclusivo das S/A? Adotando a nota promissória com a finalidade de debênture, revertemos as funções da nota promissória, seus objetivos e podem até se transformar com o tempo em uma afronta à Convenção de Genebra, promulgada pelo Brasil. Será a descaracterização da natureza jurídica da nota promissória, que, como *commercial paper*, pode ser até ao portador.

13. OS ACIONISTAS

13.1 Deveres do acionista

13.2 Direitos do acionista

13.3 Direito de retirada do acionista

13.4 Acionista controlador

13.5 Acordo de acionistas

13.1 Deveres do acionista

O acionista é uma peça importante da S/A e seu conjunto forma um órgão dela: a assembléia geral. Aliás, é o dono da S/A, tendo vários poderes de proprietário. Sua figura precisa de ser bem analisada, para melhor entendimento da S/A. Ligado tão intimamente à companhia de que faz parte, co-dono do capital e principal interessado no destino e resultados da S/A, o acionista tem uma gama enorme de obrigações, a maioria não prevista em lei, mas decorrente de princípios gerais de direito. É o dever de lealdade, a *affectio societatis*, mesmo numa sociedade de capitais, a participação social na empresa, como o comparecimento às assembléias, o qual não constitui apenas direito, mas também obrigação.

A primacial obrigação do acionista, porém, é o aporte de dinheiro à sociedade, para a constituição de seu capital. É este um aspecto rigorosamente previsto nos artigos 106 a 108, com pesadas sanções ao acionista inadimplente, isto é, àquele que subscreveu ações e não as pagou. Ao assinar o boletim de subscrição de ações, o subscritor torna-se acionista, e obrigado a uma prestação: integralizar o capital. A integralização é o aporte de recursos à formação do capital, ou mais precisamente, o pagamento do preço das ações, a que se obrigou o subscritor. Assim sendo, o capital integralizado é o dinheiro que já se integrou nele; a ação integralizada é a ação já paga.

As ações subscritas ou adquiridas devem ser pagas no momento da aquisição, mas não necessariamente. O estatuto da companhia ou o boletim de subscrição podem estabelecer a possibilidade de pagamento em outra ocasião ou em parcelas. Quando for assim, a companha fará as *chamadas*, isto é, convocação pela imprensa para que os acionistas cumpram a prestação a que se obrigaram, integralizando as ações adquiridas. Não fazendo o pagamento de acordo com a chamada ou como consta do boletim de subscrição, o acionista será constituído em mora de pleno direito, nos termos do art. 960 do Código Civil, respondendo pelos prejuízos a que sua mora der causa (art. 956 do Código Civil). Purgando a mora, ou seja, pagando com atraso, estará ele mesmo assim sujeito a multa, se prevista no estatuto, juros, correção monetária e outras possíveis cominações legais ou estatutárias.

Por outro lado, a companhia poderá adotar várias medidas contra o acionista remisso, nome com que a lei designa o acionista inadimplente.

Poderá mover-lhe processo de execução, tomando o boletim de subscrição como título executivo extrajudicial. Mesmo com a cobrança pela via executiva extrajudicial, a companhia poderá colocar as ações subscritas e não pagas à venda na Bolsa de Valores Mobiliários, transferindo-as a terceiros, ficando o acionista remisso solidariamente responsável com o adquirente das ações, pelo pagamento das prestações que faltarem para integralizar as ações transferidas. Opcionalmente, poderá a companhia declarar caducas as ações e excluir o acionista da sociedade.

13.2 Direitos do acionista

Cumpridas as obrigações, o acionista que já integralizou as ações subscritas tornou-se titular de vários direitos. Aliás, já tinha direitos antes da integralização das ações que ele havia subscrito, mas antes estava gravado com obrigações. Esses direitos estão previstos nos artigos 109 a 115 da Lei das S/A e podem ser enumerados:

a) Participar dos lucros sociais;

b) Participar do acervo da companhia, em caso de liquidação;

c) Fiscalizar a gestão dos negócios sociais;

d) Preferência para a subscrição de novos valores mobiliários;

e) Retirar-se da sociedade;

f) Participar das assembléias de acionistas, votando e sendo votado.

a) Ao subscrever ações, o acionista investe dinheiro na sociedade, tendo em vista lucros desse investimento, adquirindo pois o direito à percepção desses lucros. Não se trata de cobiça ou de frio mercantilismo; a companhia é mercantil, persegue lucros não para ela mas para remunerar o capital nela aplicado. Naturalmente, se a companhia não der lucros, não poderá caber lucro dos seus acionistas. Caso os lucros superem à expectativa, poderá a companhia reter lucros, mas assegurando aos seus acionistas a percepção de um dividendo obrigatório.

b) O segundo direito é o de participar do patrimônio ativo da companhia caso seja ela liquidada. Se o acionista aplicou nela seu dinheiro para formar o capital, tornou-se um co-dono da companhia, e o patrimônio dela pertencerá a ele se for dissolvida. O que sobrar do ativo da companhia dissolvida deverá ser dividido proporcionalmente entre os titulares das ações.

c) Como donos da companhia, os acionistas elegem os administradores dela e estes podem ser considerados como mandatários dos acionistas. A má gestão dos administradores acarretará prejuízos aos titulares das ações; cabe-lhes pois o direito de fiscalizar essa gestão, saber como o dinheiro que eles investiram está sendo aplicado. Ao encerrar-se o balanço, as demonstrações financeiras e outros documentos probatórios da gestão devem ser exibidos, inclusive para aprovação na assembléia geral. Caso haja suspeita de graves irregularidades praticadas por qualquer dos órgãos da companhia, ou atos violadores da lei ou do estatuto e lhes seja dificultada a fiscalização, podem os acionistas, que representem pelo menos 5% do capital, requerer a exibição dos livros. A fiscalização só se opera, contudo, nos casos previstos pela lei.

d) Em quarto lugar, vem o direito, concedido aos acionistas, de privilégios na subscrição dos valores mobiliários emitidos pela companhia, como ações, debêntures e partes beneficiárias conversíveis em ações e bônus de subscrição. Por exemplo, se houver aumento de capital da companhia, as novas ações deverão ser ofertadas primeiramente aos próprios acionistas, que terão preferência em adquiri-las, na proporção do número de ações que já possuírem nas diversas espécies e classes. Se o acionista já é dono da sociedade e no momento em que ela precisava de dinheiro foi ele quem a supriu, cabe a ele o direito de tornar-se mais dono.

e) Finalmente o inciso V do art. 109 permite ao acionista o direito de retirar-se da sociedade.

13.3 Direito de retirada do acionista

É o chamado direito de recesso. Poderá ele vender suas ações a terceiros e, não tendo ações, deixa de fazer parte da companhia. Entretanto, o direito de recesso vai além dessa possibilidade; o art. 1.347 prevê o direito de o acionista retirar-se da sociedade, mediante o reembolso de suas ações. Reembolso é a operação pela qual, nos casos previstos em lei, a companhia paga aos acionistas dissidentes de deliberação da assembléia geral o valor de suas ações. Com o reembolso, o acionista não fica sujeito à lei da oferta e da procura, ao vender suas ações, mas receberá o valor, apurado pela companhia, de suas ações. Todavia, o direito de recesso só é concedido nos casos previstos pela lei; só ao acionista dissidente, ou seja, que discordar das decisões da assembléia geral que implique em sensíveis mudanças no estatuto e na organização da companhia. Será o caso, por exemplo, de a assembléia geral decidir mudar o objeto social da companhia, criar partes beneficiárias, alterar o dividendo obrigatório. Ou caso a assembléia geral decida diminuir de 12% para 6% o dividendo obrigatório distribuído aos acionistas; um acionista depende desses dividendos para viver e subscreveu ações para constituir uma fonte de renda. A alteração do estatuto prejudicou-o em metade de sua renda, com a qual não pode ser obrigado a aceitar. Assegura-lhe então a lei o direito de retirar-se da sociedade.

O direito de retirada faz parte da democratização da S/A., com o respeito à vontade da maioria e da minoria. As sete decisões da assembléia geral previstas alteram seriamente sua estrutura ou seu objeto. Se a maioria assim decidiu, é porque julgou conveniente para o futuro da empresa; deve pois a decisão ser respeitada, não só porque a lei assegura essa faculdade, mas os acionistas devem ser respeitados em suas opiniões. Por outro lado, o acionista adquire ações de uma companhia, motivado não só pelo rendimento que elas proporcionam, mas também por razões subjetivas. Assim, um acionista adquire ações de um laboratório farmacêutico, por motivos idealistas, pelo fato de esse laboratório fabricar remédios contra determinada doença. Todavia, após algum tempo, a assembléia geral desse laboratório decide mudar o objetivo social e deixa de ser um laboratório.

Esse acionista sente-se atingido no seu interesse, pois houve transformação muito radical na estrutura da empresa; não pode ele ser obrigado a aceitar essa transformação. Não deverá, por outro lado, ser dado o poder a esse acionista de agir contra o interesse da sociedade, impugnando a decisão da maioria. Resta-lhe portanto a alternativa de acomodar-se à situação ou retirar-se da sociedade. Há um rompimento, a rescisão de uma relação jurídica, cuja causa foi a quebra de um *status quo* provocado pela companhia. Por isso, deve ela permitir a saída desse acionista sem lhe causar prejuízo.

Há uma conciliação de interesse da companhia e dos acionistas majoritários e minoritários, tendo todos a faculdade legal de exercer sua vontade. Ao mesmo tempo em que a lei dá poderes à maioria, para alterar a essência de seu estatuto, dá garantia à minoria de sair sem prejuízos. Garante a sobrevivência da sociedade nas novas bases. Com a manutenção de seu estatuto, ao mesmo tempo que protege interesse individual do acionista, extinguindo-se apenas a relação jurídica entre a S/A e seu acionista.

Naturalmente, o uso do direito de recesso deve ser exercido com evidência de lealdade; deve ficar evidenciado que o acionista foi atingido e contrariado e não que revele mero capricho. Por essa razão, não se admite o recesso parcial, ou seja, o acionista extingue totalmente sua relação jurídica com a sociedade e resgata todas as ações, sendo administrador da companhia; deverá renunciar ao cargo e, se estiver em débito com ela, deverá compensar esse débito. Não se pode também admitir o exercício do direito de retirada por um acionista que tenha votado favoravelmente à resolução que tenha ensejado sua dissidência. Há igualmente o prazo de 30 dias, a partir da publicação da ata da assembléia geral, para que o acionista possa exercer esse direito.

13.4 Acionista controlador

O conceito de acionista controlador é encontrado no art. 116 da Lei da S/A e os atos pelos quais responde são enumerados no art. 177. Acomodando-se às rígidas disposições do art. 116, podemos considerar o acionista controlador como aquela pessoa que detenha a maioria do capital votante da S/A, e, em conseqüência do domínio das ações, exerce o poder de mando no funcionamento da companhia. Ele tem o poder de eleger ou substituir os administradores, impor o orçamento da empresa, determinar as atividades operacionais. É praticamente o dono da empresa, pois, ainda que todos os demais acionistas se unam contra ele, não chegarão a contar votos que suplantem seu adversário na votação de uma questão de ordem.

Geralmente é o presidente do Conselho Deliberativo, mas nem sempre; é possível até que não ocupe qualquer cargo nos órgãos diretivos da companhia. Opera entretanto nos destinos dela, através de seus prepostos; estes, muitas vezes, meros reflexos do *chefe*. São os chamados *homens de palha*, ou *teleguiados*, ou *testas-de-ferro*, que os franceses chamam de *prête-nom*. Se deixam de merecer a confiança do acionista controlador, são obrigados a entregar o cargo. Juridicamente, contudo, respondem pelos atos praticados no exercício do cargo. No caso de falência da companhia, recebem a designação de *laranjas*. Também não é necessário que o acionista controlador seja o titular da maioria das ações; pode acertar diversas fórmulas que lhe propiciem o poder de controle, ainda que seja um acionista minoritário.

Como age através de seus prepostos, é preciso responsabilizá-lo por determinados atos, tarefa difícil, mormente se a S/A tiver sugestivo número de ações ao portador. O art. 137 prevê a responsabilidade do acionista controlador por danos que causar à companhia se abusar de seus poderes, e, em seguida, relaciona diversos atos praticados com abuso de poder. Tratam-se, porém, de atos efetivamente praticados pelo acionista controlador, mas não os atos praticados por seus *testas-de-ferro*. Se não bastasse a dificuldade em identificar o acionista controlador, ao revés, sobram facilidades para a defesa do responsável. Por exemplo, a alínea *d* aponta a eleição, pelo acionista controlador, de administrador ou membro do conselho fiscal que sabe ser inapto moral ou tecnicamente. Caberá no caso a comprovação efetiva de que o acionista controlador usou seus poderes para eleger esse administrador, se ele tinha plena ciência de que o administrador carecia de formação moral e técnica para o cargo e, ainda, até que ponto se comprova essa inaptidão.

Dizemos difícil, mas não impossível e a Lei das S/A se houve bem na sua previsão. Destarte, um acionista controlador detém 70% do capital votante; apresenta numa assembléia o nome de um seu velho conhecido para o conselho de administração; esse candidato era um feirante semi-analfabeto e fora condenado por vários crimes. Um fato dessa natureza não deve ser previsto facilmente; o acionista controlador, pela própria condição, presume-se um empresário de tirocínio e de experiência, mormente se for dotado de malícia e má-fé. Não se pode esperar que venha a cometer tantos deslizes, mesmo porque os prejuízos de medida semelhante poderiam vir em seu detrimento.

Na hermenêutica do art. 116, em seu *caput*, duas alíneas e parágrafo único, é possível estabelecer um conceito bem estável de acionista controlador. Pode ser pessoa natural ou jurídica, como uma *holding*. É a pessoa que por vários artifícios consegue impor suas diretrizes às diretrizes da companhia, graças à manipulação da maioria de votos na assembléia geral. Nas decisões da assembléia geral, 50% ou mais dos votos seguirão o voto do acionista controlador, de tal maneira que impera sua vontade. É possível que um só acionista seja detentor de mais da metade das ações, condição que lhe garante vitórias em qualquer votação. Não é necessário que isso aconteça para que possa um acionista exercer o controle da S/A; é possível que ações estejam em mãos de parentes ou subservientes, cujo voto segue a diretriz do controlador.

Outra característica do acionista controlador é o poder de eleger a maioria dos administradores, apesar de que esse poder também é conseqüência do domínio sobre o voto da maioria das ações. Cuida a alínea *a*, do art. 116, do controle administrativo da companhia, além do controle político. O acionista controlador na atividade empresarial, como a produção e distribuição de produtos, graças a administradores de sua confiança e orientação. Referimo-nos à expressão *atividade empresarial* como um conjunto de *atos de comércio*, logicamente encadeados, com vista a um determinado objeto, ou seja, o objeto social da companhia. Todavia, não revela importância o fato de haver um acionista dominante nas decisões; exige a alínea *b* que ele realmente utilize seu poder de mando, que exerça efetiva influência no comportamento da companhia, que seja causa das atividades sociais.

O acionista controlador pode ser individual ou coletivo. A lei confere esse *status* a um grupo de acionistas que participem de *acordo de acionistas*, fenômeno societário que estará exposto no item seguinte deste trabalho. Desde que um grupo de acionistas, reunindo maioria de votos para determinadas decisões, adquiram força para dominar o comportamento da companhia, transforma-se num acionista controlador, muitas vezes não tendo um líder, mas o próprio acordo prevê decisões grupais.

Nada obsta que haja um acionista controlador e é natural que assim aconteça. Contudo, investido desses poderes, deverá ele responder pessoalmente pelos atos da Cia. É uma atenuada aplicação da já estudada teoria da *disregard*, pois rompe brecha na distinção da personalidade jurídica da companhia e das pessoas que a compõem. Rompe brecha também na característica importante da S/A, de que a responsabilidade do acionista fica limitada ao capital com que contribuiu; a responsabilidade do acionista controlador vai além, porquanto ele não se responsabiliza apenas por seus atos pessoais, mas pelos atos que a companhia praticar por influência dele. Por essa razão, a lei procura limitar o uso do poder de controle, no § único do art. 166, canalizando-se apenas para assegurar à companhia a consecução de seu objeto social, a segurança e eficácia de suas atividades empresariais, para a correta aplicação de seu estatuto.

Se, entretanto, a companhia desviar-se de seu objeto social, caminhar para a insolvência ou fracasso ou qualquer outro destino pouco louvável graças ao poder do acionista controlador, poderá ele responder pessoalmente pelos atos que ela tiver praticado. Se o acionista controlador ocupar também cargo nos órgãos diretivos da companhia, as responsabilidades de administrador se acumulam com as de acionista controlador. Outros administradores que hajam se comportado ilegalmente, por influência do acionista controlador, responderão solidariamente com ele pelas conseqüências. A lei procurou ser bem precisa quanto ao comportamento inadequado do acionista controlador, ou seja, quanto aos desvios do caminho traçado no parágrafo único do art. 116. Para tanto, o art. 117 elenca sete alíneas, apontando atos que representam desvios. Não se trata de *numerus clausus*; essa lista é apenas exemplificativa e não taxativa, pois haverá outros casos de comportamento inadequado, que possam causar prejuízos à companhia, e, em conseqüência, a outros acionistas ou a terceiros. São atos praticados com abuso de poder de controle, e portanto ilegais.

São modalidades de exercício abusivo de poder, nos termos do § 1º do art. 117:

a) Orientar a companhia para fim estranho ao objeto social ou lesivo ao interesse nacional, ou levá-la a favorecer outra sociedade, brasileira ou estrangeira, em prejuízo da participação dos acionistas minoritários nos lucros ou no acervo da companhia, ou da economia nacional;

b) Promover a liquidação de companhia próspera, ou a transformação, incorporação, fusão ou cisão da companhia, com o fim de obter, para si ou para outrem, vantagem indevida, em prejuízo dos demais acionistas, dos que trabalham na empresa ou dos investidores em valores mobiliários emitidos pela companhia;

c) Promover alteração estatutária, emissão de valores mobiliários ou adoção de políticas ou decisões que não tenham por fim o interesse da companhia e visem a causar prejuízos a acionistas minoritários, aos que trabalham na empresa ou aos investidores em valores mobiliários emitidos pela companhia;

d) Eleger administrador ou fiscal que sabe inapto, moral ou tecnicamente;

e) Induzir, ou tentar induzir, administrador ou fiscal a praticar ato ilegal, ou, descumprindo seus deveres definidos nesta lei e no estatuto, promover, contra o interesse da companhia, sua ratificação pela assembléia geral;

f) Contratar com a companhia, diretamente ou através de outrem, ou de sociedade na qual tenha interesse, em condições de favorecimento ou não eqüitativas;

g) Aprovar ou fazer aprovar contas irregulares de administradores, por favorecimento pessoal, ou deixar de apurar denúncia que saiba ou devesse saber procedente, ou que justifique fundada suspeita de irregularidade.

13.5 Acordo de acionistas

O acordo de acionistas, previsto no art. 118, com seu *caput* e cinco parágrafos, é um ajuste feito entre vários acionistas, que formam um grupo, uma ala dentro da coletividade acionária, sobre determinado assunto. É estabelecido principalmente na venda de ações ou nas votações da assembléia geral. Por exemplo, um acionista celebra acordo com alguns outros, concedendo-lhes prioridade na compra de ações, ou então, vários acionistas celebram acordo para eleger um deles para o Conselho de Administração.

Essa disposição é muito complexa e não tem sido bem recebida no Brasil e várias críticas lhe são feitas, por constituir uma política partidária dentro de uma coletividade. É um contrato visando a interesses dentro da sociedade, importado do direito norte-americano, ao que parece dos institutos do *polling agreement* ou *shareholders agreement* e *volting trust*, largamente utilizados naquele país. Nossa lei o acolheu e o *caput* do art. 118 diz que esse contrato, para ter validade perante a companhia, deverá ser arquivado nela. Deverá ser averbado nos livros de registro e nos certificados das ações para ser oponível a terceiros.

O acordo de acionistas pode ser estabelecido com três finalidades, previstas pela lei: acordo para bloquear compra e venda de ações, de concessão de preferência para a aquisição de ações, e para o exercício do direito de voto. O primeiro deles, acordo sobre a compra e venda de ações, restringe a circulabilidade das ações de acionista participante do acordo, o qual não poderá vendê-las sem a concordância dos demais participantes, durante o prazo do acordo. Se esse acordo estiver averbado nos livros da companhia, esta não poderá registrar a transferência se estiver em divergência com o que foi acordado. O segundo tipo de acordo é o da concessão de preferência a certos acionistas para aquisição de ações, caso o titular delas tencione vender. Averbado esse contrato na companhia, está obrigado o dono dessas ações a oferecer a acionistas do acordo e, se estes não exercerem seu direito de preferência, poderá vendê-las a terceiros. Se a venda for realizada nos termos contrários ao acordo, a companhia não poderá registrar a transferência das ações. Esses dois tipos de acordo são chamados de acordo de bloqueio, visto que acarreta o bloqueio das ações, submetendo sua transferência a condições.

O terceiro tipo de acordo visa a comprometer antecipadamente a forma de votar, em certas assembléias ou em certos casos específicos; é o chamado acordo de voto. É o caso, por exemplo, de um grupo de acionistas estabelecerem um acordo para eleger determinado administrador. A eleição desse administrador não implica em que seja ele irremovível; submete-se ele ao estatuto da empresa, pois o acordo termina com sua eleição. É possível que para garantir e acompanhar esse acordo, as partes escolham um síndico, pois essa prática foi definida por Tullio Ascarelli como um *sindicato de ações*. O § 3º do art. 118 diz que, nas condições previstas no acordo, os acionistas podem promover a execução específica das obrigações assumidas; podem pois apelar para a justiça, visando a compelir o acionista contratante a uma obrigação de fazer, prevista nos arts. 632, 634 e seguintes do Código de Processo Civil.

Há um aspecto do acordo de acionista que será útil lembrar. O art. 116 considera como acionista controlador o *grupo de pessoas vinculadas por acordo de voto*, se, graças ao acordo, esse grupo adquirir poderes para eleger a maioria dos administradores, ou deter a maioria dos votos na assembléia geral. Nesse caso, atingirá esse grupo de acionistas a responsabilidade por danos causados pelos atos que praticar com abuso de poder, expressos no art. 117. Os acionistas participantes do acordo só poderão usar os poderes conseguidos, a fim de levar a companhia ao alcance de seus objetivos sociais.

14. ÓRGÃOS SOCIAIS DA S/A

14.1　Poderes e deveres dos órgãos

14.2　Assembléia geral

14.3　Diretoria

14.4　Conselho de Administração

14.5　Conselho fiscal

14.1 Poderes e deveres dos órgãos

O moderno direito empresarial fundamenta-se principalmente na teoria da empresa, o centro de interesse para o qual as normas jurídicas se dirigem. A empresa, no sentido do art. 2.082 do Código Civil italiano é quem exerce profissionalmente atividade econômica organizada para a produção de bens e de serviços. A sociedade mercantil dá a estrutura jurídica da empresa e também adota, como a empresa, o sentido de organização. Que significado tem a expressão *organizada*, encontrada no art. 2.082 do Código Civil italiano? A questão é bem complexa e diversos elementos formam a organização empresarial. Podemos, sob certos ângulos, dizer que a atividade econômica organizada implica na deliberação, decisão, execução e controle, seguindo esteira de Fayol.

A S/A, como empresa destinada a grandes empreendimentos e complexas atividades, só agirá com segurança se for cientificamente organizada. Organização significa também divisão e oposição de poderes, divisão esta distribuída em vários órgãos sociais. Na S/A cada órgão social tem um determinado tipo de poderes e cada um cumpre sua funções na organização societária. São quatro os órgãos previstos pela lei para a divisão dos poderes na companhia: assembléia geral, conselho de administração, diretoria e conselho fiscal. A assembléia geral representa o poder deliberativo e das decisões básicas; o conselho de administração é órgão misto de deliberação, planejamento e orientação; a diretoria é órgão de ação, de representação da sociedade perante a comunidade, do exercício das atividades operacionais; o conselho fiscal é órgão de controle.

Esses órgãos são independentes e de funções geralmente privativas, proibindo o art. 139 que as atribuições e poderes conferidos por lei aos órgãos de administração possam ser outorgados a outro órgão, criado por lei ou pelo estatuto. Consideram-se propriamente como administradores da companhia os membros do conselho de administração e da diretoria. Os membros do conselho fiscal não podem ser considerados administradores, mas equiparam-se a estes sob vários aspectos: têm direito a uma remuneração e deveres e responsabilidade análogos. Os acionistas também não podem ser considerados administradores, pois não exercem a administração, embora devam com ela colaborar e fazer julgamento dela. Pode-se dizer que a assembléia geral seja um órgão político e o conselho fiscal um órgão técnico, enquanto os órgãos verdadeiramente administradores sejam o Conselho de Administração e a Diretoria.

A Lei da S/A traça para todos os órgãos as funções básicas, os poderes, as obrigações e as responsabilidades, embora haja muitos deveres comuns. Os principais deles são éticos, pois que sobre eles repousam os demais deveres. Impõe-se que os administradores sejam diligentes no exercício de suas funções (art. 153). Essa diligência implica em que ele aja com cuidado ativo, interesse e presteza; empregue os esforços e meios necessários à consecução do objeto social da companhia, satisfazendo ainda às exigências do bem comum. Deve o administrador ter em sua consciência os princípios do homem probo, expressos na máxima de Ulpiano: "*Honeste vivere, neminem laedere, suum cuique tribuere*".

O segundo dever, de caráter ético, expresso no art. 154, é o de utilizar os poderes, que lhe são outorgados, de forma equilibrada e na observância deles. Aplica-se-lhe a teoria da *ultra vires societatis*, dispondo que a capacidade da companhia está circunscrita ao seu objeto social. Representam desvio do objeto e afrontam o princípio da *ultra vires societatis* atos como a companhia dar aval a um título de crédito de outra empresa, descontar duplicata de outra empresa, emprestar ou tomar emprestados bens, por influência de seu administrador. Exorbitou-se o administrador de seu poderes e exorbitou-se a companhia de sua capacidade. São atos de liberalidade à custa da companhia, praticados por influência do administrador, vedados pela lei.

O dever de lealdade à companhia, aos acionistas e aos investidores, previsto no art. 155, impõe aos administradores a observação do sigilo sobre as operações empresariais e sobre a política societária. São atos desleais e passíveis de responsabilidade o administrador aproveitar-se de oportunidades de negócios proporcionadas pela companhia, tornando-se assim sócio da empresa que administra. Ou então, sabendo das intenções da companhia na emissão de valores mobiliários cuja flutuação de preço o administrador prevê, graças ao cargo que ocupa. Torna-se ele um *insider trading*. Às vezes, o administrador não usa a diligência exigida, omitindo-se ou deixando de atuar, acarretando à companhia a perda de transações úteis, como, por exemplo, participar de uma concorrência.

Enquanto o art. 155 impõe o sigilo de certas informações, o art. 157 impõe o rompimento do sigilo em outras. É o dever de revelar fatos que deixam transparecer a segurança e a lisura do comportamento da companhia, que valorizam os valores mobiliários de sua emissão no mercado de capitais. Esse processo de fornecimento de informações é também oriundo do direito norte-americano, com o instituto da *disclosure*. Por isso, o administrador, ao assistir ao termo de sua posse, deve declarar os valores mobiliários que ele possui da companhia e suas relações contratuais com ela, como os benefícios e vantagens que esteja recebendo. Deve ser definido, às claras, o relacionamento entre a companhia e seus administradores.

14.2 Assembléia Geral

A assembléia geral é o órgão mais soberano da companhia, pois suas decisões não são submetidas à apreciação dos demais órgãos; ao revés, os demais órgãos estão sob a apreciação dela. É a reunião dos acionistas que tenham direito a voto, quando poderão eles exercer poderes mais sugestivos, graças ao seu poder de voto. Entre os direitos primordiais do acionista está o de participar da assembléia geral e nela votar e ser votado; a cada ordinária corresponde um voto nas deliberações da assembléia geral, segundo o art. 110. Somente os titulares de ações nominativas, endossáveis e escriturais poderão exercer o direito de voto; é possível porém que os titulares de ações preferenciais também possam ter o mesmo direito, se o estatuto assim prescrever. As funções da assembléia geral estão regulamentadas nos arts. 121 a 137, devendo ser convocada e instalada de acordo com o estatuto.

Tem ela poderes para decidir todos os negócios relativos ao objeto da companhia e todas as resoluções que julgar conveniente à sua defesa e desenvolvimento. Há poderes que são exclusivos dela; compete-lhe privativamente reformar o estatuto, eleger ou destituir os administradores, examinar e deliberar sobre a prestação de contas da administração, autorizar a emissão de debêntures e partes beneficiárias e outras funções. Se a administração for pedir concordata ou confessar falência, só poderá fazê-lo com a aprovação da assembléia geral. Igualmente se promover a transformação da S/A em outro tipo societário, fusão com outra sociedade, incorporação ou cisão da companhia.

Há dois tipos de assembléia geral: a ordinária e a extraordinária. A ordinária realiza-se anualmente, após o término do exercício social, realizando-se no prazo de quatro meses após esse término. A AGO examinará o relatório das atividades operacionais da companhia, apresentado pelos administradores, as demonstrações financeiras e demais documentos sobre a administração do exercício social. Cabe-lhe aprovar ou reprovar as contas apresentadas. Decide sobre a aplicação dos lucros líquidos do exercício: quanto será distribuído aos acionistas e o que irá para reserva. Quando for a ocasião, elege os membros do conselho fiscal. A matéria examinada pela AGO é prevista em quatro incisos do art. 132. Para que os acionistas possam conhecer a matéria a ser discutida na AGO, os administradores deverão lhes comunicar, com prazo mínimo de um mês da realização da assembléia, que os documentos estão à disposição dos acionistas para exame.

As questões *ordinárias*, da competência da AGO, são as regulares e costumeiras, que forçosamente ocorrem no exercício; são elas previstas no art. 132. Ocorrem entretanto certas questões *extraordinárias*, ou seja, imprevistas e excepcionais, como é o caso de reforma de estatuto, emissão de debêntures ou partes beneficiárias, aumento de capital, incorporação ou fusão da companhia ou sua dissolução, mudança do objeto social, alteração do dividendo obrigatório, e outras mais. A votação da assembléia geral extraordinária apresenta algumas variações em relação ao sistema da assembléia geral ordinária, tendo em vista que as questões da assembléia geral extraordinária não são de rotina, mas representam muitas vezes mudanças na estrutura da companhia. Assim, as decisões da assembléia geral ordinária se fazem pela maioria absoluta dos votos, mas da assembléia geral extraordinária é adotado, para questões de relevância, o critério da metade das ações com direito a "voto", ou seja, não são os votos presentes à assembléia, mas a metade do capital com direito a voto.

14.3 Diretoria

A Diretoria é órgão executivo; nela está a gerência da empresa. Os diretores acionam as atividades operacionais, com a administração direta os negócios sociais. São eles eleitos pelo Conselho de administração e devem ser pessoas naturais. Uma pessoa jurídica pode ser acionista, mas não pode fazer parte dela. É possível, entretanto, que uma pessoa natural, componente de uma pessoa jurídica, seja eleita, porquanto não há necessidade de o diretor ser acionista. O diretor deve residir no Brasil.

Os diretores representam a companhia perante a comunidade; assumem obrigações e assinam por ela. Por isso, a eleição dos diretores deverá ser feita em reunião do conselho de administração, da qual se lavrará ata; esta deverá conter o nome completo e a qualificação dos diretores. A ata deverá ser registrada na Junta Comercial, e, após esse registro, a companhia regularizará a situação dos novos representantes legais junto aos bancos, órgãos públicos e demais entidades com que se relaciona. O número de diretores é fixado no estatuto, devendo haver no mínimo dois, com prazo de gestão fixado no estatuto, o qual não será superior a três anos.

Consoante o que fora analisado, é possível que uma companhia não tenha conselho de administração, mas sempre terá diretoria. Se houver conselho de administração, este deverá eleger ou destituir os diretores; a diretoria é portanto um órgão ligado a ele. Se não houver conselho de administração, os diretores serão eleitos ou destituídos diretamente pela assembléia geral; serão os diretores subordinados então a ela. Como é permitida reeleição dos diretores, estes deverão fazer jus à confiança que lhes fora depositada.

14.4 Conselho de administração

O poder executivo na S/A brasileira baseia-se em dois critérios: o unitário e o binário. As companhias que adotam o sistema unitário tem um só órgão executivo: a diretoria. As que adotam o sistema binário adotam dois órgãos: o conselho de administração e a diretoria. As companhias abertas e as de capital autorizado terão, obrigatoriamente, os dois órgãos. As companhias fechadas poderão adotar o sistema binário, se assim dispuserem no estatuto. Assim sendo, a administração da companhia competirá, conforme dispuser o estatuto, ao conselho de administração e à diretoria, ou somente à diretoria (art. 138).

O conselho de administração é um órgão executivo, mas com alguma conotação política, tanto que são eleitos pelos acionistas e só pode fazer parte dele quem seja acionista. O número de conselheiros será fixado pelo estatuto, com o mínimo de três, eleitos pela assembléia geral, com prazo de gestão inferior a três anos. É órgão de deliberação colegiada, ou seja, as decisões são tomadas por votação; por isso deverá ter número ímpar de membros. As atas das reuniões do conselho de administração devem ser registradas no livro próprio e na Junta Comercial.

A principal função do conselho de administração é a de fixar a orientação geral dos negócios da companhia e exercer supervisão sobre a diretoria. Elege e destitui os diretores, fiscaliza a atuação deles, examinando e aprovando as contas e o relatório da administração e os contratos mais importantes. Delibera sobre a emissão de ações ou de bônus de subscrição.

14.5 Conselho Fiscal

O conselho fiscal é um órgão de fiscalização, por conseguinte de controle, principalmente dos autos da diretoria sob o aspecto legal, fiscal e contábil. É um órgão de controle, como o conselho de administração, mas com funções mais restritas ao aspecto acima referido. Às vezes exerce seu poder de controle em conexão com o conselho de administração, elaborando pareceres que serão submetidos ao conselho de administração e tomará as medidas necessárias. Seus membros são eleitos pela assembléia geral, em número de três e máximo de cinco; estabelece-se assim a independência desse órgão face à diretoria e ao conselho de administração. Da mesma forma dos diretores, os membros do conselho fiscal devem ser pessoas naturais e residentes no Brasil.

Como exercem funções de análise crítica das operações sociais, há necessidade de que possuam nível intelectual ou experiência empresarial. Por essa razão, a lei exige deles diploma universitário, ou que tenham já exercido cargo de administrador de empresas. Não podem ser empregados da companhia, pois não teriam independência; igualmente parentes de algum administrador. Na assembléia geral, quando forem julgadas as contas da administração, com o parecer do conselho fiscal, deverá comparecer a ela um representante do conselho fiscal, a fim de prestar esclarecimento sobre o parecer. O exame das funções e competência do conselho fiscal, previstas no art. 163, nos fará imaginar o grau de discernimento que deverá ser exigido do conselheiro fiscal.

As funções que competem ao conselho fiscal são bem amplas e foram descritas pelo art. 163, em oito incisos e sete parágrafos. Seu escopo primordial é o de fiscalizar a administração da companhia e se os administradores estão cumprindo fielmente seus deveres. Caso note alguma irregularidade, deverá o conselho fiscal apontá-la aos órgãos de administração e pedir sua correção. Se não for atendido, poderá convocar a assembléia geral para expor a questão. O relatório anual da administração, as demonstrações financeiras e outros documentos importantes a serem apresentados à assembléia geral, passarão antes pelo crivo do conselho fiscal, que dará parecer sobre eles, incorporando-se parecer à documentação entregue à assembléia.

15. LIVROS SOCIETÁRIOS

Livros societários

Nosso Código Civil previu alguns livros contábeis nos arts. 1179 e seguintes, como também estabeleceu outros livros e disposições sobre eles, em diversos outros artigos. Algumas leis esparsas também instituíram livros especiais, como fez a Lei das Duplicatas, instituindo o *Livro de Registro de Duplicatas*. Livros há que são obrigatórios pela lei e outros são adotados facultativamente pelas empresas. Assim, o art. 1180 do Código Civil impõe a manutenção do livro *Diário*, mas as empresas adotam também o *Razão*, pois ambos são imprescindíveis para uma boa escrituração. Quando se fala de livros contábeis, fiscais ou outros livros societários, não significa que eles tenham o formato de um tomo. O desenvolvimento da ciência da administração e da informática criaram certos sistemas de registro, havendo computadores que escrituram mecanicamente em fichas e fitas, com maior clareza, perfeição e racionalidade.

Todavia, a Lei das S/A estabeleceu um complexo de vários livros, obrigatórios à S/A, que o art. 100 chama de *livros sociais*, em oito incisos, somando ao todo 13 livros. Os livros referidos nos incisos I e IV são registros de propriedade referente aos valores mobiliários emitidos pela companhia. Têm caráter público, pois são exibidos inclusive ao público interessado na aquisição desses valores mobiliários. Os livros previstos nos incisos V a VIII são livros de registro de atas dos órgãos sociais, pareceres, presença de acionistas. Registram as decisões e demais fatos da administração da companhia. Têm caráter confidencial e de utilização interna. Para melhor compreensão deles é bom fazer um breve comentário de cada um.

A) livros de registro de valores mobiliários:

1 – Registro de ações nominativas.

Este livro revela a propriedade das ações nominativas da companhia, já que as ações ao portador dispensam registro, em vista de poderem circular por simples tradição. Por ele, pode-se saber quem são os proprietários das ações e os pagamentos para a integralização delas. Registram-se também as transferências delas.

2 – Transferência de ações nominativas.

Registra as mutações na propriedade das ações transferidas de um para outro. Conforme fora visto, quem quiser transferir uma ação deverá fazer a transferência neste livro; é por ele que se faz a transferência das ações nominativas, devendo ser lavrado termo no livro, assinado tanto pelo cedente como pelo cessionário.

3 – Registro de ações endossáveis.

São registradas neste livro as ações endossáveis, com o nome do respectivo proprietário, de tal maneira que se poderá saber quem seja o proprietário das ações desse tipo. A esse respeito, é bom citar o art. 32, dispondo que a propriedade das ações endossáveis presume-se pela posse do título representativo dessas ações, com base em série regular de endossos. O exercício de direitos perante a companhia, porém, requer a averbação do nome do acionista no livro *Registro de Ações Endossáveis*. Assim sendo, o cessionário, isto é, o novo proprietário das ações, ao receber o título endossado, deverá averbá-lo na companhia.

4 – Registro de partes beneficiárias.
5 – Transferência de partes beneficiárias nominativas.
6 – Registro de partes beneficiárias endossáveis.
7 – Registro de debêntures endossáveis.
8 – Registro de bônus de subscrição.

Nesses livros se faz o registro dos respectivos valores mobiliários e a transferência é neles averbada. A transferência de partes beneficiárias nominativas se fez no livro respectivo.

B) Livro de atos sociais:

1 – Atas das assembléias gerais.

Ata é o relato dos fatos ocorridos em uma reunião, como as propostas dos membros, comunicações e decisões. Os acionistas devem se reunir obrigatoriamente uma vez por ano, mas podem se reunir quantas vezes quanto se tornarem necessárias. Dessas reuniões lavra-se a ata, que será registrada em livro próprio. A maioria das atas deverá ser publicada e registrada na Junta Comercial.

2 – Presença de acionistas.

Os acionistas que comparecerem a uma reunião devem assinar a presença nesse livro, para terem direito a voto. Devem assinar todos os acionistas presentes, independente do tipo de ações que possuírem.

3 – Atas das reuniões do conselho de administração.
4 – Atas das reuniões da diretoria.
5 – Atas e pareceres do conselho fiscal.

Cada um desses órgãos realiza reuniões, registradas no respectivo livro de atas. Conforme o nome indica, são registrados no livro próprio os pareceres do conselho fiscal.

16. MODIFICAÇÕES DO CAPITAL SOCIAL

16.1 Aumento e redução de capital

16.2 Bônus de subscrição e opções de compra

16.1 Aumento e redução de capital

A companhia é um organismo vivo em evolução; apresenta em sua existência, sob vários aspectos, mutações íntimas que a fazem acompanhar as mutações da economia. Entre as transformações por que passa, figuram as do capital; se evolui, necessita de aumentá-lo para novos investimentos; se involui, precisa de uma redução no capital. Anualmente o capital deve ser modificado, corrigindo-se seu valor, devido à desvalorização da moeda. Se não aplicada a ele a correção monetária, ficará distorcido seu valor, dando uma visão errônea do patrimônio da companhia. Por essa razão, a atualização do valor do capital pela correção monetária já fora prevista no parágrafo único do artigo 5º e regulada pelos arts. 166-I e 167. O valor das ações aumenta então, em decorrência do aumento do capital, embora sem a entrada de dinheiro.

É possível entretanto que o capital seja aumentado para a entrada de dinheiro, aumentando-se o número de ações. Neste caso, deverá o aumento ser decidido pela assembléia geral, visto que há reforma do estatuto. Emitem-se novas ações, que são colocadas à venda. Conforme fora examinando, um dos direitos dos acionistas é o de preferência para a aquisição de novas ações, na proporção do número de ações que possuir. Assim, se a companhia dobrar seu capital e todos os acionistas exercerem seu ingresso, não haverá ingresso de novos acionistas no quadro acionário. O prazo para o exercício do direito de preferência é fixado no estatuto ou pela assembléia geral, não podendo ser inferior a 30 dias.

Forma tradicional e muito comum de aumento de capital é a da incorporação de lucros suspensos. Do lucro líquido obtido em cada exercício, após distribuído o dividendo obrigatório, a companhia poderá deixar parte desse lucro como reserva para futuro aumento de capital. Poderá ser a sobra de um exercício fiscal ou de vários exercícios; quando houver uma importância apreciável, a companhia poderá incorporar essa importância ao capital, optando por uma entre duas fórmulas. A primeira será aumentando o valor nominal de cada ação, conservando o mesmo número de ações; a segunda aumentando o número de ações, conservando o valor nominal de cada ação.

16.2 Bônus de subscrição e opções de compra

Bônus de subscrição são títulos emitidos por uma S/A, dando aos favorecidos deles o direito de subscrever ações. Têm eles alguma semelhança com as debêntures, que também concedem esse privilégio aos beneficiários delas. São títulos negociáveis, ao portador ou nominal endossáveis, emitidos só no limite do capital autorizado no estatuto. Quando houver aumento de capital autorizado, o portador do bônus de subscrição poderá apresentá-lo à companhia e terá preferência na aquisição de novas ações, num determinado prazo. Quando esse título for emitido pela companhia, deverá ela fazer constar o prazo para o exercício da preferência e o valor pelo qual as ações serão adquiridas.

A emissão dos bônus de subscrição pode ser feita por decisão do conselho de administração, se assim dispuser o estatuto; se não lhe for atribuída essa competência, será por deliberação da assembléia geral. É uma das vantagens concedidas aos acionistas, por uma companhia de capital autorizado. Por exemplo: quem adquire ações ou debêntures de uma companhia, pode receber bônus de subscrição como vantagem adicional, podendo subscrever ações do novo capital autorizado pela assembléia geral. Se não quiser auferir essa vantagem, pode transferir o título a terceiro. É instituto também oriundo do direito norte-americano, do *stock purchase warrants*.

Sendo um título de valor líquido e certo, endossável e formal, muitos o consideram um título de crédito, embora não represente um valor em dinheiro, mas um direito de preferência. Os requisitos desse título estão expressos no art. 79: deverão nele constar a denominação *bônus de subscrição*, a data da emissão, a assinatura de dois diretores da companhia, o número de ordem do certificado, a cláusula *ao portador* ou o nome do beneficiário. Importante declaração no título é a do prazo para o exercício da preferência. Deve constar ainda o número, a espécie e a classe das ações que poderão ser subscritas, o preço da emissão ou os critérios para sua determinação. Por exemplo, a preferência pode ser dada para a subscrição de determinado número de ações ordinárias ou preferenciais.

Outro tipo de preferência é o da proporcionada pela *opção de compra* de ações, com efeitos semelhantes aos dos bônus de subscrição. Ocorre no caso de acordo de acionistas, ou quando a própria companhia concede o poder de opção. Constitui ainda um privilégio a faculdade dos portadores de debêntures e partes beneficiárias em transformar esses títulos em ações.

17. LUCROS SOCIAIS E SUA DISTRIBUIÇÃO

14. LUCROS SOCIAIS E SUA DISTRIBUIÇÃO

Lucros sociais e sua distribuição

Do dinheiro arrecadado, deduzidas todas as obrigações e não restando mais nada a pagar, sobra um resíduo, denominado lucro líquido. Esse remanescente do resultado do exercício pertence aos acionistas e estes devem deliberar o que fazer dele. A distribuição dos lucros sociais processa-se normalmente com o que dispõe o estatuto. Se o estatuto for omisso nesse sentido, os acionistas deliberarão o destino do lucro líquido em assembléia geral. Todavia, a distribuição está condicionada a algumas disposições legais.

Parte do lucro líquido deve remunerar o acionista pelo investimento feito, fazendo-lhe um pagamento proporcional ao número de ações. Esse pagamento é chamado de dividendo, ou seja, a parcela de lucro correspondente a cada ação. A porcentagem do dividendo deve constar no estatuto, mas se não constar, a assembléia geral decidirá qual seja. A lei impõe, porém, que a metade do lucro líquido, menos as reservas obrigatórias, seja distribuído como dividendo. Se a assembléia geral decidir alterar o dividendo obrigatório, este não poderá ser inferior a 25% do lucro líquido, menos as reservas obrigatórias.

Contudo, nem todo o lucro líquido deve ser distribuído, sobrando dele uma parte que ficará retida como reserva. Existe a reserva legal, qual seja, a determinada pela lei e a reserva estatutária, por constar no estatuto. A reserva legal é uma previsão que a companhia faz para defender o capital, assegurando sua integridade. Fica ela em suspenso, amparando o capital; se num exercício a companhia tiver prejuízo, este será coberto pela reserva legal, sem atingir a integridade do capital. Irá para a reserva legal, a percentagem de 5% do lucro líquido, no mínimo; se o lucro do exercício proporcionar mais do que o dividendo obrigatório, poderá ir para a reserva legal 20% (art. 193).

O art. 194 faculta à companhia a criação da reserva estatutária, ou seja, prevista pelo estatuto. Procura entretanto a lei limitar essa faculdade, a fim de não prejudicar os acionistas minoritários, com a restrição ao lucro de suas ações. Assim, a reserva estatutária só pode ser feita após a previsão do pagamento do dividendo obrigatório. Além disso, a formação de reservas estatutárias deve obedecer a certas condições: deve indicar de maneira completa, clara e precisa sua finalidade; o estatuto deve ainda fixar os critérios para determinar a parcela anual dos lucros líquidos que serão destinados à constituição das reservas estatutárias e o limite máximo delas.

Outras reservas previstas pela lei, no art. 195, são as reservas de contingências. Essas reservas destinam-se a compensar prejuízos, em exercício futuro, ou à diminuição do lucro normal. Essa quebra nos lucros deve ser, todavia, prevista e calculada, tanto que ela terá um valor. Trata-se de medida de previsão e prudência, evitando que a companhia seja pega de surpresa por fatos anteriormente previstos.

18. DEMONSTRAÇÕES FINANCEIRAS

18.1 Conceito e objetivos

18.2 Balanço patrimonial

18.3 Demonstração de lucros e prejuízos acumulados

18.4 Demonstração do resultado do exercício

18.5 Demonstração das origens e aplicação de recursos

18.1 Conceito e objetivos

Nas sociedades mercantis de pessoas impõe-se anualmente a elaboração do balanço, nos termos do art. 1180 de nosso Código Civil. Nas S/A. é exigida a elaboração de *demonstrações financeiras*. Essas demonstrações financeiras são fechadas ao fim do exercício social, com duração de um ano. O exercício social geralmente corresponde ao ano civil, isto é, de 1 janeiro a 31 de dezembro. Essa observação é porém facultativa; a companhia pode adotar no estatuto outra data. Há muitas companhias com exercício social adotado de 1 de julho a 30 de junho. O exercício social é o período de administração estabelecido, no qual a sociedade desenvolve suas atividades empresariais, em cujo final será feito um levantamento de suas atividades, nos termos da lei. Esse levantamento tem o fim de averiguar seus resultados, se deu lucros ou prejuízos, os reflexos das atividades no parâmetro social, os impostos a recolher e demais aspectos contábeis da companhia.

Não nos parece muito adequada a expressão *demonstrações financeiras*, pois é tradicional em nosso país a denominação de *balanço*. O balanço atual de uma S/A é constituído de várias peças, indicadas no art. 176 da Lei das S/A. É patente a influência norte-americana na atual Lei das S/A. Foi feita então uma tradução muito servil do termo *financial statement* (balanço financeiro). O balanço é entretanto uma demonstração contábil e não financeira. Essas demonstrações financeiras devem ser publicadas no Diário Oficial e em jornal de livre circulação. É uma das razões por que a S/A é um tipo de sociedade adaptável às grandes organizações, pois é custosa sua manutenção.

A moderna contabilidade vem distinguindo dois grandes campos, dependendo do interesse daqueles que a examinam. A primeira ênfase é a da *Contabilidade Gerencial*, por ser de maior interesse dos administradores-gerentes de uma sociedade mercantil. Visa ela a revelar principalmente os valores a pagar e os a receber, o nível das despesas e das receitas, dando aos que exercem a gerência de uma companhia os instrumentos de trabalho, a fim de que possam administrá-la. Como os administradores tomam as decisões pela companhia, precisam eles de conhecer as disponibilidades para investimentos, as necessidades de dinheiro ou de crédito e o fluxo contínuo da gestão financeira da companhia. Na Contabilidade Gerencial integra-se ainda a Contabilidade de Custos, os planejamentos financeiros e outros planos de gestão.

Há outro ramo da contabilidade, com ênfase bem diferente. É a Contabilidade Financeira, cujos documentos básicos são os quatro tipos de balanços apontados no art. 185. Ela se destina a revelar a situação econômico-financeira da S/A, a rentabilidade e a segurança de seus valores mobiliários. Os interesses maiores da Contabilidade Financeira não estão na companhia, mas fora dela; suas revelações despertam mais a atenção dos investidores, dos potenciais acionistas, da Bolsa de Valores Mobiliários, das sociedades corretoras e distribuidoras de valores mobiliários. A Contabilidade Financeira é a que interessa ao nosso estudo; é a ela que se refere a Lei das S/A. Nota-se claramente a grande preocupação legal em fazer com que o público conheça esses pormenores. As demonstrações financeiras exigidas pela Lei das S/A dão nitidamente esse sentido. Ao que parece, é por esse motivo que os balanços são chamados de demonstrações financeiras e não contábeis. O art. 176 obriga à elaboração de quatro demonstrações financeiras:

1 – Balanço patrimonial;
2 – Demonstração dos lucros ou prejuízos acumulados;
3 – Demonstração do resultado do exercício;
4 – Demonstração das origens e aplicações de recursos.

18.2 Balanço patrimonial

O balanço patrimonial pode ser considerado como a principal demonstração financeira de uma S/A, pois é quem reflete a real situação econômico-financeira dela, num determinado momento. As realidades básicas do balanço patrimonial são o Ativo, o Passivo e o Patrimônio Líquido. Graças ao balanço patrimonial, podemos conhecer o patrimônio da companhia: quanto dinheiro tem ela em mãos e em bancos e quanto terá a receber a curto e longo prazo, quanto terá de pagar e demais elementos do patrimônio. As bases da escrituração do balanço patrimonial estão definidas nos arts. 178 a 185. É ele apresentado em dois quadros: o da esquerda traz os elementos do Ativo; o quadro da direita traz o Passivo. para melhorar a compreensão dessa demonstração financeira é conveniente ter sempre à mão um balanço patrimonial publicado, o que acontece quase que diariamente no Diário Oficial e nos jornais, pelo menos em São Paulo e no Rio de Janeiro.

O Ativo retrata os critérios da companhia, ou seja, o que ela possui como sua e possa ser transformado em dinheiro, bem como os créditos que tem ela a receber. São portanto bens e direitos com seu valor indicado em moeda nacional. As contas são apresentadas em ordem decrescente de grau de liquidez, ou seja, de acordo com a maior facilidade de ficar a companhia com dinheiro à mão. Por exemplo: dinheiro em caixa e em bancos tem maior liquidez, pois fica à disposição imediata da companhia; já duplicatas a receber têm menor liquidez, pois exigem um tempo maior para serem transformadas em dinheiro à mão da companhia.

Observando assim esse critério, no ativo aparece em primeiro lugar o Ativo Circulante, constituído de dinheiro em caixa e em bancos, duplicatas a receber, mercadorias em estoque, matéria-prima e outros créditos de maior mobilidade e a curto prazo. Em seguida aparecem créditos que poderão ser transformados em dinheiro só a prazo maior, como 6, 9 ou 12 meses. São incluídos no item *Ativo Realizável a Longo Prazo*. O terceiro item é o *Ativo Permanente*; trata-se de dinheiro aplicado de tal maneira fixa que dificilmente pode ser transformado em dinheiro à mão. É o caso do Ativo Imobilizado, em terrenos, construções e equipamentos, bem como ações de outras companhias.

Ao lado direito do balanço patrimonial são lançadas as contas do Passivo, ou seja, as obrigações que a companhia terá de cumprir. O item primeiro é o Passivo Circulante, constituído das obrigações mais urgentes, como duplicatas e contas a pagar. Depois vem o Passivo Exigível a Longo Prazo, ou seja, obrigações a cumprir a prazo maior. No Passivo é também lançado o Patrimônio Líquido, que é a diferença entre o valor do Ativo e do Passivo de uma companhia, em dado momento. Por exemplo: o Ativo atingiu a R$ 20.000,00 e o Passivo a R$ 15.000,00; a diferença de R$ 5.000,00 é o Patrimônio Líquido. Vários componentes possui o Patrimônio Líquido: o Capital Social, os Lucros Suspensos, as diversas espécies de reserva. Não deixam de ser débitos da companhia, pois um dia terá de pagá-los aos acionistas, embora só em caso excepcional, como na sua extinção.

18.3 Demonstração de lucros ou prejuízos acumulados

Esse documento é uma correlação entre os balanços da companhia, indicando despesas e receitas do último exercício e do exercício anterior. Apresenta o saldo dessa conta no início do exercício, com o devido ajuste, e o saldo final. Os lucros acumulados desde o exercício anterior são de grande interesse para os investidores, pois eles poderão ser incorporados nas ações, valorizando-as.

18.4 Demonstração do resultado do exercício

Essa demonstração revela a lucratividade da companhia num determinado exercício. Quanto ela arrecadou, quanto gastou e a diferença entre a receita e a despesa. Deve demonstrar ainda a distribuição do resultado: se houve lucro, para quem foi distribuído; se houve prejuízo, como foi ele coberto. Se o balanço patrimonial é a demonstração do Ativo e do Passivo, a demonstração do resultado do exercício é a demonstração da receita e da despesa.

A receita é a entrada de valores para o patrimônio da companhia, sob a forma de dinheiro ou direitos a receber, correspondente, normalmente, à venda de mercadorias ou à prestação de serviços. A receita implica pois num aumento do patrimônio líquido. Por outro lado, a despesa é o conjunto de gastos em bens ou serviços, para aumentar a receita. Constitui-se normalmente de compra de matérias-primas, salários, impostos. A despesa provoca a diminuição do patrimônio líquido.

O resultado do exercício é a diferença entre ambas: se a receita for superior à despesa, haverá lucro; se a despesa superar a receita, haverá prejuízo. Assim sendo, a demonstração do resultado do exercício aponta as variações do patrimônio líquido. Ela traz a relação das receitas arrecadadas, classificadas dentro de um critério uniforme, como faz também com as despesas pagas, no período do exercício social. O exame dessa demonstração interessa sobremaneira aos acionistas da companhia ou aos potenciais acionistas, ou seja, os investidores. Eles ficam sabendo se a companhia está distribuindo bons dividendos, se as companhias coligadas ou controladas dão a ela bons lucros, se a despesa está aumentando ou diminuindo em relação às vendas, se o exercício deu lucro a ser incorporado à reserva e, em conseqüência, poderá ser distribuído como dividendo.

18.5 Demonstração das origens e aplicações de recursos

É uma repetição do balanço patrimonial; todavia, é elaborada de forma bem mais analítica e simplificada. As contas devem ser classificadas de acordo com plano de contas uniforme. Da mesma forma que o balanço patrimonial, deve trazer as contas do exercício atual e do anterior. É uma versão mais esclarecedora do balanço patrimonial.

19. NEGÓCIOS SOBRE O CONTROLE ACIONÁRIO

19.1 Motivos da regulação

19.2 Alienação do controle de companhia aberta

19.3 Aquisição de controle de sociedade mercantil por companhia aberta

19.4 Oferta pública de controle de companhia aberta

19.1 Motivos da regulação

O poder de controle de uma companhia aberta é um bem intangível, mas *in commercium*. Não é estático porém dinâmico, obedecendo a muitas flutuações. Após o golpe militar de 1964, muitas companhias abertas no Brasil passaram para outras mãos, mormente estrangeiras. Não é bem a companhia que é vendida, mas o seu controle, ou seja, um determinado número de ações, que assegurem ao adquirente delas o poder de eleger os administradores da companhia e ser fator decisivo nas decisões da assembléia geral. É um ato societário, mas cuja figura central não é a companhia, mas seus acionistas controladores.

Nossa lei considera o controle de uma companhia um valor autônomo, independente dos elementos que o compõem. Esse valor jurídico parece ter como titular o acionista controlador, mas nossa lei restringe esse direito, de tal forma que a alienação desse valor não é livre, mas submete-se às prescrições da Lei das S/A, que prevê até sanções. Essas prescrições prevalecem em três casos importantes de negócios sobre o controle acionário: a) quando há alienação do controle de uma companhia aberta; b) quando uma companhia aberta pretende adquirir o controle de outra sociedade mercantil; c) quando houver uma oferta pública de compra de uma companhia aberta.

Os negócios sobre a mudança de controle só exige cuidados especiais quando se tratar de uma companhia aberta. Quando se tratar de companhia fechada, não são afetados os interesses de uma grande coletividade de acionistas. Há uma relativa intimidade e *affectio societatis* entre os acionistas, de tal forma que eles sabem como entender. Por exemplo, que sentido teria a oferta pública de aquisição de ações de uma companhia fechada, cujo capital pertença em 95% a um único acionista controlador? Um potencial adquirente do controle dessa companhia poderá procurar diretamente o seu acionista controlador e fechar o negócio da compra. Os outros 5% dos acionistas poderão enfrentar apenas problemas sem maiores conseqüências, sem necessidade de regulamentação legal.

Ao alienar o controle da companhia, o acionista controlador vende também um bem intangível, incorpóreo e difícil de ser avaliado, que é o aviamento. Quem adquire uma grande empresa, adquire um mercado já conquistado, segredos industriais, como o *Know How*, funcionários treinados e vários outros fatores imateriais. Às vezes, quem faz a oferta pública de aquisição de ações pode ser um *testa-de-ferro* de um grupo concorrente, cujo interesse será o de abolir certa linha de produtos, que faça concorrência ao ofertante. Esse interesse é oculto, secreto e difícil de ser identificado. Esses valores secretos dão à ação um valor bem acima do que é dado pela Bolsa de Valores Mobiliários. É natural que o acionista controlador receba *por fora* essa sobretaxa.

Assim sendo, o controle de uma companhia tem um valor diverso do valor das ações que o asseguram. O instituto procura dar aos acionistas minoritários uma participação nesse valor extra das ações. A tutela legal dos interesses dos mais fracos vigora nessa época em que tanto se condena o poderoso e lança-se sobre o mais fraco um manto de proteção. Todavia, o aviamento é um bem criado e desenvolvido pelo trabalho dos grupos majoritários, pela administração da companhia, enfim é fruto do trabalho e não do capital. A maioria é normalmente um prestador de capital e não de serviços; ela entra com o capital para obter dele dividendos, tanto que a maioria dos acionistas minoritários preferem as ações preferenciais e não as ordinárias.

19.2 Alienação do controle de companhia aberta

Uma companhia pode ser alienada, ou seja, o poder de mando pode ser cedido a outro ou outra sociedade. O poder de controle, exercido pelo acionista controlador, pode ser transferido para outrem como um bem intelectual, integrante do direito da propriedade industrial. Quem adquirir o controle de uma companhia aberta, deve pagar pela aquisição das ações, mas normalmente paga um ágio pelo poder que adquire. Os acionistas minoritários ficam alheios a essa transação, à transformação política da sociedade de que participam, rompendo o equilíbrio de direitos entre os membros da sociedade.

A fim de assegurar tratamento igualitário aos acionistas minoritários, os arts. 254 a 263 regulamentam a transferência do poder de mando em uma S/A. Atribuem ao Conselho Monetário Nacional a competência para estabelecer normas regentes da questão, apesar de que o Banco Central também expeça várias resoluções sobre o mesmo assunto. A alienação do controle de companhia aberta dependerá de prévia autorização da Comissão de Valores Mobiliários. O mesmo tratamento é estendido à S/A que dependa de autorização do governo federal para funcionar, como uma companhia de mineração, banco, companhia de seguros, companhia estrangeira; necessitam de autorização do órgão componente para o registro delas e para aprovar a alteração do seu estatuto (art. 255).

Há duas hipóteses sobre a questão: uma companhia aliena seu poder de controle, submetendo essa transação ao crivo da autoridade competente. Outra hipótese é a de uma companhia que adquire o controle de outra. Embora estejamos aqui examinando o caso de uma companhia que terá seu controle alienado, esta precisará também de observar a validade dos atos da companhia adquirente do controle, a fim de não sofrer possível anulação do ato, por defeitos da compra pela outra parte. Por exemplo: embora o processo de alienação seja feito regularmente pela companhia alienante, os mesmos cuidados legais não foram adotados pela companhia adquirente do controle.

19.3 Aquisição de controle de sociedade mercantil por companhia aberta

Estamos agora a braços com um problema bem diferente; não é uma companhia aberta que se vende, mas compra outra sociedade mercantil. Faz portanto um investimento. O art. 256 refere-se à compra do controle de qualquer sociedade mercantil e não somente de outra S/A. Ao nosso ver, por analogia, estende-se o critério para uma sociedade não mercantil, ou seja, não registrada na Junta Comercial e sim no Cartório de Registro de Títulos e Documentos. A operação não requereria condições especiais se não apresentasse sérias responsabilidades para a sociedade adquirente: se a sociedade mercantil adquirida for de pequeno porte em relação ao capital da adquirente; se as ações da companhia adquirida forem de preço normalmente adotado pela Bolsa de Valores Mobiliários. Não há pois qualquer prejuízo aparente para os acionistas minoritários.

Surge porém a oportunidade da aquisição de outra sociedade mercantil, de qualquer tipo, cuja transação pode afetar os interesses da minoria e o patrimônio social. É o caso em que o valor despendido pela companhia aberta adquirente corresponda a 10% ou mais de seu patrimônio líquido. É considerado um *investimento relevante*, previsto no art. 247. Outro caso ocorre quando o preço da compra, de ações ou de cotas, for de valor discutível. Assim, se o preço das ações adquiridas for uma vez e meia superior ao preço de venda dessas ações na Bolsa de Valores Mobiliários, ou se ultrapassar uma vez e meia o valor do patrimônio líquido da sociedade adquirida, orçado a preço de mercado, merece discussão.

Nesses casos, a aquisição de outra sociedade deve-se revestir de certas formalidades. Os administradores da companhia adquirente devem elaborar uma proposta de compra e submetê-la à deliberação da assembléia geral. Se a compra do controle de outra sociedade for decidida favoravelmente pela assembléia geral, ao preço de mais de uma vez e meia os valores acima referidos, caberá ao acionista dissidente o direito de retirada. Poderá ele deixar a companhia de que faz parte, com o reembolso de suas ações.

19.4 Oferta pública de controle de companhia aberta

A oferta pública de controle é prática permitida pelo art. 257. A oferta deverá ser irretratável e trazer efeitos jurídicos sérios para a ofertante. Para garantir o cumprimento da oferta exige-se a participação de uma instituição financeira, que será a garante das obrigações assumidas pela ofertante. A oferta deverá ser feita para a compra das ações com direito a voto e ações em número tal que assegure à adquirente o controle da companhia da qual se tornar acionista. Não terá qualquer sentido a oferta pública de aquisição de controle, para adquirir ações preferenciais ou ações que representem 1% do capital, a menos que a ofertante já tenha 49,5 das ações com direito a voto.

A oferta deverá constar de um instrumento de compra, assinado não só pela ofertante como também pela instituição financeira garante do cumprimento dessas obrigações. Essa proposta deverá ser bem explícita, constando o número de ações que pretende adquirir, a que preço e quais as condições de pagamento, o prazo de validade da oferta, que não poderá ser inferior a 20 dias, e informações sobre a ofertante. Deverá estabelecer o *modus faciendi* da aceitação da oferta pelos acionistas interessados em vender suas ações (art. 258). Se os acionistas aceitantes da oferta forem em número insuficiente para dar o controle da companhia, a ofertante poderá desistir da operação, pois a oferta tem como objeto a assunção de controle e não apenas coligação.

    O instrumento da oferta deverá ser publicado pela imprensa e comunicado à Comissão de Valores Mobiliários, 24 horas após a publicação. Ao sair a publicação, é possível que haja oferta por parte de outro interessado na aquisição do controle, pois o art. 262 permite ofertas concorrentes; forma-se quase um leilão. Nesse caso, os acionistas aceitantes poderão cancelar a sua aceitação da oferta anterior. Todavia, o primeiro ofertante poderá prorrogar o prazo de sua oferta até fazê-lo coincidir com o da oferta concorrente, sendo-lhe ainda facultado melhorar as condições de preço até 5% do valor dele, ou a forma de pagamento.

20. ENCERRAMENTO DA S/A

20.1 A dissolução

20.2 A liquidação

20.3 A extinção

20.1 A dissolução

No capítulo 9 deste compêndio, fizéramos considerações sobre a extinção da sociedade mercantil, com base nos arts. 996 a 1.087 do Código Civil. Estudam esses dispositivos o encerramento das sociedades mercantis num sentido geral, aplicando-se aos sete tipos societários reconhecidos pela nossa legislação.

Como sociedade mercantil que é, a S/A submete-se às mesmas exigências para a sua extinção. Devido, porém, à sua peculiaridade, a S/A apresenta certos aspectos especiais no processo de seu fechamento. Por essa razão, a Lei das S/A estabelece certos passos a serem observados, em 14 artigos, 2 referentes à dissolução (206 a 207), 11 sobre a liquidação e um só sobre a extinção. É o caso, por exemplo, da dissolução da S/A por decisão da assembléia geral dos acionistas; como só se aplica à S/A, só a lei dela deveria regulamentar.

O início do processo de encerramento de uma companhia, que a levará até à extinção, começa com a dissolução, a exemplo de como nas outras sociedades mercantis. No tocante à S/A, está reconhecida nos arts. 206 e 207. O art. 206 prevê 9 causas determinantes da dissolução da S/A, agrupadas em três categorias. A primeira categoria envolve os casos de dissolução por decisão judicial, como no caso da sentença declaratória da falência. A terceira é da dissolução decidida por órgão público, ou seja, da autoridade administrativa competente.

A primeira hipótese, a dissolução de pleno direito, contempla cinco razões pelas quais deva uma companhia ser dissolvida. O primeiro caso ocorre se o estatuto da companhia prevê um prazo de duração e este vencer-se; é uma decisão convencional, visto que os próprios acionistas assim convencionaram. O segundo caso é haver no estatuto cláusula indicativa de certos fatos que, ocorridos, causam a dissolução da companhia. Podemos citar como exemplo uma companhia que se dedique à construção de obra importante e declare no estatuto que terminada a obra se dissolva a companhia. O terceiro caso é o da possibilidade de a companhia ficar reduzida a um único acionista e não se concebe sociedade de um único indivíduo; neste caso deve ser sanada a irregularidade, surgindo mais um acionista no mínimo, sem o que a companhia estará dissolvida. Outra causa da dissolução é pela decisão da assembléia geral, uma vez que a lei faculta a ela o poder para tanto. O quinto caso é pela cessação da autorização para que a companhia funcione.

Examinando agora a dissolução por decisão judicial, ocorre ela em três oportunidades. A primeira é quando um acionista empreende ação judicial para dissolvê-la, por razões juridicamente relevantes, tendo obtido a procedência da ação. A segunda é quando a ação for proposta por acionistas representantes de 5% ou mais do capital, provando judicialmente que a companhia não pode preencher o seu objeto social. O terceiro caso é quando a companhia tem a sua falência decretada.

Finalmente, a terceira categoria de causas encerra uma só: é a dissolução da S/A causada por decisão de autoridade administrativa competente. Foi o que aconteceu com os bancos COMIND e AUXILIAR.

A primeira fase agônica da uma S/A, a dissolução, ainda não representa o fim dela. A companhia dissolvida conserva a personalidade jurídica, até a extinção, com o fim de proceder à liquidação (art. 207). A dissolução implica na suspensão das atividades operacionais, de sua função ativa, mas ela continua a existir, embora para ultimar as medidas necessárias ao seu encerramento. Nesse período, até que esteja extinta, poderá ela sofrer e responder a processos, inclusive ter sua falência declarada judicialmente. A companhia é ainda sujeito de direitos. Mesmo que ela esteja em liquidação, poderá a assembléia geral decidir reativar a companhia, não havendo necessidade de novos atos constitutivos.

20.2 A liquidação

A fase seguinte, sucessora da dissolução, é a liquidação. Processa-se de duas maneiras; ou convencionalmente, promovida pela própria companhia, ou judicialmente, se for pela justiça. A liquidação convencional, prevista pelo art. 208, é realizada nos termos do estatuto, se ele predispor a esse respeito. Na omissão do estatuto, a liquidação será decidida pela assembléia geral. É nomeado o liquidante e mantidos os órgãos da companhia: a assembléia geral, o conselho de administração e o conselho fiscal; são mantidos a fim de que possam acompanhar a liquidação.

Poderá haver a opção, conforme prevê o art. 209, pela liquidação judicial, com ação judicial proposta por qualquer acionista, desde que haja motivos juridicamente relevantes. A ação de dissolução e liquidação de sociedade está regulamentada pelos arts. 655 a 674, do antigo Código de

Processo Civil (Decreto-lei 1608/39), que se mantiveram quando da promulgação do atual código. Como se trata de uma ação judicial, não nos deteremos sobre ela, remetendo a questão aos estudos do direito processual civil.

Tratando-se de disposição *pleno jure*, a assembléia geral nomeará o liquidante. Se houver conselho de administração, competirá a ele essa nomeação. O liquidante passa a ser o administrador da companhia, o gerente, devendo praticar todos os atos necessários à liquidação. Compete-lhe avaliar e vender todos os bens da companhia, arrecadando-os de onde quer que eles estejam. Representa a companhia perante terceiros; como seu representante legal assina documentos e dá recibo, usando carimbo com a denominação social, mas com a expressão *em liquidação*. Sempre que necessário, convoca a assembléia geral, mandando lavrar ata e providenciando o registro dela na Junta Comercial.

Realizando todo o ativo, ou seja, alienando todos os bens da companhia, transformando-os em dinheiro, o liquidante promoverá a eliminação do passivo, pagando os débitos. Se faltar dinheiro, pedirá recursos aos acionistas; se sobrar, colocá-lo-á à disposição deles. Sobrando dinheiro, será feito um rateio proporcional entre os acionistas: é a partilha do patrimônio final da companhia. Com o passivo pago e feita a partilha do que sobrar do patrimônio, o liquidante convocará a assembléia geral para prestar contas de sua gestão. Aprovadas as contas, encerra-se a liquidação, passando-se à extinção da companhia. Como se vê, o papel do liquidante é semelhante à do síndico na falência.

20.3 A extinção

A extinção é a terceira e última fase do processo de fechamento. Está prevista pelo art. 219 de forma muito simplista. Diz ele que se extingue a companhia pelo encerramento da liquidação. Realmente, suspensas as atividades, realizados todos os seus bens, pagos todos os seus credores, a companhia está sem capital, sem ativo nem passivo. Não tem mais personalidade jurídica e não pode haver sociedade mercantil sem capital. Ela não existe mais. Todavia, a companhia só começa juridicamente a existir com a certidão da Junta Comercial, dando conta do registro dos atos constitutivos. Só deixa também de existir com a certidão da Junta Comercial, dando conta do registro dos atos extintórios.

Outrossim, o art. 219 aponta outra forma de extinção de uma S/A. Ela se dá pela sua incorporação em outra, pela fusão dela com outra, formando uma sociedade à parte, ou pela cisão de uma companhia em várias outras, com a transferência total de seus bens. Deixa de existir uma companhia, mas surge outra que a sucede. Este assunto é o tema de nosso próximo capítulo.

21. AS MUTAÇÕES DE UMA S/A

21.1 Transformação

21.2 Incorporação

21.3 Fusão

21.4 Cisão

21.1 Transformação

A transformação é a alteração do tipo societário de uma sociedade mercantil. Por exemplo: uma S/A passa a ser uma sociedade por cotas, ou vice-versa. Não ocorre solução de continuidade; suas operações empresariais continuam normalmente, continua ela com sua personalidade jurídica e seus direitos e obrigações permanecem. Pelo art. 220, a transformação é a operação pela qual a sociedade passa, independentemente de dissolução ou liquidação, de um tipo para outro.

A transformação implica na adaptação da nova sociedade às exigências de registro do novo tipo societário. Se uma sociedade por cotas transforma-se numa S/A, as cotas serão transformadas em ações, os antigos sócios, agora acionistas, devem se reunir em assembléia geral para aprovarem o estatuto. Criam-se obrigatoriamente novos órgãos. Os sócios precisam aprovar por unanimidade a transformação da sociedade por cotas em S/A, anulando-se então o contrato social. O sócio dissidente poderá apelar para o direito de recesso, retirando-se da sociedade, com o reembolso de seus créditos, a menos que o contrato social preveja a possibilidade de transformação.

Se uma S/A for transformar-se numa sociedade por cotas, a operação precisa de ser aprovada por unanimidade pela assembléia geral. O acionista pode apelar pelo seu direito de recesso, com o reembolso de suas ações, previsto no art. 45. Há procedência nessa disposição, uma vez que há mudança de responsabilidade entre um acionista e um sócio, não podendo um acionista ser obrigado a assumir responsabilidade própria de um sócio.

A transformação não poderá fraudar, porém, o direito dos credores anteriores à transformação. Caso a sociedade transformada em outra não cumpra seus compromissos, cabe aos credores até pleitear a anulação da transferência.

21.2 Incorporação

Dá-se a incorporação quando uma companhia absorve outra sociedade, que desaparece. A incorporadora torna-se sucessora da incorporada, tanto dos direitos como das obrigações desta. Por isso, define o art. 227

a incorporação como sendo a operação pela qual uma ou mais sociedades são absorvidas por outra, que lhes sucede em todos os direitos e obrigações. Incorporadora e incorporada deverão elaborar um protocolo, que deverá ser aprovado pela assembléia geral de ambas as companhias.

A aprovação do protocolo cria obrigações para ambas: para a incorporada a de autorizar seus administradores a promoverem a incorporação; para a incorporadora a de aumentar seu capital, que será realizado com a versão dos bens da incorporada. Esses bens deverão ser avaliados por peritos, para ser estabelecido um valor que será transformado no capital da incorporadora. Com a incorporação, extingue-se a incorporada.

21.3 Fusão

Fusão é a aglutinação de duas ou mais companhias, formando outra. O patrimônio delas passa a constituir um só, pertencente a uma nova companhia. Esta sucederá às companhias fundidas, nos direitos e obrigações. É um processo de unificação, uma vez que várias companhias se transformam em uma só, formando um só patrimônio. A função é conceituada pelo art. 228 como a operação pela qual se unem duas ou mais sociedades para formar sociedade nova, que lhes sucederá em todos os direitos e obrigações.

Com a fusão extinguem-se as sociedades fundidas, surgindo uma nova. Se duas companhias quiserem se fundir, deverão elaborar um protocolo com as bases da fusão. Aprovado o protocolo em assembléia geral, esta nomeará os peritos para a avaliação do patrimônio líquido de ambas as sociedades. O perito de uma companhia fará a avaliação do patrimônio da outra; o mesmo acontece na assembléia geral para a aprovação dos laudos de avaliação, em que os acionistas de uma companhia fundida não poderão aprovar o laudo de avaliação do patrimônio da companhia da qual fazem parte.

Para a aprovação do laudo de avaliação, será convocada uma assembléia geral dos acionistas de ambas as companhias. Aprovados os laudos, essa mesma assembléia geral decidirá pela fusão, constituindo-se nova sociedade, sendo nomeados seus administradores. Os primeiros administradores ficam incumbidos de promover o arquivamento dos atos da fusão na Junta Comercial e a publicação deles.

21.4 Cisão

A cisão é uma forma de transformação da S/A, prevista no art. 229, representando um desmembramento da companhia. Pela cisão, uma companhia transfere parcelas de seu patrimônio para uma ou mais sociedades, constituídas para esse fim ou já existentes, extinguindo-se a companhia cindida, se houver versão de todo o seu patrimônio, ou dividindo-se o seu capital, se parcial a versão. É o caso de uma companhia em que haja conflito de dois grupos de acionistas e todos, em assembléia geral, decidem pela retirada de um grupo, incorporando-se o patrimônio da companhia cindida em outra sociedade já existente ou constituída para esse fim. Vê-se assim que há duas espécies de cisões:

a) cisão total – em que a totalidade do patrimônio da companhia cindida incorpora-se em outra ou outras. Em conseqüência da cisão, extingue-se a companhia cindida;

b) cisão parcial – em que a companhia cindida versa apenas parte de seu patrimônio em outras ou outra, mas subsiste com a outra parte.

Na cisão total, desaparece a companhia e seus direitos e obrigações para a nova sociedade, que será sucessora da cindida. Se o patrimônio da cindida for distribuído a duas ou mais sociedades, estas lhe sucederão na proporção do patrimônio transferido. Os administradores da sociedade absorvente promoverão o registro dos atos societários, referentes à cisão, na Junta Comercial e demais órgãos.

Na cisão parcial, a sociedade cindida permanece, mas parte de seu patrimônio é afastado e incorporado ao de outra sociedade. Essa outra sociedade sucede à cindida, nos direitos e obrigações relacionados no ato de cisão. A absorção do patrimônio pela nova sociedade obedece a critérios diferentes: se a sociedade absorvente for nova, ou seja, constituída para esse fim, a operação será deliberada pela assembléia geral; se a sociedade absorvente já existia, a operação obedecerá às regras da incorporação. Os atos societários deverão ser promovidos e registrados por ambas as sociedades.

22. SOCIEDADE DE ECONOMIA MISTA

Sociedade de economia mista

Houve por bem a Lei das S/A estabelecer algumas disposições sobre a Sociedade de Economia Mista, por ser ela sempre uma S/A, embora também se apliquem a ela algumas disposições do direito administrativo, mormente no Decreto-lei 900/69. Uma sociedade de economia mista é uma S/A, cuja maioria das ações pertença ao Estado. É chamada de *mista* porque seu capital fica nas mãos de pessoas privadas e de pessoa pública. Ela, porém, não deixa de ser uma pessoa de direito privado, e como tal, regulada pela Lei 6.404/76, que a prevê nos arts. 235 a 242, segundo estabelece o art. 235: "as sociedades de economia mista estão sujeitas a esta lei, sem prejuízo das disposições especiais da lei federal".

Em termos de lei federal, a reforma administrativa operada pelo Decreto-lei 900/69 é a principal regulamentação desse tipo de S/A. O art. 5º desse diploma legal dá uma clara definição a ela:

"Sociedade de economia mista é a entidade dotada de personalidade jurídica de direito privado, criada por lei, para a exploração de atividade econômica, sob a forma de sociedade anônima, cujas ações com direito a voto pertencem, em sua maioria, à União ou a entidade de administração indireta".

Pela própria definição legal, a sociedade de economia mista é sempre uma S/A, não podendo adotar outro modelo societário. É, por isso, dotada de personalidade jurídica de direito privado, embora tenha sempre o governo como acionista controlador. Seu objeto social é sempre mercantil, ou *atividade econômica*, não só é S/A, mas assim estabelece a lei de direito público. Uma peculiaridade tem, que a distingue das S/A comuns: é criada por lei e não pela assembléia geral dos acionistas. Não tem estatuto, pois a lei que a cria estabelece as normas de seu funcionamento.

Pode ser companhia fechada ou aberta; neste último caso, sujeita-se às normas expedidas pela Comissão de Valores Mobiliários. Pode também participar de outras sociedades. Não está sujeita à falência, mas seu acionista controlador, neste caso o governo, subsidiariamente, responsabiliza-se pelas obrigações dela. Por essa razão, seus valores mobiliários encontram receptividade no mercado de capitais, como é o caso das ações do Banco do Brasil, da Petrobrás e outras. É ilustrativo citar a ocorrência do leilão de venda das ações da Usiminas. Porém, se um credor não pode requerer sua falência, poderá executá-la, penhorando seus bens e normalmente tem a sociedade de economia mista vultoso patrimônio.

É possível que uma S/A se torne uma sociedade de economia mista, se o governo desapropriar as ações da maioria dos acionistas de uma companhia. Nessas condições, os acionistas minoritários podem retirar-se dessa sociedade, com o reembolso de suas ações. Não são eles obrigados a aceitar o governo como acionista controlador da sociedade a que pertencem. É conveniente ressaltar que a sociedade de economia mista deve ter pessoas privadas como acionistas; as ações pertencentes na sua totalidade ao governo descaracterizariam a sociedade de economia mista; seria então uma empresa pública.

23. OS GRUPOS SOCIETÁRIOS

23.1 Coligação e controle. Participação recíproca
23.2 Responsabilidades administrativas
23.3 Demonstrações financeiras de sociedades interligadas
23.4 Subsidiária integral

23.1 Coligação e controle. Participação recíproca

Sociedades coligadas são aquelas em que uma é acionista da outra, detendo 10% ou mais de seu capital; não exerce entretanto o controle sobre a companhia de que é acionista. São portanto companhias ligadas por laços acionários, mas sem relação de dependência. Uma sociedade controladora ocupa a posição de acionista controlador. Se detiver mais de 50% do capital, caracterizado está o poder de controle. Não é necessário porém o domínio absoluto do capital, bastando a detenção do poder para levar a assembléia geral a decisões e para eleger os administradores. Pelo art. 243, o relatório anual da administração de uma sociedade deve relacionar o investimento feito em sociedades coligadas e controladas; a expressão *investimento*, aplicada nesse artigo, refere-se à subscrição de ações. Assim, uma sociedade deve dar a conhecer ao público as ações que possui de outras sociedades.

O art. 244 não permite a participação recíproca entre companhias coligadas ou em condições de controle. Por exemplo: A é acionista de B e B é acionista de A. Seria uma fraude contra a integridade do capital e daria ao público falsa impressão sobre o patrimônio dessas companhias, pois cada uma seria acionista de si mesma. Há alguns casos excepcionais em que o art. 244 admite a participação recíproca, como no caso de incorporação, fusão e cisão, que deverão constar no relatório financeiro dessas companhias, mas serão devidamente regularizados no prazo de um ano.

23.2 Responsabilidades administrativas

Nos grupos de sociedades, cada uma tem sua personalidade, administração própria e um objeto social definido. As operações em conjunto representam uma conjugação de esforços e conciliação de interesse; se elas estabelecem relações entre si, cada uma visa a seus objetivos. Ocorre, porém, que no relacionamento entre empresas coligadas ou entre controladora e controlada pode haver abuso de poder de seus dirigentes, levando-os a estabelecer transações entre as companhias, de sensível desequilíbrio na satisfação de interesse. Há vantagens excessivas para uma delas, em detrimento da outra. Firmam-se contratos leoninos, ou seja, não comutativos.

Em casos semelhantes, prevê o art. 245 a responsabilidade sobressalente dos administradores por atos que levem uma companhia a prejudicar outra, pois afetaria os interesses dos acionistas minoritários. Idênticas sanções se aplicam a uma sociedade controladora que prejudicar sua controlada. Aplicam-se-lhes as sanções previstas para o acionista controlador, nos arts. 116 e 117. Além do dever de reparar o dano causado, terá verbas de sucumbência.

23.3 Demonstrações financeiras das sociedades interligadas

Os arts. 247 a 250 estabelecem exigências sobressalentes para as demonstrações financeiras de sociedades interligadas, seja por coligação, seja por controle. Para as empresas independentes, ou seja, sem ligação acionária com outra, as demonstrações financeiras devem revelar os investimentos realizados, mais precisamente, as ações que adquiriu de outras companhias. As companhias independentes, a que estamos nos referindo, podem ser acionistas de outras; todavia, esse investimento em ações é de tal maneira irrelevante, que não podem ser consideradas nem coligadas, nem controladas. Por exemplo: centenas de companhias são acionistas da Petrobrás, detendo diminuto número de ações; não podem ser consideradas controladoras da Petrobrás e nem mesmo coligadas com ela. Entretanto, se houver conexão acionária entre as companhias, o balanço da companhia investidora deve especificar bem o *investimento relevante*, peculiaridade das companhias interligadas.

Denomina-se *investimento relevante*, para os fins da Lei das S/A, a participação de uma companhia no capital de outra sociedade (S/A ou não), que represente 10% ou mais do patrimônio líquido da investidora. Por exemplo, ALFA S/A tem um patrimônio de Cr$ 10.000,00 e subscreveu ações de BETA S/A, no valor de Cr$ 1.200,00. Mais de 10% do patrimônio líquido de ALFA S/A está aplicado em ações de outra empresa: é um investimento relevante. Considera-se ainda investimento relevante a participação de uma em várias outras, que seja igual ou superior a 15% em conjunto. Por exemplo, ALFA S/A, com seu patrimônio de Cr$ 10.000,00, participa com Cr$ 600,00 no capital de BETA S/A, com Cr$ 600,00 no GAMA S/A e mais Cr$ 600,00 no de DELTA S/A. Perfaz seu investimento em 18% de seu patrimônio, embora nas companhias interligadas não tenha atingido a 10% individualmente do patrimônio da investidora.

No balanço da companhia dominante, os investimentos relevantes serão avaliados pelo valor do patrimônio líquido. Por outro lado, no balanço da companhia coligada ou controlada, o valor do patrimônio líquido será determinado com base no balanço da companhia investidora. O balanço dessas sociedades ligadas deve ter a mesma data ou no máximo 60 dias de diferença. Esses critérios são diferentes dos comumente adotados na contabilidade empresarial comum. Além disso, a companhia aberta que tiver mais de 30% de seu patrimônio líquido investido no capital de sociedades controladas deverá elaborar e publicar demonstrações consolidadas. Essas demonstrações consolidadas não dispensam as demonstrações normais. A consolidação, prevista nos arts. 249 e 250, se dá com o balanço da companhia investidora em conjunto com o das sociedades ligadas. Só assim é possível aferir a real situação econômico-financeira da companhia, evitando distorções, fraudes ou lançamentos em duplicidade. Por exemplo, o balanço de uma companhia pode aparentar boa situação, mas 40% de seu patrimônio está investido em sociedades mercantis deficitárias e endividadas, ou até insolventes.

23.4 Subsidiária integral

Denomina-se subsidiária integral uma S/A, cuja totalidade das ações pertença a um único acionista. O acionista único deverá ser uma S/A brasileira, vedando-se a subsidiária integral de sociedade estrangeira. É portanto uma sociedade unipessoal. Para a constituição desse tipo de sociedade, não é possível haver assembléia de acionistas, pois há uma só; deverá então ser constituída por escritura pública (art. 251).

Por outro lado, uma companhia constituída por vários acionistas, pode ser reduzida à posição de subsidiária integral. Basta que outra sociedade, como uma *holding*, adquira todas as ações, concentrando-as em suas mãos. Neste caso, opera-se a incorporação de todas as ações do capital social ao patrimônio de outra companhia brasileira, para converter a primeira em subsidiária integral da incorporadora. A incorporação deverá ser aprovada pela assembléia geral das duas companhias: a incorporada e a incorporadora (art. 251).

Ao autorizar a operação, a assembléia geral da companhia incorporadora deverá autorizar o aumento de seu capital, que se fará com a incorporação do capital da companhia incorporada. Assim sendo, os acionistas da companhia incorporadora tornam-se titulares de ações da companhia incorporadora, ou seja, as ações da companhia incorporada são substituídas por outras da incorporadora. Deve haver um acerto no preço das ações a serem incorporadas, caso não haja coincidência no preço das ações de ambas as companhias. Neste caso, as ações incorporadas deverão ser avaliadas por peritos. Os acionistas que divergirem da operação podem usar seu direito de recesso, retirando-se da sociedade com a sua parte.

A subsidiária integral pode perder essa condição, uma vez que é possível haver aumento de capital com emissão de novas ações, ou a companhia matriz resolver vender as ações que possui. Neste caso os acionistas da matriz terão preferência na subscrição dessas ações (art. 253).

24. OS GRUPOS SOCIETÁRIOS CONVENCIONAIS

24.1 Os grupos de subordinação
24.2 O consórcio

24.1 Os grupos de subordinação

Os grupos societários convencionais são formados por várias sociedades, sendo uma delas a controladora e as outras subordinadas. Todas elas terão, porém, personalidade jurídica, com sua estrutura própria. Haverá entre elas uma convenção, um contrato constituindo o grupo. Essa convenção deverá ser aprovada pelos órgãos competentes de todas as sociedades integrantes do grupo e registrada na Junta Comercial. É o que normalmente ocorre com conglomerados financeiros, que se autodenominam *corporações*. Esses conglomerados financeiros são formados por um banco comercial, de investimento, sociedade corretora, financiadora, seguradora e outras.

Esse grupo convencional de sociedades é reconhecido e regulado pelos arts. 265 a 277. Pela autorização do art. 265, a sociedade controladora e suas controladas podem constituir grupos de sociedades, mediante convenção pela qual se obriguem a combinar recursos ou esforços para a realização dos respectivos objetos, ou a participar de atividades e empreendimentos comuns. Não pode sociedade estrangeira liderar grupo de sociedades; a sociedade controladora, ou de comando do grupo deve ser obrigatoriamente brasileira e exercer a posição de comando de forma efetiva. Constitui pois fraude à lei uma empresa estrangeira fazer parte do grupo, aparentemente em posição de subordinação, e, na prática, assumir posição de comando.

O grupo é constituído por convenção entre as sociedades componentes dele; é portanto de natureza jurídica contratual. Essa convenção deve ser registrada na Junta Comercial com o nome seguido da expressão *Grupo* ou *Grupo de sociedades*. Comumente traz o nome do fundador da sociedade controladora ou seu principal dirigente, como por exemplo, o *Grupo Gilberto Huber*. A convenção define as linhas mestras do grupo, devendo obrigatoriamente constar sua designação, qual a sociedade de comando e quais são as subordinadas, as condições de participação das diversas sociedades, o prazo de duração, se houver, as condições de extinção, e as condições para a admissão e retirada de sociedades. O grupo terá seus próprios órgãos, definidos na convenção, com sua competência e atribuições; também estabelecerá a convenção as normas de relacionamento entre as sociedades entre si e entre a controladora e as subordinadas. Precisa ficar bem clara na convenção a nacionalidade da sociedade controladora: quem são seus acionistas majoritários, a nacionalidade e domicílio deles.

24.2 O consórcio

O consórcio é um ajuste entre várias sociedades, para realizar um empreendimento específico. Podemos citar como exemplos a construção da estrada Transamazônica, empreendida por um consórcio de quatro grandes empreiteiras; igualmente, a construção da via expressa elevada em São Paulo, conhecida como *minhocão*, construída por um consórcio de mais de uma dezena de empresas, algumas S/A, outras não. Trata-se de um grupo societário convencional, uma forma associativa de sociedades, prevista nos arts. 278 e 279.

Em sua natureza jurídica é um contrato, geralmente plurilateral. Várias pessoas jurídicas convencionam associar-se para a consecução de determinado empreendimento, cada uma contribuindo com sua especialidade. As consorciadas, porém, manterão sua personalidade jurídica e suas obrigações são de caráter contratual, ou seja, respondem pelos compromissos assumidos no contrato de formação do consórcio. Assim sendo, o consórcio não tem personalidade jurídica, apesar da exigência legal de arquivo na Junta Comercial, pelo parágrafo único do art. 279. Como não tem personalidade jurídica, não há solidariedade obrigacional entre as consorciadas e a falência de uma não se estende às demais. Distingue-se pois de uma *joint ventures*.

O contrato para a constituição do consórcio deverá ser aprovado pelo órgão competente para autorizar a alienação de bens do ativo permanente. Essa competência está prevista no estatuto da consorciada. Nesse contrato deverá constar a designação do consórcio, se houver, e seu objeto, ou seja, o empreendimento a que se destina. Deverá ter um prazo, pois é de curta ou média duração, até que o empreendimento se complete; trará também seu endereço e foro competente para diminuir conflitos. Fixará as normas sobre suas operações, como o recebimento de receitas, a partilha dos resultados e contribuição para as despesas, o sistema de administração, forma de deliberações, e demais aspectos das atividades.

25. SOCIEDADE COOPERATIVA

25.1 Conceito de cooperativa

25.2 Características da cooperativa

25.3 Importância da instituição

25.4 Cooperativa central

25.5 Os órgãos diretivos

25.6 Os títulos emitidos

25.7 A cooperativa no novo Código Civil

25.1 Conceito de cooperativa

A cooperativa é uma modalidade de sociedade. Por ela, várias pessoas celebram um contrato, estabelecendo uma cooperação entre elas, contribuindo todas elas com bens ou serviços, em proveito comum. A princípio, discutia-se muito a natureza jurídica da cooperativa, negando alguns a ela o caráter de sociedade. Todavia, com a atual regulamentação jurídica, a Lei 5.764, de 16.12.71, não mais padecem dúvidas de que seja a cooperativa uma sociedade. Diz mais a lei, nos arts. 3º e 4º, que a cooperativa é uma sociedade de pessoas e não de capitais, sem objetivo de lucro e de natureza civil.

É um tipo de sociedade muito utilizada para a distribuição de produtos agropecuários. Os produtores de mercadorias fornecem seus produtos à cooperativa e esta se encarrega de distribuí-los. Como exemplo famoso, podemos considerar a CAC – Cooperativa Agrícola de Cotia, que, durante várias décadas, forneceu à cidade de São Paulo produtos agropecuários, produtos esses fornecidos por seus cooperados. É um caso de cooperativa de produção, ou seja, formada por produtores de mercadorias, que serão destinadas a terceiros, os consumidores.

Também ficaram famosas certas cooperativas, mas de espécie diferente: as cooperativas de consumo. É a formada por pessoas interessadas em consumir os produtos da cooperativa. A atividade dela é o contrário da cooperativa de produção; ao invés de compradora, passa a ser a vendedora de produtos aos cooperados. O capital desse tipo de cooperativa é formado por contribuições dos potenciais consumidores; estes adquirem o direito de aquisição de bens, no limite da quota com que tenham contribuído para a formação do capital.

Há um terceiro tipo de cooperativa: a de crédito. Originou-se de uma instituição do Direito Bancário italiano, chamada de Banco de Crédito Luzzatti. Possui muita analogia com a cooperativa de consumo, mas os cooperados, em vez de se interessarem em obter produtos, desejam obter crédito, ou seja, tomar dinheiro emprestado. Os cooperados contribuem com uma quota variável para formar o capital da cooperativa, como se fosse um pecúlio, um fundo. Munida desse fundo, a cooperativa poderá conceder empréstimos aos próprios cooperados. Normalmente, a cooperativa de crédito distribui lucros, pois os mutuários pagam juros sobre os empréstimos que obtiverem e esses juros serão distribuídos na proporção da cota de cada cooperado. Como se trata de modalidade de instituição de crédito, essa espécie de cooperativa é acompanhada e rigorosamente controlada pelas autoridades monetárias do país.

Embora diga o art. 3º da Lei do Cooperativismo que a cooperativa não tenha objetivo de lucro, na verdade tem intento lucrativo, embora de modo indireto. Os cooperados de uma cooperativa de produção vendem seus bens à cooperativa para obterem melhor preço. São produtores do tipo empresarial, vale dizer, exercem atividade econômica organizada, para a produção de bens destinados à satisfação do mercado consumidor. Não se pode conceber a participação deles numa cooperativa a não ser com intento lucrativo. Malgrado diga o art. 42 ter a cooperativa forma e natureza jurídica próprias, de natureza civil, a cooperativa de produção compra por atacado e vende o varejo aos consumidores: é uma atividade mercantil. Todos esses fatores levam-nos à conclusão de ser a cooperativa uma sociedade.

Igual impressão tem ainda o direito italiano, cujo Código Civil regulamenta esse tipo de sociedade nos arts. 2511 a 2545, num capítulo denominado "Delle Imprese Cooperative". Será ilustrativo transcrever o art. 1511:

Società cooperative	Sociedades cooperativas
Le imprese che hanno scopo mutualistico possono costituirsi come società cooperative a responsabilità illimitata o limitata.	As empresas que tiverem escopo mutualístico podem constituir-se como sociedades cooperativas de responsabilidade ilimitada ou limitada.

Como se vê, no direito italiano, a cooperativa é considerada uma "empresa" revestida da forma jurídica de "sociedade". Contudo, diz nossa lei "sem objetivo de lucro", o que não condiz com a sociedade, pois esta se caracteriza pelo intento lucrativo, distinguindo-se da "associação sem fins lucrativos", como chama nossa lei. Realmente, a cooperativa não persegue lucros para si mas para seus cooperados, enquanto a sociedade busca os lucros para si, com o intento de distribuí-los depois para os sócios. É pois a cooperativa uma questão de Direito Empresarial, por ser uma empresa, e do Direito Societário, por ser uma sociedade. Justifica-se então o estudo que estamos fazendo dela neste compêndio de Direito Societário.

Quanto à natureza civil da cooperativa, e não mercantil, temos que aceitá-la, pois assim é declarada pela lei. Da mesma forma que a Lei das S/A as declara como mercantil e a lei civil declara as transações mobiliárias como civis, as cooperativas exercem atividades civis, por força ou autoridade da lei. Além disso, a lei coloca a cooperativa fora da falência, o que seria até excusado, por ser o Direito Falimentar aplicado apenas às empresas mercantis. Reforça assim nosso direito a natureza civil da cooperativa. Corrige assim uma das confusões de nossa antiga lei, pois faz ela certas afirmações redundantes ou conflitantes.

Sob o aspecto da responsabilidade, a cooperativa pode ser de responsabilidade limitada e ilimitada. Não é a responsabilidade da cooperativa mas dos associados. As cooperativas são de responsabilidade limitada quando a responsabilidade dos associados pelos compromissos da sociedade se limitar ao valor do capital por eles subscrito. Serão de responsabilidade ilimitada, quando a responsabilidade do associado pelos compromissos da sociedade for pessoal, solidária e não tiver limite. Contudo, a responsabilidade do associado, para com terceiros, como membro da cooperativa, somente poderá ser invocada depois de judicialmente exigida da cooperativa.

25.2 Características da cooperativa

Trata-se de modalidade muito especial de sociedade, muito bem caracterizada por certos fatores peculiares, dos quais daremos alguns traços.

a) Capital móvel – é possível até mesmo que uma cooperativa não tenha capital. Como o capital é formado por cotas dos cooperados (ou sócios), vai ele modificando conforme vão entrando e saindo seus sócios.

b) Cotas limitadas – as cotas são variáveis, mas há um limite. Não pode um sócio ser preponderante graças a uma cota elevada. O ato constitutivo indicará o limite da cota-parte, que não deverá ser muito elevada. Segundo nossa lei, não poderá ser superior a um salário mínimo (art. 24). Normalmente o limite máximo é o da necessidade normal de um sócio; assim, numa cooperativa de consumo, a cota máxima será a suficiente para a aquisição mensal das mercadorias necessárias à sua família.

c) Intransferibilidade das cotas – apesar de ter a cooperativa alguma semelhança com a S/A, as cotas não são transferíveis a terceiros estranhos à cooperativa. Nos atos constitutivos de algumas cooperativas consta mesmo a disposição de que, em caso de morte do cooperado, sua cota é transformada em pecúnia e colocada à disposição dos herdeiros. Estes poderão filiar-se à cooperativa em nome pessoal, mas não como sucessor do sócio falecido.

d) Infinidade de sócios – não há limite para o número de sócios de uma cooperativa. Aliás, segundo os critérios administrativos e econômicos, quanto maior o número de cooperados em comunidades restritas, como por exemplo, a cooperativa dos metalúrgicos, dos bancários, dos funcionários do Banco do Brasil, maior será a viabilidade da cooperativa. É possível assim restringir a participação de cooperados nessas comunidades restritas, ou fechadas. Contudo, mesmo neste último caso, a adesão é sempre voluntária. Porém, a adesão dos cooperados é livre e voluntária.

25.3 Importância da instituição

O prestígio dessa instituição tem apresentado altos e baixos e atualmente está em baixa. É combatida a cooperativa de consumo pelas cadeias de supermercados e as de crédito pelos bancos que vêem nela fortes concorrentes. As cooperativas de produção encontram nos atravessadores e intermediários os tenazes inimigos. Entretanto, se essa concorrência é temida, é porque oferece alta viabilidade. O nome dessa entidade origina-se etimologicamente do verbo latino "co operare" = operar com. Representa o esforço comum de empresários e consumidores, para o encontro de um mecanismo eficaz para a satisfação do mercado consumidor.

Quase todos os países estimulam o cooperativismo. A Romênia, na era socialista, fez repousar nas cooperativas o substrato de sua economia. É o reconhecimento de que esse sistema poderá aumentar o consumo de mercadorias, graças ao preço baixo, e conseqüentemente aumentar a produção. Há maior segurança por parte dos produtores, por contarem com a colocação de seus produtos, sem precisar lançar-se na conquista afoita do mercado com o aviltamento do preço de sua produção. Evita o açambarcamento de bens e a instituição de monopólios.

Mesmo assim, enfrenta o cooperativismo má vontade política em muitos setores. Nos antigos países socialistas, como a Romênia, onde ela predomina, sofre acusação de ser a ampliação da propriedade privada, ferindo o princípio básico marxista, de que a propriedade produtiva deve ser concentrada nas mãos do Estado. Nos países capitalistas, a cooperativa é considerada um cartel de venda, com o intento de eliminar o empresário e o lucro e até mesmo o assalariado. É a transformação dos governados em governantes. Fala-se até na comunização da economia.

Não vemos razões para essas críticas. Não representa a abolição das empresas, já que ela própria é uma empresa. Não há monopólio ou cartel, já que poderá haver várias cooperativas. O fato de um produtor fazer parte de uma cooperativa e vender sua produção a ela não o impede de vender seus produtos ao varejo ou a outros compradores. Nem está o produtor impedido de retirar-se de uma cooperativa. Se fosse a comunização da economia, os países capitalistas não teriam elaborado o direito tutelar do cooperativismo. Foi o que fez o Brasil, estabelecendo pela Lei 5.764/71 a Política Nacional do Cooperativismo, criando incentivos fiscais para o estímulo das cooperativas e criando o Banco Nacional de Crédito Cooperativo. Esse banco foi fechado após escândalo, mas foi criado com vistas ao financiamento de cooperativas. O parágrafo único do art. 22 da Lei do Cooperativismo expõe essa política:

"A ação do Poder Público se exercerá, principalmente, mediante prestação de assistência técnica e de incentivos financeiros e creditórios especiais, necessários à criação, desenvolvimento e integração das entidades cooperativas."

A União Soviética, ao constituir-se, encontrou um substrato de cooperativismo e por motivos ideológicos procurou eliminá-lo. A organização do Estado soviético, ao reorganizar a economia agropecuária, criou propriedades coletivas estatais denominadas "sovkoses". Contudo, permitiu a formação de cooperativas privadas, chamadas "kolkozes" e estas prosperaram de tal modo que suplantaram as "sovkoses", a tal ponto que em certa ocasião 90% da produção agropecuária soviética era das "kolkoses", combatidas pelos doutrinadores comunistas, enquanto as "sovkoses" apoiadas pelo governo entraram em derrocada. As cooperativas russas revelaram ultimamente alto grau de sofisticação e diversidade. Consta que certas cooperativas provocaram a criação de cidades.

Influência do sistema cooperativo soviético é encontrada na Iugoslávia e principalmente em Israel. A produção agropecuária de Israel, calcada em espécie de cooperativa, o "kibutz", fez dela uma verdadeira sociedade, sem perder a característica de cooperativa e é de predominância absoluta no país. É também predominante na China, mas também na Indonésia e na Birmânia, países de economia liberal.

Historicamente, a cooperativa nasceu na Inglaterra, na cidade de Rochdale. Foi lá que em 1844 foi criada a "The Rochdale Equitable Pioneers". O regulamento dessa cooperativa estabelece normas, chamadas "Princípios de Rochdale". A iniciativa foi adotada, ainda no século passado, em vários Estados e cidades americanos, como Michigan, Massachussetts, Ohio, Minnesota, Connecticut e California.

Na Itália, o cooperativismo, com o nome de "cooperazione agrária", é consagrado no art. 45 da Constituição da República. Era regulamentada no Código de Comércio de 1882, num capítulo denominado "Disposizioni Speciali sulle Società Cooperative". As cooperativas podiam revestir-se sob várias formas societárias: sociedade em nome coletivo, em comandita e S/A. Em 1942, o Código de Comércio e o Código Civil foram unificados, mas o atual Código civil regulamenta as "empresas cooperativas" nos arts. 2511 e seguintes, juntamente com as outras sociedades. Da mesma forma que o direito brasileiro, o direito italiano adota as cooperativas de responsabilidade ilimitada e limitada. É sugestivo realçar que a cooperativa era regulamentada pelo "Código de Comércio" e não pelo Código Civil e este a chama hoje de "empresa" e "sociedade".

Perante o direito italiano, no que não difere do de outros países, a cooperativa é um instituto econômico, regulamentado pela lei. Tende a unir em uma soma de esforços harmônicos a atividade de muitas pessoas com interesses comuns, cuja realização seria difícil ou impossível se essas atividades fossem exercidas isoladamente. Cooperação é pois a união de esforços harmônicos, de tal modo que essa união de forças produziria um resultado superior à soma delas isoladamente. É o fenômeno que a moderna psicologia chama de "sinergismo", simbolizado na fórmula: 2 + 2 = 5 ou 6.

Tem a cooperação certos elementos essenciais e diferenciais de outros institutos. Em primeiro lugar, vem a identidade ou semelhança de interesses e objetivos entre a pluralidade dos sócios, preexistente à própria cooperativa. Nas outras sociedades, esses objetivos não são preexistentes, mas estabelecidos no ato constitutivo da sociedade. Em segundo lugar, essa identidade de objetivos e interesses concretiza-se numa identidade de necessidades econômicas, fazendo com que as pessoas reconheçam-se como uma categoria: nesse caso a dos sócios. O terceiro elemento essencial é a materialização dessa sociedade ideal numa sociedade juridicamente estruturada, do tipo institucional, mais semelhante à S/A do que às sociedades contratuais.

O objetivo da cooperativa depende da modalidade. No caso da cooperativa de consumo, será a redução efetiva do preço das mercadorias consumidas pelos sócios (ou cooperados). Na cooperativa de produção, ao contrário, será o aumento do preço das mercadorias ofertadas. Outro objetivo da cooperativa, que a distingue das outras sociedades, é que ela não se destina à venda de bens a terceiros mas aos próprios cooperados. Nas cooperativas de produção, a massa de benefícios é distribuída de acordo com a produção do cooperado e não com o valor do capital com que ele contribuiu. É outro princípio de Rochdale, o que faz a sociedade cooperativa diferenciar-se das outras formas de sociedades. O homem prevalece sobre o capital. Aliás, o capital não proporciona lucros mas o direito de participar da atividade.

25.4 Cooperativa central

Como a cooperativa tem seu campo de ação restrita ou a uma coletividade como a dos metalúrgicos, ou a uma região, sem poder estender suas operações além dos limites de sua especialidade, poderá desmembrar-se em várias outras. É o que acontece, por exemplo, com uma cooperativa de produtores de açúcar e álcool de Maceió, mas desmembradas em várias cooperativas singulares, localizadas em outras cidades do mesmo Estado. Esse desmembramento é regulamentado pelos arts. 60 e 61 da Lei do Cooperativismo. Uma delas entretanto será alçada à posição de "cooperativa central", liderando as outras, como que formando uma federação de cooperativas.

Existem exemplos conhecidos, como é o caso da COPERSUCAR – Cooperativa dos Produtores de Cana, Açúcar e Álcool do Estado de São Paulo, centralizando grande número de cooperativas, a Cooperativa dos Usineiros de Pernambuco, a Cooperativa Central de Laticínios do Estado de São Paulo e várias outras. O art. 61, traça as linhas básicas do processo criativo da federação de cooperativas, com o desmembramento. Cabe a decisão à assembléia, designando esta uma comissão para as providências necessárias à efetivação da medida. O projeto dessa comissão será submetido à aprovação de nova assembléia, havendo então o desmembramento do capital ativo e passivo da cooperativa central, prevendo-se o montante das quotas-partes que as associadas terão no capital da cooperativa central.

Segundo o art. 6º II, as cooperativas centrais ou federação de cooperativas deverão ser constituídas de, no mínimo, três cooperativas, podendo, excepcionalmente, admitir associados individuais. O objetivo da cooperativa central é prestar serviços às cooperativas associadas, enquanto o da cooperativa singular é prestar serviços diretamente aos produtores associados. Há destarte mais uma classificação de cooperativas: singulares e centrais.

25.5 Os órgãos diretivos

Quatro são os órgãos diretivos da cooperativa: assembléia geral, diretoria, conselho de administração e conselho fiscal. A Assembléia Geral poderá ser ordinária (AGO) ou extraordinária (AGE). Essa distribuição de órgãos parece reflexo das S/A, cujos órgãos são os mesmos. A Assembléia Geral dos associados é o órgão supremo da sociedade, dentro dos limites legais e estatutários; tem poderes para decidir sobre os negócios relativos ao objeto da sociedade e tomar as resoluções convenientes ao desenvolvimento e defesa desta. As deliberações da Assembléia Geral vinculam a todos, ainda que ausentes ou discordantes.

A AGO que se realizará anualmente nos três primeiros meses após o término do exercício social, examinará a prestação de contas dos órgãos de administração, acompanhada do parecer do Conselho Fiscal, compreendendo o relatório da gestão, o balanço, e o demonstrativo das sobras apuradas ou das perdas e a destinação deles. É ela que elege os componentes dos órgãos de administração.

A AGE delibera sobre os demais assuntos que não sejam da alçada da AGO e as questões de sua ordem do dia são excepcionais e esporádicas, como a reforma do Estatuto, a mudança do objeto social, a fusão, incorporação, desmembramento ou dissolução dela.

Os órgãos executivos da cooperativa são os mesmos da S/A: A Diretoria e o Conselho de Administração. Há porém uma diferença: na cooperativa há um ou outro, enquanto na S/A pode haver os dois órgãos concomitantemente. A sociedade será administrada por uma diretoria ou conselho de administração, composto exclusivamente de associados. São eleitos pela AGO, com mandato nunca superior a quatro anos. Não podem compor uma mesma diretoria ou conselho de administração os parentes entre si até 2º grau, em linha reta ou colateral.

O Conselho Fiscal é o órgão de controle e fiscaliza a administração da cooperativa. É constituído de três membros efetivos e três suplentes, todos associados. Não e permitido o exercício de cargo nos órgãos cumulativamente.

25.6 Os títulos emitidos

A Lei do Cooperativismo atribuiu à cooperativa a faculdade antes reservada apenas às empresas de armazéns gerais: a de emitir certos títulos de crédito, mais precisamente, o *Warrant* e o Conhecimento de Depósito. Esses títulos foram regulamentados pelo Decreto n. 1102, de 1902, uma das mais antigas leis de nosso Direito Comercial, mas ainda atuante. Não iremos aqui fazer ampla explanação sobre esses títulos e sobre a empresa de armazéns gerais, recomendando, a quem se interessar, nossa obra "Títulos de Crédito".

A empresa de armazéns gerais é uma empresa comum, revestida das formas societárias previstas na nossa Lei. A ela são impostas porém certas exigências, como o registro de requisitos especiais no "Registro Público de Empresas Mercantis e Atividades Afins" (Junta Comercial) e sofrerem inspeção. Em contrapartida a essas obrigações, a empresa de armazéns gerais desfruta de certas prerrogativas, entre elas a de poder emitir *warrants* e conhecimentos de depósito, dois títulos de crédito criados especialmente para ela. Essa legislação, partindo do Dec. 1102, de 1902, aplica-se também à cooperativa, que fica equiparada à empresa de armazéns gerais. A este respeito será até conveniente transcrever o que diz o art. 82 da Lei do Cooperativismo:

"A cooperativa que se dedicar a vendas em comum poderá registrar-se como armazém geral e, nessa condição, expedir "Conhecimento de Depósito" e "*Warrants*" para os produtos de seus associados conservados em seus armazéns, próprios ou arrendados, sem prejuízo da emissão de outros títulos decorrentes de suas atividades normais, aplicando-se, no que couber, a legislação específica.

Para efeito deste artigo, os armazéns da cooperativa se equiparam aos "Armazéns Gerais", com as obrigações e prerrogativas destes, ficando os componentes do Conselho de Administração ou Diretoria Executiva, emitente do título, responsáveis, pessoal e solidariamente, pela boa guarda e conservação dos produtos vinculados, respondendo criminal e civilmente pelas declarações constantes do título, como também por qualquer ação ou omissão que acarrete o desvio, deterioração ou perda dos produtos."

Warrant e conhecimento de depósito são dois títulos de crédito mais ou menos análogos à fatura e à duplicata respectivamente. São emitidos conjuntamente, mas depois poderão separar-se. O *warrant* é parecido com a duplicata: dá um direito de crédito a seu portador, garantido pela mercadoria depositada no armazém da cooperativa. Poderá ser descontado por um banco e circular por endosso. O conhecimento de depósito dá ao portador o direito de propriedade sobre a mercadoria depositada.

Porém, não são os únicos títulos. Há outros facultados à cooperativa, embora não de forma exclusiva. O Decreto-lei n. 167/67 criou os títulos de crédito rural, para facilitar o financiamento da produção agropecuária, cuja regulamentação sempre faz referência às cooperativas.

A Cédula Rural Pignoratícia, a Cédula Rural Hipotecária e a Cédula Rural Pignoratícia e Hipotecária, são títulos destinados ao financiamento de produtores rurais diretamente ou por suas cooperativas, feito pelos estabelecimentos de crédito integrantes do Sistema Nacional de Crédito Rural. O emitente desses títulos será sempre um produtor agropecuário ou cooperativa. Há também mais dois títulos: A Nota Promissória Rural e a Duplicata Rural. Não são estes títulos de financiamento bancário, mas utilizados entre a cooperativa e seus associados, com alguns privilégios. A Duplicata Rural é parecida com a duplicata comum, mas só poderá ser emitida por produtor rural ou suas cooperativas.

Como um dos últimos títulos de crédito criados pelo Direito Cambiário brasileiro, figura a Cédula de Produto Rural, criada pela Lei 8.929, de 22.8.94. É um título de crédito emitido por produtores rurais ou cooperativas, gerando uma obrigação de fornecer posteriormente determinada mercadoria.

Embora os títulos de crédito rural sejam títulos civis, a eles se aplicam as normas do Direito Cambiário, que é tipicamente mercantil. Caso a cooperativa deseje manter "armazéns gerais" e emitir *warrant* e conhecimentos de depósito, deverá sujeitar-se à legislação específica das empresas de armazéns gerais, que são empresas mercantis e registrar-se na Junta Comercial. Essa sujeição da cooperativa a legislação mercantil lança-nos algumas dúvidas sobre sua natureza jurídica. Embora a lei a declare de natureza civil, não sujeita a falência, abre-se a possibilidade de obter prerrogativas mercantis e sujeitar-lhe a obrigações, até mesmo de registrar-se na Junta Comercial. As dúvidas se avolumam se considerarmos a redação bastante confusa do art. 4º, que assim reza: "as cooperativas são sociedades de pessoas, com forma e natureza jurídica próprias, de natureza civil."

O que pretende dizer o art. 4 da Lei do Cooperativismo (Lei 5.764/71)? Que é a cooperativa de natureza civil mas pode também ter forma e natureza jurídicas próprias? Essa "natureza jurídica própria" poderia ser mercantil em alguns casos, como na cooperativa que quiser atuar como empresa de armazéns gerais?

25.7 A cooperativa no novo Código Civil

O novo Código Civil não deixou de lado a cooperativa, dando a ela novas disposições, nos arts. 1.093 a 1.096. Na verdade, o que consta da cooperativa já estava na Lei 5.764/71, motivo pelo qual não houve modificação no regime jurídico da cooperativa, sob o aspecto substancial. Achamos importante essa previsão, porém, e pretendemos justificar essa impressão ao comentar cada um dos quatro artigos de nosso código referentes à cooperativa.

Capítulo VII

Art. 1.093 – Ressalvada a legislação especial sobre a sociedade cooperativa, reger-se-á esta pelo disposto no presente capítulo.

A legislação especial a que se refere este artigo é a Lei 5.764/71. Se existe lei específica regulamentando a cooperativa, lei esta de mais de trinta anos, haveria necessidade de se repetir algumas disposições dessa lei em outra lei, neste caso do Código Civil? Em nosso parecer, é bem louvável essa previsão. A cooperativa ficou em bases jurídicas mais estáveis. As leis ordinárias tornaram-se muito instáveis e, a qualquer momento, podem ser preteridas. O Poder Executivo, atualmente, com simples medida provisória altera lei nacional, o que torna a nossa legislação nada confiável. O Código Civil é lei sistêmica e mais difícil de ser tocada, dando estabilidade à cooperativa, garantindo sua existência e seus princípios mais importantes. Ainda que seja revogada a Lei 5.764/71, a cooperativa continuará prevista em nossa legislação.

Art. 1.094 – São características da sociedade cooperativa:

I - variabilidade, ou dispensa do capital social;
II - concurso de sócios em número mínimo necessário a compor a administração da sociedade, sem limitação de número máximo;
III - limitação do valor da soma das quotas do capital social que cada sócio poderá tomar;
IV - intransferibilidade das quotas do capital a terceiros estranhos à sociedade, ainda que por herança;

V - QUORUM, para a assembléia geral funcionar e deliberar, fundado no número de sócios presentes à reunião, e não no capital social;
VI - direito de cada sócio a um só voto nas deliberações, tenha ou não capital a sociedade, e qualquer que seja o valor de sua participação;
VII - distribuição dos resultados, proporcionalmente ao valor das operações efetuadas pelo sócio com a sociedade, e qualquer que seja o valor de sua participação;
VIII - indivisibilidade do fundo de reserva entre os sócios, ainda que em caso de dissolução da sociedade.

Ao apresentar as características da sociedade cooperativa, o código assegura as bases fundamentais, que já constavam de sua lei regulamentadora e das quais traçamos algumas considerações no item 25.2 deste capítulo. O código vai mais além, estabelecendo algumas outras características, mormente no que tange à assembléia geral de cooperados e no manejo de lucros.

Em cada país, as características da sociedade cooperativa variam, mas se nota em todos eles um conjunto de traços que mantém a cooperativa dentro de padrões universais. Esses traços derivam dos princípios informativos estabelecidos desde a criação da primeira cooperativa; chamados por isso de "Princípios de Rochdale". São em número de sete, a saber:
1. Adesão livre – 2. Administração democrática. – 3. Retorno na proporção das compras – 4. Juro limitado ao capital – 5. Neutralidade política e religiosa – 6. Pagamento em dinheiro à vista – 7. Fomento de educação cooperativa.

Art. 1.095 – Na sociedade cooperativa, a responsabilidade dos sócios pode ser limitada ou ilimitada.

§ 1º – É limitada a responsabilidade na cooperativa em que o sócio responde somente pelo valor de suas quotas e pelo prejuízo verificado nas operações sociais, guardada a proporção de sua participação nas mesmas operações.

§ 2º – É ilimitada a responsabilidade na cooperativa em que o sócio responde solidária e ilimitadamente pelas obrigações sociais.

Não houve modificação do regime jurídico anterior, do qual traçamos considerações no parágrafo final do item 25.1, ao qual fazemos remissão.

Art. 1.096 – No que a lei for omissa, aplicam-se as disposições referentes à sociedade simples, resguardadas as características estabelecidas no art. 1.094.

Quando este artigo fala em "lei", devemos entender a legislação pertinente à cooperativa, a saber:

1 – Lei 5.764/71 – que regulamenta a sociedade cooperativa;
2 – Código Civil, que, nos arts. 1.093 a 1.096, estabelece disposições especiais a respeito;
3 – Constituição Federal – art. 5º – inciso XVIII; – Art. 146, alínea c, inciso III; – Art. 174, 51 parágrafo 2º e 3º; Art. 187, inciso VI; Art. 192, inciso VIII.
4 – Resolução CMN2771/2000, do Conselho Monetário Nacional, disciplinando a constituição e o funcionamento das cooperativas de crédito.
5 – Lei 9.532/97 – que equipara as cooperativas de consumo às demais pessoas jurídicas.

Entretanto, nenhuma lei é completa e pode surgir algum problema relacionado à cooperativa, que não se integra em algumas dessas leis. Caso essa hipótese venha a ocorrer, aplicam-se subsidiariamente as normas regulamentadoras da sociedade simples. Fizemos neste compêndio amplo estudo sobre a sociedade simples, o que se tornou necessário, uma vez que este modelo societário era desconhecido, tendo surgido só com o novo Código Civil brasileiro.

26. DA SOCIEDADE SIMPLES

26.1   A inovação societária

26.2   A relevância do novo tipo societário

26.3   A regulamentação legal

26.4   A constituição da sociedade simples

26.5   Dos direitos e obrigações dos sócios

26.6   Da administração da sociedade simples

26.7   Das relações com terceiros

26.8   Da resolução da sociedade simples em relação a um sócio

26.9   Da dissolução da sociedade simples

26.10 A sociedade corretora de imóveis

26.11 A sociedade administradora de imóveis

26.12 A sociedade agropecuária

26.1 A inovação societária

Até que enfim, surgiu para o nosso país o novo Código Civil, após vagar 27 anos pelo Congresso Nacional, enfrentando críticas e desconfianças, com muitos adversários e poucos defensores. Entre muitas inovações e tantas louváveis transformações, resolveu a situação do Direito Societário, até então confuso e obsoleto. Louvamos agora regulamentação da sociedade civil, com o nome de *sociedades simples*, estabelecendo novo modelo societário. O antigo Direito Societário, fundamentado no Código Comercial, de 1850, e algumas leis complementares, regulamentaram sete modelos societários, os seguintes:

- Sociedade por cotas de responsabilidade limitada;
- Sociedade anônima;
- Sociedade em comandita por ações;
- Sociedade em comandita simples;
- Sociedade em nome coletivo;
- Sociedade de capital e industrial,
- Sociedade em conta de participação.

O novo código conserva ainda sete modelos societários, eliminando um deles, a sociedade de capital e indústria, mas adicionando outro: a *sociedade simples*, e o faz de forma bem ampla, de tal forma que suas disposições alargam-se a outras formas societárias, como a *sociedade em comum*. Na ampla classificação das sociedades, surge nova nomenclatura, malgrado já houvesse essa classificação com outro nome. Vamos então definir bem essa classificação das sociedades, tendo em vista a natureza das atividades por elas exercidas.

Sociedade simples

Também chamada de sociedade civil, em vista de ser registrada no Cartório de Registro Civil de Pessoas Jurídicas. Seu objeto social é a prestação de serviços, tais como limpeza, vigilância, alimentação, propaganda, assistência médica e odontológica, promoção de eventos, contabilidade, instalações industriais e domésticas, propaganda e muitas outras. Às vezes, é desse tipo por força ou autoridade da lei, vale dizer, quando a lei determinar. Estão nessas condições as sociedades simples que se dedicam a atividades agropecuárias e de administração de bens.

Sociedade empresária

Também chamada de sociedade mercantil, por ser registrada na Junta Comercial. Dedica-se à indústria e comércio de mercadorias. Toda empresa industrial será sociedade mercantil, pois produz mercadorias. Os estabelecimentos de varejo também são sociedades empresárias, porquanto trabalham com mercadorias; não produzem, mas compram e vendem mercadorias. Também adquirem essa posição por força ou autoridade da lei: é o caso da sociedade anônima, sempre sociedade empresária, ainda que se dedique à prestação de serviços. A sociedade simples não é abrangida pelo Direito Falimentar, não sendo possível a decretação de sua falência, como não poderá ela requerer os benefícios da concordata. Todavia, corre no Congresso Nacional, desde 1992, portanto há quase dez anos, o projeto de nova lei falimentar e, nessa lei, a sociedade simples é equiparada à sociedade empresária para efeitos falimentares.

Queixava-se muito pelo fato de não haver previsão legal sobre a sociedade civil, hoje denominada sociedade simples, ante a expansão extraordinária das atividades consideradas civis, principalmente as de prestação de serviços. Estamos na era do desenvolvimento tecnológico, na qual é exigido aprimoramento constante. A tecnologia exige profissionalização e especialização: todo trabalho deve ser executado por profissional, ou seja, quem faz daquele trabalho seu meio de vida e sua carreira. O profissional, por sua vez, deve ser especializado numa função ou num grupo de funções conexas; não existe especialista de generalidades, chamado pejorativamente de "peão". O profissional especializado está ainda sujeito a intenso aprimoramento, a treinamento constante, que lhe faculte permanecer a par das transformações tecnológicas e se adaptar à novas técnicas de trabalho.

26.2 A relevância do novo tipo societário

As empresas de prestação de serviços especializados aumentam em número e prosperam. Um dos motivos pelos quais essas empresas tenham sido relegadas ao segundo plano foi a fraca participação delas nas atividades empresariais, só tendo se sobressaído no mundo moderno. Costuma-se hoje classificar a atividade econômica em três áreas: primária, secundária e terciária. A atividade econômica primária é aquela em que o homem explora diretamente a natureza, extraindo dela as mercadorias necessárias aos consumidores. É o caso da agricultura, da pecuária e da mineração. Ao extrair metal de uma mina, o homem não adiciona a ele novos elementos nem o trabalha para transformá-lo em outra mercadoria. É a atividade primária.

Digamos entretanto que o homem extrai da terra o ferro e o carbono e depois funde e mistura esses metais, transformando-os em chapas de aço. Vende depois um produto industrializado e não metais "in natura", como obteve a princípio. Adicionou o seu trabalho aos metais, industrializando-os, vale dizer, transformando-os em outros produtos. Essa é a atividade secundária.

Tomemos por exemplo a indústria automobilística FIAT, cujo objeto social é a produção de veículos automotores. Essa empresa tem sua profissão, sua especialização, que constitui seu ramo de atividade: é a produção de veículos. Entretanto, essa mesma empresa mantém um restaurante para servir refeições a seus funcionários, um ambulatório médico e odontológico, um quadro de faxineiras para a limpeza da fábrica e um quadro de vigilantes, uma frota de veículos de transportes, um setor de propaganda e publicidade.

Todavia, a finalidade e especialidade da FIAT é a de produzir automóveis e não fazer comida, nem prestar serviços médicos e odontológicos, nem transportar mercadorias, nem fazer publicidade, nem limpeza e vigilância. Na era da especialização profissional, será preferível deixar o servimento de refeições a uma empresa especializada nesse trabalho, pois se a FIAT nasceu para fazer automóveis nunca será uma boa cozinheira, os serviços médicos ficam a cargo de empresas e profissionais desse setor. Eis por que, na moderna administração empresarial, a prestação de serviços, a atividade terciária, passou a ocupar lugar de realce na economia e no direito. Ensejou o aparecimento de grande número de empresas civis, as prestadoras de serviços.

A importância que a atividade terciária viria a assumir no final do século XX não passou despercebida, no direito; aliás desde mesmo do direito romano. O Código Comercial francês de 1808 previu a participação de profissionais especializados nas atividades empresariais; na esteira do código francês, nosso código transplantou um título denominado "Dos Agentes Auxiliares do Comércio", com os arts. 35 a 118.

O direito brasileiro era tão atrasado, tão anacrônico, que não levava em consideração esse tipo de sociedade, vale dizer, a forma societária de que se reveste a empresa prestadora de serviços, chamada vulgarmente de sociedade civil. O Cartório de Registro Civil de Pessoas Jurídicas exigia que no nome dessa empresa houvesse a indicação dessa natureza jurídica, por extenso ou abreviada. Por exemplo:
- Empresa de Serviços Técnicos S/C Ltda.
- Ajuri Contabilidade, Sociedade Civil Ltda.

Era a forma de distinguir e caracterizar a sociedade civil, olhada então com inferioridade. A expressão "sociedade civil" era utilizada em várias acepções, mas vamos considerá-la no âmbito societário, como a designação de um tipo de sociedade que dá forma a um determinado modelo de empresa. Não deixa de ser uma empresa revestida de uma forma societária. Há um velho ditado caboclo dizendo que cachorro que tem dois donos morre de fome, pois um dono passa o encargo para o outro. O mesmo fenômeno vinha acontecendo com a sociedade civil, antes que surgisse o novo Código Civil. Se era uma sociedade revestidora de uma empresa com fim lucrativo, devia ser alvo do Direito Empresarial, pelo que se depreendia do Direito Civil. Por outro lado, se era uma sociedade civil, julgava o Direito Empresarial estar fora de seu âmbito e evitava intrometer-se na seara alheia. Ficou assim a sociedade civil uma órfã enjeitada do direito. Não havia estudos sérios sobre ela, mas apenas referências esparças.

Muitas diferenças existem entre a sociedade civil e a sociedade mercantil, ou, como chama o novo código, entre a sociedade simples e a sociedade empresária. A principal e mais sugestiva é quanto à modalidade do objeto social. Conforme vimos, a sociedade tem objeto e objetivo: o objeto é o seu ramo de atividade, a sua profissão; o objetivo é o lucro, seja ela a sociedade simples ou a sociedade empresária. Neste aspecto apresentam elas uma característica comum: o intento lucrativo. Essa característica distingue então a sociedade de outros agrupamentos sociais, como a associação e a fundação.

A característica diferenciadora entre as duas sociedades é porém o objeto, mais precisamente chamado de objeto social: nele reside a maior diferença. O ato constitutivo de uma sociedade deve trazer de forma nítida o objeto social: se irá se dedicar à indústria, ao comércio, à prestação de serviços, à agricultura ou pecuária, à mineração, à pesquisa, enfim, a que ramo de atividade. Paralelamente às profissões, o objeto social equivale à profissão da sociedade, à sua especialização. É preciso porém que seu objeto seja expresso de modo bem claro e preciso; não basta, por exemplo, dedicar-se à indústria, porém a que tipo de indústria; será têxtil, metalúrgica, alimentação?

Vamos encontrar então inúmeros objetos sociais, e eles determinarão a mercantilidade ou não da sociedade. A sociedade empresária tem como objeto a intermediação entre as fontes de produção de mercadorias e o mercado consumidor. É o caso da indústria e do comércio em sentido estrito. O que faz uma empresa varejista: compra de certos fornecedores por atacado as mercadorias e as vende aos consumidores. Fez a intermediação entre fornecedores e consumidores, o que vem caracterizar atividade mercantil. A sociedade industrial age de forma diferente mas semelhante: compra muitas mercadorias de fornecedores e as faz chegar às mãos dos consumidores; antes, porém, manipula essas mercadorias, transformando-as em outras. Mesmo assim, não deixa de realizar a mediação entre fornecedores e compradores, ou seja, faz mercadorias saírem das mãos de uns e chegarem às mãos de outros. É o que fazem as sociedades empresárias, também chamadas sociedades mercantis.

Empresas de outro tipo de objeto social serão encontradas porém. São as empresas prestadoras de serviços. Elas não fabricam mercadorias nem as vendem: criam e vendem serviços. Não fazem intermediação entre produtores e consumidores, pois elas próprias produzem os serviços que fornecem. Não exercem nem a indústria nem o comércio em sentido estrito, ou seja, comprar por atacado para vender a varejo. Operam mais como assessoras das empresas, prestando a elas serviços especializados.

Os serviços profissionais especializados prestados pelas empresas de prestação de serviços são muitos hoje em dia. O Direito Tributário, pela lei que regulamenta o ISS-Imposto Sobre Serviços, o Decreto-lei 406/68, aponta inúmeras atividades de prestação de serviços, como: limpeza, vigilância, psicologia, odontologia, processamento de dados, propaganda e publicidade, pesquisas, recrutamento de pessoal, serviços médicos, promoções artísticas e esportivas, hotéis, agências de viagens e turismo, organização de festas (buffet), transportes, agências funerárias. As empresas que se dedicam a tais atividades são civis e não mercantis.

A diversificação do objeto social não é contudo o único critério distintivo entre a sociedade simples e a empresária. Algumas têm a sua natureza jurídica determinada por força ou autoridade da lei. É o caso das S/A. Revestindo-se dessa forma societária, será sempre sociedade empresária, será sempre mercantil, qualquer que seja seu objeto social, segundo diz a própria lei das S/A. Em contrapartida, há certas atividades consideradas pela lei como civis; é o caso das atividades agropecuárias e das operações com imóveis.

A sociedade simples não é atingida pelo Direito Falimentar, não sendo possível a decretação de sua falência, como não poderá ela requerer os benefícios da concordata. Todavia, corre no Congresso Nacional, desde 1992, portanto há quase dez anos, o projeto da nova lei falimentar e, nessa lei, a sociedade simples é equiparada à sociedade empresarial para os efeitos falimentares.

26.3 A regulamentação legal

Voltamos a repetir que a grave lacuna do Direito Societário no tocante a esse tipo de sociedade foi regularizada com o advento do Código Civil brasileiro, substituindo o superadíssimo código de 1916. A regulamentação bastante efetiva da sociedade simples consta dos arts. 1.000 a 1.041, em cinco seções, das quais falaremos logo adiante. É tão explícita que suas disposições aplicam-se à sociedade em comum.

26.4 A constituição da sociedade simples

Trata-se de sociedade contratual, isto é, constituída por um contrato precisamente chamado de contrato social. O instrumento de constituição pode ser particular ou público, este último elaborado por cartório público, o que se torna mais trabalhoso e custoso, motivo pelo qual é bastante rara essa forma de constituição. O contrato social, seja público ou privado, contém cláusulas livremente estipuladas pelas partes, tais como:

- O montante do capital, sua divisão em quotas e a quem pertencem essas quotas;
- O nome empresarial (denominação) da sociedade e o domicílio;
- O objeto social, vale dizer, o ramo de atividade bem claro e explícito;
- Nome e qualificação dos representantes legais da sociedade;
- O objetivo social que é a obtenção de lucro e o esquema de distribuição desses lucros entre os sócios;
- O prazo de duração, se houver, ou então por tempo indeterminando;
- Nome, nacionalidade, profissão e residência dos sócios, se pessoas físicas; é possível porém que pessoas jurídicas sejam sócias e nesse caso devem constar a denominação ou firma, nacionalidade e sede.

Malgrado sejam essas cláusulas de livre estipulação entre as partes, são elas obrigatórias por lei e todas deverão constar do contrato social. Apresentamos as razões delas:

1 – Ao exigir apenas a denominação, o código veda a adoção de firma por essa sociedade;

2 – O capital da sociedade simples é formado por parcelas de valor igual ou desigual, chamadas de quotas (a grafia pode ser também cotas). O contrato social deve indicar quantas cotas formam o capital da sociedade simples e o valor de cada uma. Indicará também o modo de realização: geralmente o capital é realizado à vista, mas é possível em prestações futuras ou com a entrega de bens ou prestação de serviços;

3 – É possível que um sócio não tenha dinheiro para integralizar sua quota no capital e deva ele então prestar serviços à sociedade. Nesse caso, deve ser esclarecido como será a prestação de serviços e o valor deles;

4 – Devem ser mencionados os nomes dos sócios-gerentes, isto é, dos dirigentes da sociedade, os que vão administrá-la. Poderá haver um sócio apenas, ou vários. É possível que todos os sócios sejam sócios-gerentes, também chamados admininistradores; assim sendo bastará dizer que todos os sócios estarão incumbidos da administração da sociedade. Esta sociedade poderá ter dois tipos de sócios: o sócio-quotista e o sócio-gerente. O sócio-quotista é o prestador de capital, possuindo sua quota, mas não toma parte na administração da empresa.

O sócio-gerente é também quotista, mas fica à testa da empresa; é o representante legal dela e a faz funcionar. Recebe uma remuneração chamada "pro labore", pelo serviço que presta à sociedade. É chamado de empresário, sentido que é dado a quem dirige uma empresa.

Nos quinze dias subseqüentes à sua constituição, deve a sociedade requerer a inscrição do contrato social no Cartório de Registro Civil de Pessoas Jurídicas do local de sua sede. Como ocorre com a sociedade empresária, que deverá registrar-se na Junta Comercial, para adquirir personalidade jurídica, da mesma forma deverá a sociedade simples registrar-se no órgão competente de registro, para a aquisição de sua personalidade jurídica. Esse órgão porém é o Cartório de Registro Civil de Pessoas Jurídicas. O registro dessa sociedade deve ser promovido pelo sócio fundador, no prazo de quinze dias. Ultrapassando esse prazo, a sociedade é irregular e deverá sofrer as conseqüências dessa irregularidade.

O pedido de registro será feito por requerimento juntando o original do contrato ou cópia autenticada. O Cartório de Registro Civil de Pessoas Jurídicas entrega ao interessado a relação dos documentos necessários e devidas instruções. O contrato será devolvido com o carimbo do Cartório, ficando neste uma cópia. Feito o registro, a sociedade adquire sua personalidade jurídica. Se algum sócio houver sido representado no contrato por procurador, deve ser juntada respectiva procuração, bem como, se for o caso, a prova da autorização da autoridade competente. Com todas as indicações retro enumeradas, será a inscrição tomada por termo no livro próprio, e obedecerá o número de ordem contínuo para todas as sociedades inscritas.

As modificações do contrato social que tenham por objeto as cláusulas contratuais obrigatórias por lei dependem do consentimento de todos os sócios; as outras podem ser decididas por maioria de votos, se o contrato social não determinar a necessidade de deliberação unânime. As modificações serão averbadas no registro da sociedade simples, no Cartório. Os atos constitutivos não se resumem no contrato social, mas também nas modificações deles, que impliquem a estrutura da sociedade, que são enumeradas no art. 997. Quaisquer dessas modificações só produzem efeito perante terceiros após a averbação no registro. Essas alterações contratuais exigem concordância de todos os sócios. Por exemplo: saída de um sócio, entrada de outro, aumento do capital social, mudança de domicílio, ou da denominação ou do objeto social.

A sociedade simples que instituir sucursal, filial ou agência em lugar sujeito à jurisdição de outro Cartório de Registro Civil de Pessoas Jurídicas neste deverá inscrevê-la, com a prova da inscrição originária. Em qualquer caso, a constituição de filial ou agência deverá ser averbada no Cartório da respectiva sede. O critério para a sociedade simples é o mesmo adotado para a sociedade empresária. O Cartório de Registro Civil tem jurisdição apenas num Estado, como também a Junta Comercial. A sociedade simples registrada no Estado de São Paulo, se for abrir filial em outro, precisaria registrar essa filial no Cartório do Estado em que for aberta esta filial, que deverá ser averbada também no Cartório de São Paulo.

É conveniente ressaltar que o contrato social da sociedade simples, como de qualquer sociedade, deverá ter a assinatura de um advogado.

26.5 Dos direitos e obrigações dos sócios

As obrigações dos sócios começam imediatamente com o contrato, se este não fixar outra data, e terminam quando, liquidada a sociedade, extinguirem-se as responsabilidades sociais. Ao ser assinado, o contrato produz efeito imediato para quem o assina, a menos que fique estabelecido o dia em que ele possa vigorar. Digamos outra vez que o *contrato faz lei entre as partes* e, por enquanto, produz efeitos entre os celebrantes, isto é, os sócios. O término das obrigações, contudo, não é tão fácil de ser estabelecido. Terminam, em princípio, com a liquidação da sociedade. Esta liquidação, todavia, processam-se de várias maneiras e deve ser analisada esta questão em cada caso. A liquidação dessa sociedade está regulamentada pelo código e sobre ela falaremos adiante.

O sócio não pode ser substituído no exercício de suas funções sem o consentimento dos demais sócios, expresso em modificações do contrato social. Essa disposição é aqui repetida e torna-se inexorável. A sociedade simples é uma sociedade de pessoas, vale dizer, a pessoa do sócio é fator primordial em sua estrutura; os sócios devem ser unidos pela "affectio societatis". Nem mesmo poderá entrar de sócio a esposa de um sócio falecido: quem gozava da aprovação dos demais era o marido e eles podem não aprovar a viúva, a não ser que o contrato social tenha previsto previamente a aceitação.

Não poderá também um sócio assumir os poderes de outro sócio sem aprovação dos demais. Por exemplo: um sócio-gerente decide afastar-se de suas funções; seu substituto só poderá ser outro sócio, mas com o consentimento de todos.

A cessão total ou parcial da quota, sem a modificação do contrato social com o consentimento dos demais sócios, não terá eficácia quanto a estes e à sociedade. Até dois anos depois de averbada a modificação do contrato responde o cedente solidariamente com o cessionário perante a sociedade e terceiros pelas obrigações que tinha como sócio. Eis aqui outro dispositivo de segurança, a fim de evitar fraudes. Se um sócio vende a sua quota, parcial ou totalmente a outra pessoa, estará introduzindo esta outra pessoa como sócio. Deverá pois contar com a aprovação dos demais. Assim a cessão da quota deverá ser feita em instrumento escrito, assinado pelo vendedor e pelo comprador e também por todos os demais sócios. Esse instrumento é um ato constitutivo e, como tal, deve ser averbado no registro da sociedade no Cartório de Registro Civil de Pessoas Jurídicas e só então produzirá efeito. É uma alteração do contrato social. O sócio retirante não se desvincula totalmente das responsabilidades que assumiu quando era sócio: cedente e cessionário da quota ficam solidariamente por essas obrigações pelo período de dois anos.

Os sócios são obrigados, na forma e prazo previstos, às contribuições estabelecidas no contrato social. O que deixar de fazê-lo, nos trinta dias seguintes ao da notificação pela sociedade, responderá perante esta pelo dano emergente da mora. Verificada a mora, poderá a maioria dos demais sócios preferir, à indenização, a exclusão do sócio remisso, ou reduzir-lhe a quota ao montante já realizado. Em ambos os casos, será levantado o balanço, para ser examinada a situação patrimonial da sociedade e apurar-se o valor da quota do sócio remisso.

Ao subscrever a quota, o sócio deve integralizar o valor dela, pois assumiu esse compromisso. Integralizar tem o sentido de pagar. Normalmente, a integralização, isto é, o pagamento, é feito no ato mas nem sempre ocorre. É uma obrigação assumida pelo sócio perante a sociedade e deve ele cumpri-la. Se não pagar sua quota, estará inadimplente e responderá por isso. Nesse caso, várias opções se oferecem à sociedade, por deliberação dos outros sócios:
- Executar o contrato, obrigando o sócio inadimplente a pagar:
- Expulsar o sócio da sociedade, cancelando sua quota ou vendendo a outrem;
- Exigir reparação de danos, mesmo adotando as duas medidas anteriores.

O sócio que, a título de quota social, transmitir domínio, posse ou uso, responde pela evicção; e pela solvência do devedor, o que transferir crédito. Ao ser feita a cessão da quota, deve o cessionário, ou seja, o novo sócio, ser protegido contra eventuais fraudes. Mesmo que haja aprovação dos demais, pode ser declarada ineficaz a cessão de uma quota se o adquirente dela vier a perdê-la por decisão judicial que anule o direito de propriedade do sócio cedente sobre a quota. Não fica bem definida a situação de crédito, porquanto há muitos tipos de crédito e documentos que representam, como por exemplo, um título de crédito (nota promissória, letra de câmbio, cheque, duplicata).

O sócio cuja contribuição consista em serviços não pode, salvo convenção em contrário, empregar-se em atividade estranha à sociedade, sob pena de ser privado de seus lucros, e excluído dela. Se o sócio comprometeu-se a integralizar sua quota com a prestação de serviços a ela tem que efetivamente trabalhar na empresa, prestando serviços úteis à mesma. Por isso, o próprio contrato social deve precisar quais as prestações a que esse sócio se obriga. Se o contrato social estabeleceu cláusula em contrário, prevalece ela pois em matéria de Direito Contratual, prevalece a autonomia da vontade.

Salvo estipulação em contrário, o sócio participa dos lucros e das perdas, na proporção das respectivas quotas, mas aquele cuja contribuição consiste em serviços somente participa dos lucros, na proporção da média do valor das quotas. O aporte de capital é um investimento do sócio; ele é um dos donos da sociedade e, portanto, colherá os frutos de seu investimento. Esses frutos poderão ser favoráveis ou desfavoráveis, vale dizer, lucros ou prejuízos. Esses frutos recaem sobre o sócio na proporção do valor de sua quota. Não seria equitativa a distribuição de lucros numa sociedade em que um tem 90% do capital e outro 10% e, no entanto, os lucros seriam divididos meio a meio.

Podemos imaginar algumas situações referentes à posição de um sócio comprometido em integralizar sua parte no capital com a prestação de serviços. Por exemplo, ao iniciar-se o exercício anual, o sócio de uma empresa de tapetes e cortinas nada pagou da quota subscrita, mas pelos trabalhos prestados à empresa vai ele recebendo pelos serviços prestados, reservando mensalmente 10% para a integralização. Após dez meses terá completado sua integralização. A cada mês corresponde uma quota com valores diferentes. Se tiver ele que auferir lucros ou suportar prejuízos, deverá ser tirada a média dessas quotas mensais, para estabelecer a proporção.

É nula a estipulação contratual que exclua qualquer sócio de participar dos lucros e das perdas. Por princípio, uma convenção entre pessoas privadas não pode derrogar lei de ordem pública. O sócio investe seu dinheiro na sociedade para obter os lucros com que possa viver. É fundamento do Direito Societário que a sociedade é profissional e seu conceito esclarece que seu objetivo é a obtenção de lucros para distribuí-los entre os sócios que a compõem. Nenhum acordo entre sócios pode proibir a distribuição de lucros a um sócio, é um ultraje à lei e não poderá ter validade jurídica.

A distribuição de lucros ilícitos ou fictícios acarreta responsabilidade solidária dos administradores que a realizarem e dos sócios que os receberem, conhecendo ou devendo conhecer a ilegitimidade. Apesar da distinção da personalidade jurídica entre a pessoa jurídica e as pessoas naturais que a compõem, separando a responsabilidade patrimonial da pessoa jurídica do patrimônio dos sócios, procura esse critério evitar fraudes. Se os lucros forem ilícitos são frutos de um crime; se forem fictícios será uma fraude e não pode a lei regulamentar a prática de um crime. Em ambos os casos há um estelionato; algum sócio será prejudicado e outro criminosamente beneficiado. Essa fraude poderá então ser anulada, retornando aos cofres da sociedade os lucros irregularmente distribuídos, ou então, será indenizado o sócio prejudicado.

26.6 Da administração da sociedade simples

A administração da sociedade simples ficou regulamentada pelo nosso código novo de forma bem explícita, o que não acontecia antigamente, nem com a lei da sociedade por quotas, nem com as demais sociedades de pessoas. Aliás, a sociedade simples, chamada de sociedade civil, nem era regulamentada.

Fica a administração da sociedade simples a cargo do "administrador", anteriormente chamado de sócio-gerente, expressão que ainda permanece em nosso direito. O administrador só poderá ser pessoa natural e será incumbido da "administração da sociedade", conforme diz o código. Poderá a sociedade ter um ou vários administradores. Haverá como uma delegação dos sócios aos administradores para gerir as atividades sociais. O termo "administra" é interpretado de várias formas, quer na ciência do direito, quer na de administração de empresas, quer na economia. No que tange ao Direito Societário, administrar e gerir são palavras sinônimas; vem justificada por essa sinonímia a designação dada pelo antigo direito de sócio-gerente ao atual administrador.

Quando por lei ou pelo contrato social competir aos sócios decidir sobre os negócios da sociedade, as deliberações serão tomadas por maioria de votos, contados segundo o valor das quotas de cada um. Casos há em que certas decisões não ficam a cargo do administrador, mas ao conjunto de sócios, casos esses previstos pela lei como o da inclusão de novo sócio, ou então por cláusula contratual.

Essas decisões colegiadas ficam submetidas a certas normas traçadas na lei. São tomadas essas decisões segundo o critério adotado nas assembléias da S/A, por votação em que pesa o valor da quota. Como a quota é indivisível, deve achar uma fórmula para atribuir a cada quota o número de votos segundo o seu valor, como por exemplo, um voto por real. Vamos esmiuçar a solução: uma sociedade simples com três sócios, cada um com quota diferente, a saber:

Ulpiano   R$10.000,00
Modestino R$ 7.000,00
Pompônio   R$ 3.000,00.

Numa votação, Ulpiano teria 10.000 votos, Modestino 7.000 e Pompônio 3.000. Uma proposta deliberada poderá ser decidida se contar com 5.100 votos. Poderá, neste caso, haver empate, se Ulpiano for a favor da proposta e os outros dois contra. Entretanto, neste caso, vence o voto de Modestino e Pompônio, pois houve dois sócios contra um. Para a formação da maioria absoluta são necessários votos correspondentes a mais da metade do capital. Prevalece a decisão sufragada por maior número de sócios no caso de empate, e, se este persistir, decidirá o juiz.

É possível outra hipótese: o capital de uma sociedade simples é de R$ 40.000,00, distribuído entre quatro sócios em partes iguais, sendo R$ 10.000,00 de cada um. Numa votação, dois sócios votam a favor e dois contra; haverá portanto duplo empate: por votos e por número de votantes. Neste caso, a solução será um processo judicial. Parece-nos porém que submeter a questão à arbitragem, nos termos da Lei 9.307/96, seria a melhor solução.

Responde por perdas e danos o sócio que, tendo em alguma operação interesse contrário ao da sociedade, participar da deliberação que a aprove graças a seu voto. É a posição do sócio que confundir duas posições: de sócio e de terceiro negociando com a sociedade. Por exemplo, uma decisão sobre o fornecimento de equipamento industrial com preço orçado por vários fornecedores. Na votação pende a vitória a um fornecedor que é uma empresa formada por família do sócio da compradora, cujo voto pendeu na escolha.

Surge agora a salutar medida contra aventureiros que se utilizam da sociedade para perpetrar golpes contra a coletividade. O administrador da sociedade deverá ter, no exercício de suas funções, o cuidado e a diligência que todo homem ativo e probo costuma empregar na administração de seus próprios negócios. Não podem ser administradores, além das pessoas impedidas por lei especial, os condenados a pena que vede, ainda que temporariamente, o acesso a cargos públicos; ou por crime falimentar, de prevaricação, peita ou suborno, concussão, peculato; ou contra a economia popular, a fé pública, ou a propriedade.

A lei agora impõe uma ética empresarial, ditando o tipo de comportamento do empresário à testa da empresa. Não estabelece a lei os parâmetros do que afirma, mas cabe aos demais sócios formarem sua opinião e requererem o pronunciamento judicial.

Aplicam-se, no que couber, à atividade dos administradores as disposições concernentes ao mandato. Há realmente muita analogia entre os dois: administração e mandato. Nem todos os sócios podem exercer a atividade empresarial e, então, eles como que outorgam um mandato ao administrador para que este exerça atividades em nome dos mandantes. O mandato é um contrato muito bem estruturado pelo direito romano e constava de nosso antigo Código Civil e do Código Comercial, e com minúcias no novo código. O novo código silencia sob aspecto dos mais importantes: o administrador terá que ser sócio? O antigo regime assim obrigava e, em nosso parecer, deverá ter sua quota no capital. Se não for sócio, será então um empregado e não teria obrigações sociais, nem deveria; suas responsabilidades e seus poderes não estão previstos no contrato social, mas no contrato de trabalho. Portanto, o que a lei quer dizer é que as funções do administrador são comparáveis às de um mandatário, mas não age ele por um contrato de mandato.

Estão legalmente impedidos de exercer atividade empresarial, ou seja, não podem ser administradores de uma sociedade simples pessoas condenadas por crimes reveladores de abuso de confiança ou desrespeito ao patrimônio alheio. Indicamos as razões:

1– Crime falimentar: neste caso, é quem tenha sido condenado como empresário mercantil individual e não por ser sócio de uma sociedade falida. Não fica esclarecido se o impedimento atinge a quem já cumpriu a pena e quem já foi reabilitado. Somos de opinião de que esse impedimento atinge a quem responde a Inquérito Judicial por crimes falimentares, a menos que tenha sido absolvido. O que ocorre é que a "indústria de falências" estabeleceu efetivo esquema de prescrição de crimes falimentares. Contudo, prescrição não é absolvição;

2– Crimes contra a propriedade alheia: integram-se nessa tipologia genérica furto, roubo, apropriação indébita, estelionato;

3– Crimes contra a fé pública: é o caso de falsificação.

Incluem-se ainda os crimes contra a economia popular, de prevaricação, peita ou suborno (corromper autoridades públicas).

O administrador nomeado por instrumento em separado deve averbá-lo à margem da inscrição da sociedade, e pelos atos que praticar, antes de requerer a averbação, responde pessoal e solidariamente com a sociedade. O administrador deve constar já do contrato social, mas é possível que algum seja incluído posteriormente. A investidura nessa posição dependerá de um instrumento escrito, com assinatura de todos os sócios e averbado no registro da sociedade no Cartório de Registro Civil de Pessoas Jurídicas. Se praticar algum ato antes de averbar o instrumento, o ato será válido e obrigará a sociedade, mas o administrador responderá solidariamente com ela. Note-se que o código fala em ato praticado antes de requerer a averbação e não antes de ser registrado.

O contrato social deve indicar quem serão os administradores da sociedade. Se o contrato for omisso, todos os sócios serão administradores. Poderá haver um só administrador; ou vários administradores, cada um agindo disjuntivamente, vale dizer, isoladamente; poderá um discordar do outro, submetendo a questão à solução do corpo de sócios. O administrador poderá exercer sua ação apenas nos limites de seus poderes, não podendo ultrapassá-los. É a teoria do "ultra vires societatis", já consagrada. Se o administrador usar de poderes que não lhe foram outorgados pela sociedade ou se praticar atos não compreendidos nas suas atribuições, responderá por eles perante a sociedade. A responsabilidade "ultra vires societatis", contudo, é apenas do administrador para com a sociedade e não com terceiros, razão pela qual esses atos acarretam responsabilidade para com terceiros, tendo ela o direito regressivo contra o administrador arbitrário.

Responde por perdas e danos perante a sociedade o administrador que realizar operações sabendo ou devendo saber que estava agindo em desacordo com a maioria.

Nos atos de competência conjunta de vários administradores torna-se necessário o concurso de todos, salvo nos casos urgentes em que a omissão ou tardança das providências possa ocasionar dano irreparável ou grave. Para esclarecer melhor, os administradores podem administrar a sociedade simples disjuntivamente ou conjuntivamente. Se houver, por exemplo, dois administradores disjuntivos, cada um age por si, assina por si; um cheque, por exemplo, pode ser emitido com a assinatura de um ou de outro. Se operarem eles de forma conjunta, cada um só deverá operar em conjunto com os demais; se houver responsabilidade conjunta, um cheque deverá ter a assinatura de todos os administradores. Há situações excepcionais: em caso de premente necessidade de uma decisão e se ela não for tomada poderá acarretar prejuízos à sociedade, poderá um sócio tomar decisão isolada.

No silêncio do contrato, os administradores podem praticar todos os atos pertinentes à gestão da sociedade. Não constituindo objeto social, a oneração ou a venda de bens imóveis depende do que decidir a maioria dos sócios. O contrato social deve definir quais os atos que os administradores possam ou não praticar, mas os sócios podem delegar poderes mais amplos aos administradores, pois vigora o princípio da autonomia da vontade. Na omissão contratual há liberdade dos administradores na gestão das atividades empresariais. Contudo, os atos não pertinentes à gestão empresarial, como a venda de imóveis, obedecerão a outro critério: serão submetidos à decisão dos sócios, que decidirão por maioria de votos.

O excesso por parte dos administradores somente pode ser oposto a terceiros, se ocorrer pelo menos uma das seguintes hipótese:

A – Se a limitação de poderes estiver inscrita ou averbada no registro próprio da sociedade. Nesse caso, havia obrigação do terceiro em saber que estava transacionando irregularmente com a sociedade.
É preciso porém examinar cada caso, para ver se estava totalmente

enquadrado nessa disposição, como se a operação realizada trouxer proveito para a sociedade e não para o sócio; em situação semelhante, a sociedade teria se enriquecido indevidamente.

B – Se o terceiro que contratasse com a sociedade soubesse que estava agindo mal, ciência essa devidamente comprovada.

C – Se a transação realizada não fizesse parte do objeto social, como por exemplo, uma metalúrgica comprando uma tonelada de açúcar.

Os administradores respondem solidariamente perante a sociedade e os terceiros prejudicados por culpa no desempenho de suas funções. Desse modo, abre-se mais a responsabilidade do administrador se, ainda que sem abusar de seus poderes, causar prejuízos a terceiros. Trata-se, neste caso, da responsabilidade aquiliana, ou seja, baseada na culpa. O ônus da prova cabe ao terceiro que alega. Citemos um exemplo: um administrador, dirigindo um veículo da sociedade em serviço, causa acidente em vista da inobservância das normas de trânsito. Praticou um ato de gestão pois estava exercendo atividade empresarial, mas a culpa do acidente foi dele. Neste caso, a sociedade responderá pelas perdas e danos perante o terceiro prejudicado, mas o terceiro poderá incluir na execução o administrador, invocando a responsabilidade solidária. A sociedade terá contra o administrador o direito de regresso.

O administrador que, sem consentimento escrito dos sócios, aplicar crédito ou bens sociais em proveito próprio ou de terceiros terá de restituí-los à sociedade, ou pagar o equivalente, com todos os lucros resultantes e, se houver prejuízo, por eles também responderá. Fica sujeito às mesmas sanções o administrador que, tendo em qualquer operação interesse contrário ao de sociedade, tome parte na correspondente deliberação. Esse comportamento indevido do administrador equivale a uma prevaricação. Ele abusou de seus poderes dentro da sociedade, fazendo os atos de gestão redundarem em seu benefício pessoal. Por exemplo, fornece mercadorias a preço abaixo do valor a um cliente que lhe tenha fornecido mercadoria também abaixo do valor. É operação vulgarmente chamada de "troca de chumbo". O administrador provoca confusão entre os seus interesses e os interesses sociais, resultando em lucro pessoal em detrimento da sociedade. Vamos citar outro exemplo: o administrador empresta veículo da sociedade a uma empresa da qual ele é sócio; ou então, quem empresta o veículo é um outro administrador, mas a operação é aprovada pelo administrador ligado à empresa beneficiada. Em casos assim, fica o administrador obrigado a reparar os danos sofridos pela sociedade que ele administra; mesmo que ela não sofra prejuízos, os lucros que ela tiver obtido deverão ser recolhidos à sociedade.

Ao administrador é vedado fazer-se substituir no exercício de suas funções sendo, entretanto, facultado, nos limites de seus poderes, constituir mandatários da sociedade, especificados no instrumento os atos e operações que poderão praticar. Os poderes de gestão e as atribuições conferidas ao administrador são "intuitu personae"; ele não poderá transferi-los. Como dirigente da empresa poderá delegar alguns poderes a um gerente, que lhe é um preposto. Poderá também outorgar mandatos em nome da sociedade, como a um advogado ou a um representante comercial autônomo.

São irrevogáveis os poderes do sócio investido na administração por cláusula expressa no contrato social, salvo justa causa, reconhecida judicialmente, a pedido de qualquer dos sócios. São revogáveis, a todo tempo, os poderes conferidos a sócio por ato separado, ou a quem não seja sócio. Uma vez que o contrato de sociedade diga quem é o sócio administrador, este só poderá ser destituído dessa função por ato a ser averbado no Cartório, assinado por todos os sócios, inclusive por ele próprio. Se não contar com sua concordância, os sócios só poderão destituí-lo graças a ação judicial. Esta ação porém deverá ser motivada por justa causa, como por exemplo, se ele infringiu os deveres de diligência e lealdade, ou se for constatada sua condenação por crimes que o indisponham ao exercício do seu cargo.

Os administradores são obrigados a prestar aos sócios contas justificadas de sua administração, e apresentar-lhes anualmente o inventário, bem como o balanço patrimonial e o de resultado econômico. Se o administrador é um mandatário dos sócios e age em nome da sociedade, tem que prestar contas de sua gestão. É a ele que cabe a elaboração do balanço patrimonial e da demonstração de lucros e perdas, mesmo porque se tornaria difícil a prestação de contas sem essas demonstrações.

Salvo estipulação que determine época própria, o sócio pode, a qualquer tempo, examinar os livros e documentos, e o estado da caixa e da carteira da sociedade. Fala-se aqui do sócio-quotista, o sócio que não seja administrador. É ele um dos donos da sociedade, já que subscreveu parte do capital. Cabe-lhe portanto o direito de fiscalizar a administração, examinar a contabilidade e pedir explicações sobre o andamento dos negócios. Não fica definido o sentido de examinar a carteira da sociedade; pode ser a carteira de títulos a receber, a carteira de clientes e outras.

26.7 Das relações com terceiros

A sociedade adquire direitos, assume obrigações e procede judicialmente, por meio de administradores com poderes especiais, ou, não os havendo, por intermédio de qualquer administrador. A sociedade não tem mãos, não tem boca, não tem cabeça. Entretanto, ela pensa, planeja, executa. Não tem mãos mas assina cheques e contratos, assumindo obrigações ou adquirindo direitos. Age ela por intermédio de seus administradores; eles assinam por ela. Para tanto, há necessidade de que lhes sejam outorgados poderes especiais para cada tipo de ato. Se não constarem no contrato social os poderes especiais, tem-se que qualquer ato empresarial possa ser exercido pelos administradores.

Se os bens da sociedade não lhe cobrirem as dívidas, respondem os sócios pelo saldo, na proporção em que participem das perdas sociais, salvo cláusula de responsabilidade solidária. Pelo que se vê, não ficam os sócios totalmente isentos de responsabilidade pessoal pelas dívidas que a sociedade contrair. É possível que o contrato social tenha cláusula adotando responsabilidade solidária dos sócios. Não havendo essa cláusula, não há responsabilidade solidária, mas as dívidas da sociedade transmitem-se aos sócios no saldo, vale dizer, a sociedade responde por suas dívidas, mas se ela não cobrir totalmente os débitos o resíduo deles passa para os sócios.

Esse resíduo é considerado uma perda, um prejuízo da sociedade e por isso passa para a responsabilidade do sócio, mas não de forma solidária e ilimitada. Responde ele na proporção do valor de sua quota.

Os bens particulares dos sócios não podem ser executados por dívidas da sociedade, senão depois de executados os bens sociais. A responsabilidade, ainda que haja cláusula de solidariedade, é sempre subsidiária. A sociedade responde por suas dívidas, mas, se não tiver com que pagá-las, resultando execução frustrada, os sócios responderão subsidiariamente por elas. Nesse caso, cremos que poderá haver duas execuções num mesmo processo. Desde que haja certidão do oficial de justiça certificando a ausência de bens da sociedade, para penhorar, poderá ser requerida a penhora dos bens particulares dos sócios.

O sócio, admitido em sociedade já constituída, não se exime das dívidas sociais anteriores à admissão. Eis outra medida de segurança contra fraudes, evitando que um sócio, ao ver sua sociedade pesada de dívidas, retire-se dela, introduzindo um "laranja", o que não é raro acontecer. É um tipo de "arara". Neste caso, continua responsável pelas dívidas, e, segundo o espírito da lei, solidariamente.

O credor particular do sócio pode, na insuficiência de outros bens do devedor, fazer recair a execução sobre o que a este couber nos lucros da sociedade, ou na parte que lhe tocar em liquidação. Se a sociedade não estiver dissolvida, pode o credor requerer a liquidação da quota do devedor, cujo valor apurado será depositado em dinheiro, no juízo da execução, até três meses após aquela liquidação. Outro ponto discutido há anos no direito brasileiro vem esclarecido nessa disposição estabelecida pelo novo CC. Seria possível penhorar as quotas de um sócio? Na verdade, a quota é um valor, um bem constante do patrimônio do devedor e portanto é um bem penhorável. A situação agora se apresenta sob dois aspectos:

1 – O credor, ao executar dívida do devedor que seja sócio de uma sociedade simples, poderá pedir a penhora dos lucros que couber a esse devedor, requerendo a adjudicação desses lucros, para o abatimento da dívida;

2 – Poderá pedir também a penhora da própria quota do devedor, devendo a sociedade apurar o valor econômico da quota, depositando em juízo o valor dela. O valor a ser depositado não é o valor nominal da quota, tal como consta no capital, mas o valor avaliado para ela.

Os herdeiros do cônjuge de sócio, ou o cônjuge do que se separou judicialmente, não podem exigir desde logo a parte que lhes couber na quota social, mas concorrer à divisão periódica dos lucros, até que se liquide a sociedade. A separação ou o divórcio de um sócio poderá perturbar a situação da sociedade. A quota de um sócio poderá ser dividida entre os dois pela partilha, passando o cônjuge a também ser sócio, por imposição legal. A fim de não romper a "affectio societatis" reinante nas sociedades personalizadas, o novo sócio assume poderes apenas se houver aceitação dos demais. Não havendo acordo geral, o cônjuge não pode exigir a entrega de sua quota, a não ser que a sociedade liberalmente a conceda. Como tem direito à quota, entretanto, perceberá os lucros correspondentes a ela.

Outra situação semelhante ocorre: um sócio é casado e seu cônjuge falecido. A metade da quota, correspondente à meação do cônjuge falecido, fica para os filhos; estes passam a auferir os lucros proporcionais à sua parte no capital, mas não podem exigir a devolução da quota.

26.8 Da resolução da sociedade simples em relação a um sócio

No caso de morte de sócio, liquidar-se-á sua quota, salvo:
- Se o contrato dispuser diferentemente;
- Se os sócios remanescentes optarem pela dissolução da sociedade;
- Se, por acordo com os herdeiros, regular-se a substituição do sócio falecido.

Resolveu-se um drama que há muito afligia o Direito Societário: a morte de um sócio. Abrem-se agora várias soluções. O problema não seria angustiante se o contrato social apontasse a solução. Ficou então prevalecendo a autonomia da vontade: o contrato social é a vontade dos sócios e a situação será resolvida de acordo com o disposto do contrato.

Se o contrato de sociedade for omisso a este respeito, a sociedade não se dissolve com a morte de um sócio, mas apenas a quota pertencente ao "de cujus". Dissolve-se a sociedade se todos os sócios assim decidirem, mas não por imposição legal. Poderá haver outra saída para evitar a liquidação da quota do sócio falecido: todos os sócios entendem-se com os herdeiros, escolhendo um substituto do finado.

Além dos casos previstos na lei ou no contrato qualquer sócio pode retirar-se da sociedade; se de prazo indeterminado, mediante notificação aos demais sócios, com antecedência mínima de dois meses; se de prazo determinado, provando judicialmente justa causa. Nos trinta dias subseqüentes à notificação podem os demais sócios optar pela dissolução da sociedade. Chama-se direito de recesso o de um sócio retirar-se da sociedade. Estabeleceram-se diversos trâmites, conforme seja a sociedade constituída a tempo indeterminado ou a prazo. Discordamos da redação do art. 1.032, que estabeleceu essa disposição quanto a um pormenor: prazo é sempre um tempo determinado, não se podendo falar em "prazo indeterminado", mas tempo indeterminado. Tempo determinado corresponde a prazo. Vejamos então como se processa a retirada.

Sociedade de tempo determinado

Se a sociedade é constituída para se dissolver num dia determinado, ou seja, a prazo, já está marcada a data da saída do sócio e resta a ele esperar esse dia que ele próprio escolheu. Se tiver porém justa causa para a retirada, poderá invocá-la em juízo, cabendo-lhe o ônus da prova.

Sociedade de tempo indeterminado

Não está previsto o fim dessa sociedade e, nesse caso, pode haver saída espontânea do sócio. Deverá ele fazer notificação aos demais sócios, dando-lhes dois meses para deliberarem a respeito.

Há porém uma abertura legal com opções para que os sócios deliberem calmamente o destino da sociedade sem o sócio retirante. Pode o sócio retirar-se e a sociedade continuar com os demais sócios, ou então, os sócios decidem liquidar a sociedade e todos se retiram.

Pode o sócio ser excluído judicialmente da sociedade, mediante a iniciativa da maioria dos demais sócios, por falta grave no cumprimento de suas obrigações ou, ainda, por incapacidade superveniente. Será de pleno direito excluído o sócio declarado falido, ou aquele cuja quota tenha sido liquidada devido à execução de suas dívidas particulares. Os sócios poderão, por iniciativa própria, eliminar algum sócio que eles considerarem como nocivo aos interesses sociais. Pode o sócio tomar-se inconveniente em vista de comportamento lesivo à empresa, ou então, se houver posteriormente alguma incompatibilidade, como se ele for declarado interdito. Em casos assim, a exclusão ocorre mediante ação judicial.

Quanto à situação do sócio que tiver sua falência decretada, o motivo é conseqüência legal. A falência determina a arrecadação dos bens do falido, para formar a massa falida. O sócio falido perde a titularidade de sua quota e portanto deixará de ser sócio. O mesmo ocorre se a quota da sociedade for penhorada em razão de execução por algum credor do sócio.

Nos casos em que a sociedade se resolver em relação a um sócio, o valor de sua quota, considerado pelo montante efetivamente realizado, liquidar-se-á, salvo disposição contratual em contrário, com base na situação patrimonial da sociedade, à data da resolução, verificada em balanço especialmente levantado. Nesse caso, o capital social sofrerá a correspondente redução, salvo se os demais sócios suprirem o valor da quota. A quota liquidada será paga em dinheiro, no prazo de três meses, a partir da liquidação, salvo acordo ou estipulação contratual em contrário.

A questão retro citada, importante e delicada, fica resolvida pela nova disposição do CC. A possibilidade de liquidação da quota evita a liquidação da sociedade, razão por que essa inovação é das mais louváveis da instituição do novo Código Civil de nosso país. Seja porque o sócio faliu, seja porque faleceu, foi declarado interdito, discordou dos demais sócios e quis retirar-se, ou outro sério motivo deve sair da sociedade, nem por isso deve ela sofrer abalo. As soluções para o problema são agora amplamente expostas e a própria forma de apuração da quota tem algumas normas estabelecidas pela regulamentação que o CC dá à sociedade simples.

Para liquidar-se uma quota não se pode tomar por base seu valor nominal, mas a situação econômica da sociedade. Se a sociedade teve pesado prejuízo no exercício ou se tiver prejuízos acumulados, a quota deve ser depurada. Se não, quando uma sociedade estiver patrimonialmente abalada, qualquer sócio procuraria retirar-se. Em contra-partida, se o sócio tiver lucros suspensos ou um patrimônio ativo valorizado, o valor nominal da quota seria bem menor do que o valor econômico. Haveria uma distorção da realidade econômica da sociedade, criando-se uma situação artificial.

Para se avaliar o valor econômico da quota, haverá necessidade de se levantar o balanço patrimonial da sociedade, por ocasião da liquidação. Apurado o valor econômico da quota, proceder-se-á seu pagamento a quem de direito, no prazo de três meses, em dinheiro.

A retirada da quota do capital provocará um vazio, cuja solução caberá aos demais sócios restantes. Poderão deles diminuir o capital, abatendo dele o valor da quota liquidada ou adquirirão essa quota, mantendo o capital inalterado.

A retirada, exclusão ou morte do sócio não o exime, ou a seus herdeiros, da responsabilidade pelas obrigações sociais anteriores, até dois anos após averbada a resolução da sociedade; nem nos dois primeiros casos, pelas posteriores e em igual prazo enquanto não se requerer a averbação. Aperta-se assim o cerco para evitar fraudes com a entrada e saída de sócios. O sócio que se retira não poderia ficar isento de responsabilidade pelas obrigações da sociedade simples, pois os "ratos sempre abandonam o navio quando ele está afundando". Oferecem-se duas situações, com efeitos diferentes:

Retirada ou exclusão de sócio

O sócio retirante ou excluído continua responsável pelas obrigações da sociedade, assumidas por ele antes da retirada ou exclusão, durante o período de dois anos, a partir da averbação no Cartório de Registro Civil de Pessoas Jurídicas. Fica o sócio liberado após esse período. Entretanto, a averbação deve ser promovida com urgência, uma vez que, enquanto não for averbada, as obrigações assumidas pela sociedade nesse período vincula esse sócio.

Morte do sócio

O patrimônio do sócio entra no espólio, incluindo-se a quota, que é um bem componente do patrimônio do "de cujus". Neste caso, o espólio fica responsável pelas obrigações da sociedade, pelo mesmo período.

26.9 Da dissolução da sociedade simples

Dissolve-se a sociedade quando ocorrer:
1 – O vencimento do prazo de duração, salvo se, vencido este e sem oposição de sócio, não entrar a sociedade em liquidação, caso em que se prorrogará por tempo indeterminado;
2 – O consenso unânime dos sócios;
3 – A deliberação dos sócios, por maioria absoluta, na sociedade por prazo indeterminado;
4 – A falta de pluralidade de sócios, não reconstituída no prazo de seis meses;
5 – A extinção, na forma da lei, de autorização para funcionar.

A extinção da sociedade opera-se em duas fases: a dissolução e a liquidação. A dissolução suspende as atividades empresariais, mas os administradores continuam em suas funções, ultimando os preparativos para a sua liquidação, completando as negociações pendentes e outros problemas, como um imposto a recolher, um processo em andamento, em cheque emitido, uma dívida a pagar. Após serem resolvidos todos esses problemas, entra-se em fase de liquidação.

A sociedade pode dissolver-se a qualquer momento, se for por tempo indeterminado, por decisão unânime dos sócios. A sociedade é deles; eles a abriram por vontade própria e por isso podem fechá-la. Há porém várias causas para a dissolução:

Expiração de prazo

Esta causa só se aplica à sociedade que se constituir com prazo de duração, o que é bem raro nas sociedades e acreditamos seja também raro na sociedade simples, que acaba de ser criada. A sociedade pode ser a prazo ou por tempo indeterminado, e constando no contrato social que ela deverá se dissolver num determinado dia, ocorrerá legalmente sua dissolução "pelo jure". Não há necessidade de um distrato, pois já ficara pactuado em cláusula contratual que a sociedade não mais existiria a partir de um certo dia. Foi a vontade dos sócios que se efetivou.

Se os sócios chegarem à conclusão de que a sociedade deveria continuar após seu prazo de duração, poderiam alterar a cláusula contratual, transformando-a em sociedade com tempo indeterminado. Esse aditivo deverá ser estabelecido por instrumento escrito e registrado no Cartório de Registro Civil de Pessoas Jurídicas (lembre-se que a sociedade simples não é registrada na Junta Comercial), antes do vencimento do prazo, porquanto vencido o prazo nenhum ato poderá ser praticado pela sociedade. Poderão todavia os sócios, antes de liquidado o patrimônio da sociedade, constituírem uma outra, que absorverá o patrimônio da antiga.

Consenso dos sócios

A constituição da sociedade simples se dá por consenso mútuo de todos os sócios, que manifestam sua vontade no contrato. Da mesma forma como é constituída, poderá ser dissolvida, ou seja, pela vontade dos sócios. Deverão eles elaborar o distrato, por instrumento de alteração contratual, extinguindo a sociedade. Assim se faz com a sociedade por tempo indeterminado. Far-se-ia também com a sociedade por tempo determinado, desde que os sócios decidissem dissolvê-la antes do prazo marcado no contrato.

Elaborado o distrato, requererão os sócios sua averbação no cartório e conseqüente cancelamento da matrícula. Haverá porém necessidade de se juntarem certidões negativas, para comprovar a inexistência de débitos à seguridade social, ao fisco e quaisquer outros órgãos. Se for o caso de premência, será conveniente comunicar ao cartório a suspensão das atividades. Após dois anos de atividades suspensas, poderá ser requerido o cancelamento do registro.

A deliberação dos sócios, por maioria absoluta, na sociedade de prazo indeterminado

No item anterior foi examinada a extinção pelo consenso unânime dos sócios. Agora por maioria absoluta, na sociedade por tempo indeterminado. Esse modo de extinção já é mais complicado, porquanto haverá necessidade de votação em assembléia de sócios, elaborando-se ata da reunião.

A falta de pluralidade de sócios, não reconstituída no prazo de seis meses

"Non datur societas de individuo" = Não há sociedade de indivíduo. Ninguém pode ser sócio de si próprio, pois na sociedade um é sócio de outro, o que pressupõe a presença de no mínimo dois. Aliás, sem duas pessoas no mínimo não poderia haver nem mesmo o direito: "Ubi societas ubi jus". Por exemplo, numa sociedade de dois sócios morre um; o sócio supérstite deve dissolver a sociedade ou providenciar a inclusão de outro sócio, no prazo de seis meses, senão deixou de existir a sociedade.

A extinção, na forma da lei, de autorização para funcionar

Ocorre quando a sociedade dedica-se a atividade que exige autorização do Poder Público para funcionar, como é o caso de um banco, de uma empresa de aviação, de um jornal, uma companhia seguradora, uma companhia exportadora (trading company). Precisam elas de autorização especial do Governo para o exercício de suas atividades e desde que seja cancelada essa autorização, não pode ela continuar existindo, a não ser que mude seu ramo de atividade ou corrija a causa do cancelamento.

Examinamos até agora a dissolução operada por iniciativa dos sócios, mas existe outra forma de dissolução, que é a judicial. Qualquer sócio poderá requerer judicialmente a dissolução da sociedade, mas baseado em motivos previstos em lei. Há três hipóteses:

1 – Se for anulada sua constituição, como por exemplo, se o cartório descobrir a existência de vício insanável em seu ato constitutivo e cancelar o registro;

2 – Se o objeto social dela for exaurido: é a hipótese de uma empresa destinada a realizar um loteamento especificado, Vendidos todos os lotes e cumpridas as obrigações entre ela e seus clientes, não lhe resta mais nada a fazer, por não ter mais objeto social;

3 – Se o objeto dela for considerado inexequível: por exemplo, se uma concessionária de serviços públicos perder a concessão, ou então a empresa constituída para fabricar um produto que perdeu sua utilidade ou cuja fabricação tenha sido proibida.

O contrato pode prever outras causas de dissolução a serem verificados judicialmente quando contestadas. E possível que o contrato social contenha alguma cláusula determinando a dissolução da sociedade em caso de evento superveniente. Ocorrendo o evento, deve a sociedade dissolver-se e se assim não fizer, qualquer sócio poderá requerer judicialmente a dissolução. Digamos que uma empresa constitui-se para prestar serviços específicos, representando empresa estrangeira. O contrato poderá conter cláusula estabelecendo sua dissolução se a empresa representada falir.

Ocorrida a dissolução, cumpre aos administradores providenciar imediatamente a investidura do liquidante, e restringir a gestão própria aos negócios inadiáveis, vedadas novas operações, pelas quais responderão solidária e ilimitadamente. Dissolvida de pleno direito a sociedade, pode o sócio requerer, desde logo, a liquidação judicial.

Já houve referência de que a extinção da sociedade opera-se em duas fases: a dissolução e a liquidação. Passada a fase da dissolução, entra a sociedade em fase de liquidação. Uma das medidas a serem tomadas é a indicação do liquidante pelos sócios, que poderá ser um dos administradores da sociedade ou mesmo um terceiro. Entrando em liquidação, qualquer sócio poderá requerer a liquidação judicial. Se a sociedade praticar qualquer ato de gestão empresarial, os responsáveis responderão pessoalmente por este ato, de forma solidária e ilimitada.

Ocorrendo a dissolução na hipótese de cancelamento da autorização para funcionar, o Ministério Público, tão logo lhe comunique a autoridade competente, promoverá a liquidação judicial da sociedade, se os administradores não o tiverem feito nos trinta dias seguintes à perda da autorização, ou se o sócio não houver exercido a faculdade de requerer a dissolução. Caso o Ministério Público não promova a liquidação judicial da sociedade, nos quinze dias subseqüentes ao recebimento da comunicação, a autoridade competente para conceder a autorização nomeará um interventor, com poderes para requerer a medida e administrar a sociedade até que seja nomeado o liquidante. No caso de uma sociedade cujo objeto social exija autorização governamental, como empresa de seguros, cancelada a autorização deve a empresa imediatamente suspender as atividades e iniciar a dissolução, no prazo máximo de trinta dias. Caso contrário, qualquer sócio poderá requerer a dissolução ou o Ministério Público. Se a lei não for cumprida, o órgão oficial competente (como seria o Banco Central no caso de um banco) intervirá na empresa, afastando os administradores e nomeando interventor na direção dela.

Se não estiver designado no contrato social, o liquidante será eleito por deliberação dos sócios, podendo a escolha recair em pessoa estranha à sociedade. O liquidante poderá ser destituído a qualquer tempo, se houver uma dessas causas:
1 – Se eleito mediante deliberação dos sócios;
2 – Se houver justa causa, por via judicial, a requerimento de algum sócio.

Mais alguns traços do perfil do liquidante são apontados. É possível que haja no contrato social cláusula indicando o liquidante, caso ela venha a se liquidar. É porém difícil, pois quando uma sociedade se constitui, não irá ela cogitar a liquidação. Se necessário, os próprios sócios decidirão por eleição quem será o liquidante, normalmente um administrador, pois ele já está à testa da empresa. Poderá porém ser um sócio quotista e mesmo um estranho, como um administrador de empresas, um economista, um contador.

Se os sócios têm a faculdade de elegê-lo, terão também a faculdade de destituí-lo. Casos há, porém, em que o liquidante não é eleito e será necessária a sua destituição judicial, podendo ser requerida por qualquer sócio.

A fase da liquidação segue as normas gerais da liquidação das sociedades, não havendo para a sociedade civil normas especiais de liquidação, além das que foram examinadas.

26. 10 A sociedade corretora de imóveis

A profissão de corretor foi a primeira atividade auxiliar das atividades empresariais previstas pelo Direito Empresarial constando do antigo Código Comercial. A princípio era uma pessoa física, tanto que o código falava em corretores, mas hoje as corretagens são feitas por sociedades corretoras na maioria dos casos. A corretagem é um típico serviço de natureza civil, embora certos tipos de corretagem devam ser executados por empresas mercantis. A corretagem de imóveis porém é atividade de natureza civil, por força ou autoridade da lei. As razões por que deva ser uma sociedade civil e por que a compra e venda de imóveis deva ser atividade civil não foram totalmente explicadas, mas hipóteses já foram levantadas. Uma delas é a de que na compra e venda mercantil deve haver a tradição da mercadoria vendida, mas o imóvel não pode ser objeto de tradição por não sair do lugar em que se encontra. Com mais lógica, outros afirmam que ninguém se dedica a compra e venda de imóveis, mas apenas à corretagem. É sua natureza jurídica tipicamente civil e, como tal, trata-se de sociedade simples.

Realmente, não se conhece empresa que se dedique a comprar imóveis e depois revendê-los, mas apenas realizar a intermediação entre o vendedor e o comprador do imóvel, fazendo a aproximação de um com outro, dando-lhes orientação e assistência. São claramente sociedades prestadoras de serviços de corretagem, não investindo dinheiro na operação, mas recebendo comissão pelo serviço prestado. A sociedade corretora de imóveis deve sujeitar-se ao regime jurídico do corretor de imóveis, conforme é ele regulamentado pela Lei 6.530/78 e pelo Decreto nº 81.871/78 que o regulamentou. Deve ela estar registrada em órgão especializado, para este caso o CRECI–Conselho Regional dos Corretores de Imóveis.

26.11 A sociedade administradora de imóveis

Trata-se de sociedade prestadora de serviços civis de administração de imóveis. Essa modalidade de empresa ocupa-se de alugar um imóvel, encontrando um inquilino e estabelecendo o contrato de locação, muitas vezes assinando-o ela própria em nome do locador. Pode ainda representar o proprietário do imóvel entregue em administração, em juízo ou fora dele. Recebe os aluguéis e paga as despesas, entregando o saldo ao locador. Cuida ainda da manutenção do imóvel, como a pintura, encanamentos, etc.

Além de trabalhar com imóveis, o que caracteriza atividade civil, nota-se nas funções exercidas pelas administradoras de imóveis ser ela uma prestadoras de serviços especializados. Bem mais do que a corretora, vê-se nas funções da administradora a exigência de alta especialização, inclusive conhecimentos jurídicos, como da Lei do Inquilinato, a tributação, direitos de vizinhança, e outros mais. Há também serviços técnicos, como pintura, encanamentos, instalações elétricas, jardinagem, sistemas de segurança, muitas vezes apelando para equipamentos técnicos. Organiza e realiza as assembléias de condôminos, realizando ainda um trabalho de esclarecimento e relações públicas.

26.12 A sociedade agropecuária

Muitas dessas sociedades transformaram-se em S/A e automaticamente se tornaram sociedades mercantis, por força ou autoridade da lei, mas a natureza jurídica de suas atividades é mercantil, uma vez que se dedica à produção de venda de mercadorias. Algumas empresas criam porcos, aves ou rezes e as abatem, vendendo então carne congelada, que é um produto semi-industrializado. Mesmo assim, não deixam de ser sociedades simples, conforme declara a lei. Ficam elas livres da falência, embora, em contrapartida, não possam pedir concordata.

Malgrado sejam sociedades simples, a elas se aplica a legislação cambiária, com os títulos de financiamento rural, criados pelo Decreto-lei 167/57, como a duplicata rural ou a cédula de crédito rural. Recentemente, pela Lei 8.929/94, foi criada a cédula de produto rural, de exclusiva emissão das empresas dedicadas às atividades agropecuárias. Afora os vários títulos de crédito específicos para as atividades rurais, o Sistema Financeiro Nacional criou linhas especiais de crédito rural, operações bancárias de financiamento à produção e vendas de mercadorias.

Sendo o Brasil um país de economia baseada preponderante na agropecuária, pode-se presumir a importância das sociedades civis delicadas às atividades rurais. Além disso, elas alimentam certas atividades mercantis, como a indústria de couros, de móveis, e fornecem insumos básicos para muitos campos da atividade industrial. Assim, o gado bovino não só dá produtos diretos mas matéria-prima para inúmeras indústrias: fornece couro para a indústria de calçados, os ossos são transformados em adubos, os chifres são transformados em pentes e outros objetos; até o estrume do gado é fornecido para preparar adubos, a tal ponto de os nossos caboclos dizerem que do boi só não se aproveita o berro.

Contudo, segundo nosso direito, é uma sociedade simples, uma vez que a natureza de suas atividades é considerada civil.

27. O REGISTRO DE SOCIEDADES

27.1   A legislação cartorária

27.2   Empresa e sociedade

27.3   A organização do registro

27.4   Carteira profissional de empresário

27.5   Finalidade do registro

27.6   A sociedade estrangeira

27.7   O estatuto do estrangeiro

27.8   A autenticação de documentos

27.9   A publicidade do registro

27.10 Proteção ao nome empresarial

27.1 A legislação cartorária

A finalidade de uma sociedade mercantil é a de exercer atividades lucrativas e dividir os lucros entre os investidores que aplicaram seu dinheiro nela. Tem ela pois um sentido instrumental: ela é o instrumento pelo qual os sócios poderão obter os rendimentos desejados. Para o exercício das atividades lucrativas, deverá a sociedade mercantil submeter-se a uma série de formalidades que lhe garantam a personalidade jurídica e a legitimidade para atingir os objetivos sociais. Entre essas formalidades figura a de registrar-se nos órgãos públicos destinados ao registro e controle das sociedades mercantis.

Essa prática iniciou-se no Brasil em 1808, por ocasião da vinda da família real. Por iniciativa do assessor da Corte, o Visconde de Cairu, D. João VI criou a Real Junta de Comércio, Agricultura, Fábricas e Navegação. Esse órgão foi-se desenvolvendo até nossos dias, regulado por legislação dinâmica. No ano de 1996 atingiu um ponto de desenvolvimento tal que influiu decisivamente em todo o Direito Comercial.

O Direito Comercial brasileiro vem lutando há anos por uma revisão que o modernize, encontrando barreiras do imobilismo. Obtivemos entretanto sensíveis progressos com as atuais normas que regulam o Registro Público de Empresas Mercantis e Atividades Afins, colocando a empresa mercantil como a pedra angular sobre a qual se estrutura o Direito Comercial no final do século XX. Urge pois falarmos dessa legislação bem recente e de indiscutível realce, substituindo um estatuto legal há muito superado.

A lei básica é a Lei 8.934, de 18.11.94, que dispõe sobre o Registro Público de Empresas Mercantis e Atividades Afins. Com muito atraso, surgiu o Decreto 1.800, de 30.01.96, que se completou nos pormenores graças a 15 Instruções Normativas emanadas do DNRC - Departamento Nacional do Registro do Comércio, órgão do Ministério da Indústria, Comércio e Turismo. Essas Instruções Normativas, de nº 46 a 60 completam a organização do sistema e, ainda que sejam revogadas, seus efeitos são irreversíveis e impuseram, de imediato, as novas idéias buscadas pelo Direito Empresarial. É conveniente relacionar as funções dessas normas:

nº 46 – Dispõe sobre a expedição de atos normativos pelo DNRC e a fiscalização jurídica dos órgãos incumbidos do Registro Público de Empresas Mercantis e Atividades Afins.
nº 47 – Dispõe sobre a matrícula de leiloeiro.

nº 48 – Dispõe sobre a matrícula, e hipóteses de seu cancelamento, de Tradutor Público e Intérprete Comercial.

nº 49 – Dispõe sobre a matrícula, e hipótese de seu cancelamento, de administradores de armazéns de depósito e trapicheiros.

nº 50 – Dispõe sobre a desconcentração dos serviços de registro público de empresas mercantis e atividades afins.

nº 51 – Institui modelo anexo de Carteira de Exercício Profissional para titular de firma mercantil individual, administrador de sociedade mercantil ou de cooperativa, tradutor público ou intérprete comercial, leiloeiro, trapicheiro e administrador de armazém geral.

nº 52 – Dispõe sobre o cancelamento do registro de empresa mercantil inativa.

nº 53 – Dispõe sobre a formação do nome empresarial e sua proteção.

nº 54 – Dispõe sobre a autenticação de instrumentos de escrituração das empresas mercantis e dos agentes auxiliares do comércio.

nº 55 – Dispõe sobre a autenticação de documentos levados a arquivamento do Registro Público de Empresas Mercantis e Atividades Afins.

nº 56 – Dispõe sobre certidões, a sua utilização em atos de transferência de sede, abertura de filiais, proteção ao nome empresarial e atos de interesse das empresas.

nº 57 – Dispõe sobre a especificação de atos integrantes da Tabela de Preços dos Serviços prestados pelos órgãos do Sistema Nacional de Registro de Empresas Mercantis – SINREM.

nº 58 – Dispõe sobre o arquivamento de atos de empresas mercantis ou de cooperativas em que participem estrangeiros residentes e domiciliados no Brasil, pessoas físicas brasileiras ou estrangeiras, residentes ou domiciliadas no exterior.

nº 59 – Dispõe sobre os pedidos de autorização para nacionalização ou instalação de filial, agência, sucursal ou estabelecimento no País, por sociedade mercantil estrangeira.

nº 60 – Dispõe sobre os atos sujeitos à comprovação de quitação de tributos e contribuições sociais federais, para fins de arquivamento no Registro Público de Empresas Mercantis e Atividades Afins.

Está assim formado o quadro de normas sobre a questão, todas bem recentes: a Lei 8.934/94 é de 18.11.94; o Decreto 1.800/96 que a regulamentou é de 30.01.96, as Instruções Normativas do DNRC, de nºs 46 a 57, são de 06.03.96 e as Instruções Normativas de nºs 58 a 60, de

13.06.96. Por isso adotam linguagem atualizada, clara e precisa, evitando situações dúbias, como fazia a antiga legislação. Representa um passo importante na atualização e esclarecimento do Direito Societário e do Direito Empresarial, para não dizer de todo o direito brasileiro.

27.2 Empresa e sociedade

Malgrado tenhamos falado desde o início deste compêndio na diferença entre as duas expressões "empresa" e "sociedade", não será demais repetir essa discriminação, aplicando o vulgarizado princípio do *quod abundat non nocet*.

Na esteira do art. 2.082 do Código Civil italiano, é empresa quem exerce profissionalmente atividade econômica organizada para a produção e venda de mercadorias e serviços, com vista à satisfação do mercado consumidor. Trata-se assim de uma atividade exercida de forma organizada. Na organização da empresa, a que se refere a "atividade organizada", inclui-se uma estrutura jurídica, elaborada de acordo com as normas legais. A empresa mercantil está na dependência dessa estrutura jurídica, constituindo-se por documentos vários, chamados "atos constitutivos". Esses atos constitutivos dão à empresa a sua roupagem legal, para que possa ela atuar.

Por seu lado, a sociedade mercantil é esta roupagem legal que dá a estrutura da empresa. A sociedade, conforme vimos, é o acordo celebrado entre duas ou mais pessoas, com o fito de exercer a empresa. Há pois íntima conexão entre a empresa e a sociedade: a empresa é atividade econômica organizada para produzir mercadorias e serviços ou colocá-los à disposição do mercado consumidor; a sociedade é a formação legalmente estruturada de pessoas que irá fazer a empresa funcionar (empresários).

A empresa, como a sociedade, forma-se pelos atos constitutivos e estes deverão ser registrados nos órgãos públicos competentes. Registram-se as empresas por seus atos constitutivos, isto é, pelos documentos que as constituem. São vários esses documentos: o mais comum é o contrato social. Para as sociedades por ações é a ata da Assembléia dos Acionistas.

Importa ainda relembrar a distinção entre dois tipos de empresa: a mercantil e a civil. A sociedade civil, da qual fizemos amplas considerações, não é registrada no Registro Público de Empresas Mercantis e Atividades Afins, embora sua estrutura seja praticamente a mesma da sociedade mercantil.

27.3 A organização do registro

O Registro Público de Empresas Mercantis e Atividades Afins é um órgão federal, com sede em Brasília. Tecnicamente está subordinado à sede. Administrativamente, contudo, é um órgão estadual, tendo como distrito principal a Junta Comercial, com sede na capital do Estado em que atua, tendo sua jurisdição na circunscrição territorial desse Estado. Há pois dois órgãos principais: o DNRC – Departamento Nacional do Registro de Comércio, com funções supervisora, orientadora, coordenadora e normativa, no plano técnico; e supletiva, no plano administrativo; e a Junta Comercial, com função executora e administradora dos serviços. Esses dois órgãos executam os serviços de forma harmônica e interdependente, chamado SIREM – Sistema Nacional de Registro de Empresas Mercantis.

O DNRC é órgão sediado em Brasília, pertencente ao Ministério da Indústria, do Comércio e do Turismo e tem função mais técnica. É quem elabora e consolida as normas e diretrizes referentes ao Registro, mantendo-se assim a uniformidade legislativa em todo o território nacional.

Presta orientação às juntas comerciais dos Estados, com vistas à solução de consultas e à observância das normas legais e regulamentares do Registro. Cabe-lhe então solucionar dúvidas ocorrentes na interpretação das leis, regulamentos e demais normas pertinentes.

Segundo a Instrução Normativa nº 59, de 13.06.96, e o art. 4º X, do Decreto 1.800/94, de 30.01.96, cabe ao DNRC a função de instruir, examinar e encaminhar os processos e recursos a serem decididos pelo Ministro de Estado da Indústria, do Comércio e do Turismo, inclusive os pedidos de autorização para nacionalização ou instalação de filial, agência, sucursal ou estabelecimento no país, por sociedade mercantil estrangeira.

Afora a colaboração que o DNRC deve prestar às juntas comerciais, tem autoridade sobre elas, exercendo ampla fiscalização, e se for constatado abuso ou infração das respectivas normas, deverá representar para os devidos fins às autoridades administrativas, requerendo o que for necessário.

Por seu turno, a Junta Comercial é um órgão regional, de cada unidade federativa, com a jurisdição na área da circunscrição territorial respectiva e sede na capital. Subordina-se administrativamente ao governo de sua unidade federativa. Tecnicamente, contudo, subordina-se ao DNRC. Embora esteja sediada na capital do Estado, a JUCESP entretanto celebrou acordo com associações comerciais de todo Estado para o encaminhamento da documentação das sociedades mercantis, evitando assim a vinda dos interessados à capital. Essa desconcentração dos serviços da Junta Comercial é autorizada pelo art. 6º do Dec. 1.800/96.

Funções bem vastas tem a Junta Comercial, mas a principal é a execução do registro das sociedades mercantis e do empresário mercantil individual. O registro é um serviço um tanto complexo, compreendendo o arquivamento dos atos relativos à constituição, alteração, dissolução e extinção de sociedades mercantis, tanto nacionais como estrangeiras autorizadas a funcionar no Brasil.

Compete-lhe também a autenticação dos livros mercantis e demais instrumentos de escrituração dos livros mercantis registrados e dos agentes auxiliares das atividades empresariais, como leiloeiros, trapicheiros e administradores de armazens gerais, tradutores e intérpretes e outros mais.

27.4 Carteira profissional de empresário

Uma das maiores inovações trazidas pela nova legislação referente o registro das sociedades mercantis foi a criação da Carteira de Exercício Profissional. Foi ela prevista no art. 7º, inciso V do Decreto 1.800/96 e regulamentada pela Instrução Normativa nº 51, de 6.3.96 e aplica-se ao empresário e alguns agentes auxiliares das atividades empresariais, ou mais precisamente: tradutor público e intérprete comercial, leiloeiro, trapicheiro e administrador de armazém-geral.

Por empresário deve-se entender o administrador de sociedade mercantil, dependendo do tipo de empresa. No caso de S/A é o Diretor e o membro do Conselho de Administração e do Conselho Fiscal. Tratando-se de sociedade mercantil de pessoas, é o sócio-gerente. Na sociedade em nome coletivo ou com firma são todos os sócios, uma vez que há entre eles responsabilidade solidária e ilimitada. Na sociedade em comandita é o sócio comanditado e na sociedade de capital e indústria o sócio ostensivo. Também goza dessa faculdade o administrador de cooperativa. Tem direito à Carteira de Exercício Profissional o Empresário Mercantil Individual, também chamado "titular de firma mercantil individual".

A expedição dessa carteira profissional compete à Junta Comercial. Logicamente só poderá ser concedida a dirigente de sociedade mercantil devidamente registrada na Junta Comercial. É mais um estímulo à regularização das atividades mercantis e dá segurança ao empresário, que poderá identificar-se como tal, já que não tem o empresário uma forma de comprovar suas atividades profissionais, a menos que ande com os atos administrativos de sua empresa.

Para obter a Carteira de Exercício Profissional, o empresário deverá requerê-la à Junta Comercial, instruindo o requerimento com duas fotografias 3/4, comprovando o pagamento da taxa de expedição. A Junta Comercial consultará os dados do registro da sociedade mercantil a que pertence o requerente, para a aprovação. O uso indevido da carteira enseja a sua cassação, ficando o infrator sujeito às penalidades da lei.

27.5 Finalidades do registro

Várias são as finalidades. Uma é a de cadastrar as sociedades mercantis nacionais e estrangeiras em funcionamento no país e manter atualizadas as informações pertinentes. Outra é a de dar garantia, publicidade, autenticidade, segurança e eficácia aos atos jurídicos das sociedades mercantis, submetidas a registro na forma da lei. Embora se trate de burocracia e publicidade da vida das sociedades mercantis, o registro e controle exercido de forma sistemática pelos órgãos federais e estaduais têm o sentido de proteger as sociedades mercantis, defendendo suas conquistas e dando-lhes maior segurança. Será até escusado apontar as razões da conveniência desse registro.

Além das sociedades mercantis, o Registro Público de Empresas Mercantis e Atividades Afins efetua ainda o registro do "Empresário Mercantil Individual", chamado também de "firma mercantil individual", ou seja, uma pessoa que se registra na Junta Comercial para exercer profissionalmente atividade econômica organizada, usando o próprio nome. Registra ainda os agentes auxiliares das atividades empresariais, previstos e regulamentados pela lei. São eles: leiloeiro, tradutor público e intérprete comercial, trapicheiros e administradores de armazéns-gerais. Não são eles sociedades mercantis, mas agentes auxiliares delas.

27.6 A sociedade estrangeira

Assunto que mereceu especial cuidado da nova legislação pertinente foi o que toca ao registro da sociedade estrangeira. Como se sabe, há várias restrições a essa sociedade na Constituição Federal de 1988 e em algumas outras leis, o que leva a Junta Comercial a observar algumas regras no registro dessa sociedade. Essas regras já tinham constado no Decreto 1.800/96, nos arts. 7º I, alínea "b", art. 32, inciso II, alínea "i" e art. 55 III. Para completar, o DNRC emitiu duas Instruções Normativas, as de nº 58 e 59 sobre esta questão.

Em primeiro lugar, teremos que distinguir bem a sociedade brasileira da estrangeira. A sociedade brasileira é aquela cujos atos constitutivos tenham sido registrados no Brasil, mais precisamente, na Junta Comercial. Naturalmente, para que a Junta Comercial registre os documentos dessa sociedade, deverão eles ser elaborados de acordo com a lei brasileira. A sociedade estrangeira é aquela cujos atos constitutivos estão registrados no órgão competente de outro país e, em conseqüência, não foram elaborados segundo a lei do Brasil, mas conforme as leis do país em que estiver registrada.

A sociedade estrangeira não poderá exercer atividades no Brasil a não ser depois de registrada. O registro porém será diferente do registro da sociedade mercantil nacional, cujos atos constitutivos são outros. O procedimento também será diferente. Segundo a Instrução Normativa 59/96, do DNRC, a sociedade mercantil estrangeira que desejar estabelecer filial, sucursal, agência ou estabelecimento no Brasil, deverá solicitar autorização do Governo Federal para instalação e funcionamento, em requerimento dirigido ao ministro de Estado da Indústria, do Comércio e do Turismo, protocolizado no DNRC, que o examinará sem prejuízo da competência de outros órgãos federais.

O requerimento, no caso de primeira filial, sucursal, agência ou estabelecimento no Brasil, será instruído com os seguintes documentos:

1 – Ato de deliberação sobre a instalação de filial, sucursal, agência ou estabelecimento no Brasil;

2 – Inteiro teor do contrato ou estatuto;

3 – Lista de sócios ou acionistas, com os nomes, profissões, domicílios e número de cotas ou de ações, salvo quando, em decorrência da legislação aplicável no país de origem, for impossível cumprir tal exigência;

4 – Prova de achar-se a sociedade constituída conforme a lei de seu país;

5 – Ato de deliberação sobre a nomeação do representante no Brasil, acompanhado da procuração que lhe dá poderes para aceitar as condições em que é dada a autorização e plenos poderes para tratar de quaisquer questões e resolvê-las definitivamente, podendo ser demandado e receber citação inicial pela sociedade;

6 – Último balanço; e

7 – Guia de recolhimento do preço do serviço

No ato de deliberação sobre a instalação de filial, sucursal, agência ou estabelecimento no Brasil, deverão constar as atividades que a sociedade pretenda exercer e o destaque do capital, em moeda brasileira, destinado às operações no Brasil, que será fixado no decreto de autorização.

Vê-se pois que o registro não é requerido perante a Junta Comercial, mas ao ministro da Indústria, do Comércio e do Turismo, diretamente junto ao DNRC. Não haverá necessidade de elaboração de atos constitutivos no Brasil, mas será registrado o ato constitutivo do exterior, devendo estar traduzido por tradutor oficial. Deverá ser juntada também certidão de que a sociedade está com seu registro regular no órgão de seu país. Estando em termos o pedido e a documentação, o ministro da Indústria, do Comércio e do Turismo concederá a autorização para que a sociedade mercantil estrangeira se instale e desenvolva suas atividades.

Entretanto, deverá essa sociedade providenciar o registro na Junta Comercial do Estado em que irá funcionar. Essas providências deverão repetir-se quando houver modificações nos atos constitutivos. Caso essa sociedade pretenda nacionalizar-se, transferindo sua sede para o Brasil, dependerá também de semelhantes passos.

O nome empresarial da sociedade estrangeira deverá ser o mesmo que o adotado no país de sua sede, podendo, contudo, acrescentar a esse a expressão "do Brasil" ou "para o Brasil" e ficará sujeita às leis e aos tribunais brasileiros quanto às operações que praticar no Brasil.

Não é permitida a utilização no Brasil de documentos em idioma estrangeiro em órgãos oficiais. Os documentos oriundos do exterior, para instruir o pedido de registro, deverão ser apresentados em original devidamente autenticados, na conformidade da legislação aplicável no país de origem, e legalizados pela respectiva autoridade consular brasileira. Com os documentos originais serão apresentadas as respectivas traduções, feitas por tradutor público matriculado em qualquer Junta Comercial.

Estando devidamente registrada, a sociedade estrangeira poderá funcionar normalmente. No Brasil, porém, apesar de nossa Constituição Federal e outras normas, como o Código Civil, garantirem igualdade de direitos, há muitas reservas quanto a estrangeiros e sociedades estrangeiras. Esta não poderá realizar no Brasil atividades constantes do seu objeto social vedadas às sociedades estrangeiras e somente poderá exercer as que dependam da aprovação prévia de órgão governamental, sob as condições autorizadas. Certas áreas vedadas são previstas na própria Constituição Federal e a Junta Comercial observará o objeto social da sociedade estrangeira e negará o registro se esse objeto social não for de livre exercício.

A este respeito, o DNRC expediu Instrução Normativa, de nº 58, em 13/06/96, estabelecendo regras para o registro e indicando as áreas proibidas pela Constituição Federal de 1988 e outras leis. As restrições mais importantes são as seguintes, das quais daremos em seguida algumas explicações:

— Assistência à saude
— Navegação de cabotagem
— Jornalismo
— TV a cabo
— Mineração e energia elétrica
— Radiodifusão em som e imagem
— Colonização
— Transportes rodoviários de carga
— S/A
— Microempresa

27.7 O estatuto do estrangeiro

Determinadas exigências, disposições e vedações a estrangeiros ou a sociedades estrangeiras e restrição legal da participação de estrangeiros, pessoas físicas ou jurídicas, em sociedades ou cooperativas, foram previstas na Constituição Federal e no Decreto 1.800/96, que regulamentou a Lei do Registro. Para melhor orientação quanto ao registro na Junta Comercial, estabeleceu certas regras pela Instrução Normativa nº 58, de 13/06/96.

Para o arquivamente de ato de empresa ou de cooperativa em que participe estrangeiro residente e domiciliado no Brasil, a Junta Comercial exigirá a prova de sua regular entrada e permanência no Brasil, de acordo com a legislação em vigor. Tratando-se de titular de firma individual (ou empresário individual), administrador de sociedade ou de cooperativa e de membro do conselho fiscal, a Junta Comercial exigirá do interessado a identidade com a prova de visto permanente.

A pessoa física, brasileira ou estrangeira, residente e domiciliada no exterior, e a pessoa jurídica com sede no exterior, que participe de sociedade ou de cooperativa, deverão arquivar na Junta Comercial procuração específica, outorgada ao seu representante no Brasil, com poderes para receber citação judicial em ações contra elas propostas, fundamentadas na legislação que rege o respectivo tipo societário. A procuração oriunda do exterior deverá ter a assinatura do outorgante reconhecida pelo consulado brasileiro no país respectivo e ser acompanhada de tradução efetuada por tradutor público matriculado em qualquer Junta Comercial.

A sociedade nacional, constituída apenas por pessoas físicas residentes no exterior e ou por pessoas jurídicas estrangeiras, deverá ser gerenciada ou dirigida por administrador residente no Brasil.

Quanto às restrições e impedimentos de estrangeiros, cuja relação fora dada anteriormente, faremos algumas observações:

Assistência à saúde

É vedada a participação direta ou indireta de empresa ou capitais estrangeiros na assistência à saúde, salvo através de doações de organismos internacionais vinculados à Organização das Nações Unidas, de entidades de cooperação técnica e de financiamento e empréstimos. Essa restrição está prevista no art. 199, § 3º da CF.

Navegação de cabotagem

Somente brasileiro nato poderá ser titular de firma individual (empresário individual) de navegação de cabotagem. Tratando-se de sociedade, 50% mais uma cota ou ação, no mínimo, deverão pertencer a brasileiros natos. Em qualquer caso, a administração deverá ser constituída com a maioria de brasileiros natos, ou a brasileiros natos deverão ser delegados todos os poderes de gerência. Para melhor esclarecimento, a navegação de cabotagem é a exercida apenas dentro de um país. É o que está previsto no art. 178, § 3º da CF.

Jornalismo

As empresas jornalísticas e as empresas de radiodifusão sonora e de sons e imagens deverão ser de propriedade privativa de brasileiros natos ou naturalizados há mais de 10 anos, aos quais caberão a responsabilidade por sua administração e orientação intelectual. É vedada a participação de pessoa jurídica no capital social, exceto a de partido político e de sociedades cujo capital pertença exclusiva e nominalmente a brasileiros. Tal participação só se efetuará através de capital sem direito a voto e não poderá exceder a 30% do capital social. Tratando-se de estrangeiro de nacionalidade portuguesa, segundo o Estatuto de Igualdade, são vedadas a responsabilidade e a orientação intelectual e administrativa, em empresas jornalísticas e em empresas de radiodifusão sonora e de sons e imagens. O Estatuto de Igualdade está previsto no art. 12, § 1º da CF e a nacionalização dos órgãos de comunicação no art. 222.

TV a cabo

A empresa de serviço de TV a cabo deverá ter sede no Brasil e 51% do seu capital votante deverá pertencer a brasileiros natos ou naturalizados há mais de 10 anos, ou a sociedade com sede no Brasil, cujo controle pertença a brasileiros natos ou naturalizados há mais de 10 anos.

Mineração e energia elétrica

A pesquisa e a lavra de recursos minerais e o aproveitamento dos potenciais de energia hidráulica somente poderão ser efetuados mediante autorização ou concessão da União, no interesse nacional, por brasileiros ou empresa constituída sob as leis brasileiras e que tenha sua sede e administração no Brasil. É o que consta do art. 176, § 1º da CF.

Radiodifusão

O capital de empresa de radiodifusão sonora e de sons e imagens, na faixa de fronteira, pertencerá somente a pessoas físicas brasileiras. A responsabilidade e orientação intelectual e adminstrativa do capital social serão inalienáveis e incaucionáveis a estrangeiros ou a pessoas jurídicas. Esta vedação está prevista na Lei 6.634/79, que proíbe qualquer empresa estrangeira de estabelecer-se junto à fronteira do Brasil com outros países, fazendo referência especial a sociedades que se dediquem à radiodifusão.

Mineração

A sociedade de mineração deverá fazer constar expressamente de seu estatuto ou contrato social que, pelo menos, 51% do seu capital pertencerá a brasileiros, assegurados a estes poderes predominantes. No caso de empresário individual, só a brasileiros será permitido o estabelecimento ou exploração das atividades de mineração na faixa de fronteira. A adminstração ou gerência caberá sempre a brasileiros, sendo vedada a delegação de poderes, direção ou gerência a estrangeiro, ainda que por procuração outorgada pela sociedade ou empresário individual.

Colonização e loteamentos rurais

A sociedade que tiver por finalidade executar programa de valorização da área ou distribuição de terras deverá ser constituída e domiciliada no Brasil. No caso de empresário individual (também chamado firma individual), só a brasileiros será permitido executar essas atividades. É vedada a delegação de poderes, direção ou gerência a estrangeiro, ainda que por procuração outorgada pela sociedade ou firma individual.

Transporte rodoviário de carga

A exploração do transporte rodoviário de carga é privativa de transportadores autônomos brasileiros, ou a estes equiparados por lei ou convenção, e de pessoas jurídicas que tenham sede no Brasil. Pelo menos 4/5 do capital social com direito a voto, deverão pertencer a brasileiros e a direção e administração caberá exclusivamente a brasileiros. Havendo sócio estrangeiro, a pessoa jurídica será obrigatoriamente organizada sob a forma de sociedade anônima, cujo estatuto social não poderá contemplar qualquer forma de tratamento especial ao sócio estrangeiro, além das garantias normais previstas em lei para proteção dos interesses dos acionistas minoritários. Da mesma forma que a navegação de cabotagem, a questão dos transportes está regulamentada no art. 178 da CF.

Sociedade anônima

O estrangeiro somente poderá ser administrador ou membro de conselho fiscal de S/A se residir no Brasil e possuir visto permanente. A subsidiária integral terá como único acionista sociedade brasileira. Tratando-se de grupo de sociedades, a sociedade controladora, ou de comando do grupo, deverá ser brasileira. Essas exigências não constam da CF, mas constam da própria Lei das S/A (Lei 6.404/76). O art. 251 diz da subsidiária integral.

Microempresa

A sociedade em que o titular ou sócio seja pessoa jurídica ou, ainda, pessoa física domiciliada no exterior não poderá ser incluída no regime instituído pelo Estatuto da Microempresa e da Empresa de Pequeno Porte (Lei 8.864/94).

27.8 Autenticação de documentos

Outro serviço público prestado pelo Registro é a autenticação dos instrumentos de escrituração das sociedades mercantis, dos documentos arquivados e suas cópias, e das certidões dos documentos arquivados. Essa autenticação consta do art. 78 do Dec. 1.800/96 e pela Instrução Normativa nº 54, de 06/03/96, complementada pela Instrução Normativa nº 55 da mesma data.

São instrumentos de escrituração das sociedades os livros contábeis ou fiscais. Quando se fala em "livro", não se quer dizer que seja um tomo, um volume, como por exemplo o do Código Civil. Livro é um sistema de registro, que pode ser feito também num livro, mas nos dias atuais é feito em disquetes de computadores, ou em casos de pequenas e médias empresas é feito em fichas. Hoje, porém, até as microempresas já possuem computador, no qual fazem seus registros contábeis.

Qualquer desses instrumentos de escrituração de empresa mercantil devem ser autenticados pela Junta Comercial. Consta a autenticação de um termo de abertura feito no início do livro, ou do conjunto de fichas ou folhas contendo: o nome empresarial; o Número de Identificação do Registro de Empresas (NIRE) e a data do arquivamento dos atos constitutivos; o local da sede ou filial; a finalidade a que se destina o instrumento de escrituração mercantil; o número de ordem do instrumento de escrituração e a quantidade de folhas; o número de inscrição no CGC-MF–Cadastro Geral de Contribuintes do Ministério da Fazenda. O termo de abertura deverá ser datado e assinado pelo dirigente da sociedade mercantil e por contabilista legalmente habilitado, com indicação do número de sua inscrição no CRC – Conselho Regional de Contabilidade.

Ao terminar o livro, deverá conter o termo de encerramento, indicando o nome empresarial, o fim a que se destina o instrumento escriturado; e o número de ordem do instrumento de escrituração e a quantidade de folhas escrituradas. Deverá também ser datado e assinado pelo dirigente da sociedade mercantil e pelo contabilista. A Junta Comercial fará então a autenticação, apondo a declaração autenticadora.

27.9 A publicidade do registro

O Registro das Sociedades Mercantis é público e qualquer pessoa poderá tomar conhecimento do registro, sem necessidade de provar interesse. A Junta Comercial está obrigada a atender todo pedido de informações sobre sociedades mercantis, desde que seja feito nos termos legais. A consulta se faz com o requerimento pedindo a certidão da Junta Comercial sobre a sociedade mercantil consultada, comprovando-se o pagamento de uma taxa, e indicando a modalidade de certidão desejada. Há três modalidades de certidões expedidas pela Junta Comercial: simplificada, específica e de inteiro teor.

A certidão simplificada constitui-se de extrato de informações atualizadas, constantes de atos arquivados. Era chamada antes de "Breve

Relato". Dá o nome empresarial da sociedade mercantil, suas filiais, se houver, e os dados comuns, como endereço, capital e sócios que a compõem.

A certidão específica constitui-se de extrato de informações particularizadas pelo requerente, constantes de atos arquivados; nela deverão ser certificadas as informações constantes do pedido, seguidas das referências aos respectivos atos, números e datas de arquivamento na Comercial.

A certidão de inteiro teor constitui-se de cópia de ato arquivado, como seria o caso do contrato social. O requerimento deverá por isso indicar o ato ou atos a serem certificados.

A revelação dos registros é do interesse da própria sociedade mercantil pesquisada, pois ela própria poderá necessitar dessas certidões. Não se justifica a adoção de sigilo no registro das sociedades mercantis. Os atos decisórios da Junta Comercial devem ser publicados no Diário Oficial e outro jornal, como por exemplo, o registro da sociedade mercantil na Junta Comercial.

27.10 Proteção ao nome empresarial

A sociedade é uma pessoa jurídica, mas tem muitos pontos em comum com a pessoa natural (ou pessoa física). Tem um nome, endereço, profissão e documentos de identificação. Só não tem estado civil e mesmo assim fala-se, num sentido figurado, em "empresas irmãs", "afiliada", "empresas casadas". A sociedade, ao registrar-se, terá um nome que a identificará; é o chamado "nome empresarial". Com o nome empresarial a sociedade exerce sua atividade e se obriga nos atos a ela pertinentes. O nome empresarial compreende a firma individual (ou razão individual), a firma ou razão social e a denominação social.

A firma individual é o nome utilizado pelo "empresário mercantil individual", vale dizer, uma pessoa isolada que se registra na Junta Comercial utilizando o próprio nome para o registro. Embora não se trate de sociedade, pois não pode haver sociedade de uma só pessoa, o empresário mercantil individual, igualmente designado como "firma mercantil individual", submete-se ao mesmo registro. É chamado esse nome de "firma individual" por ser a assinatura do empresário mercantil individual, ou seja, a assinatura dele é a assinatura da empresa. O empresário mercantil individual só poderá adotar como firma o seu próprio nome, aditado, se quiser ou quando já existir nome empresarial idêntico, de designação mais precisa de sua pessoa ou de sua atividade.

O que mais nos interessa porém é o nome empresarial aplicado a uma sociedade. Haverá então dois tipos de nome: "firma ou razão social" e "denominação social", dependendo do tipo de sociedade mercantil.

A firma ou razão social é o nome utilizado pelas sociedades em nome coletivo, de capital e indústria e em comandita simples e, em caráter opcional, pelas sociedades de responsabilidade limitada, e em comandita por ações. Vê-se pois que há três modelos de sociedades que deverão adotar firma. Vamos ressaltar que o vocábulo "firma" não é sinônimo de "sociedade" e nem de "empresa". Firma é a assinatura que essas sociedades mercantis aplicam.

Vamos apontar o exemplo de uma sociedade em nome coletivo. Três sócios, sendo José Fernandes, João Lima e Joel Santana decidem constituir uma sociedade com modelo societário de "sociedade em nome coletivo". O nome dessa sociedade poderá ser "Fernandes, Lima & Cia." A expressão "& Cia" indica a existência de outro sócio, neste caso o Joel Santana. A firma ou razão social de sociedade em nome coletivo, se não individualizar todos os sócios, deverá conter o nome de pelo menos um deles, acrescido do aditivo "e companhia", por extenso ou abreviado. No exemplo acima mencionado, o nome empresarial dessa sociedade poderá ser: "José Fernandes & Cia", indicando o aditivo que haverá, além do Fernandes, o João Lima e o Joel Santana como sócios.

Regra semelhante seguirá o nome da sociedade sob a forma de "comandita simples". Deverá conter o nome de pelo menos um dos sócios comanditados, com o aditivo "e companhia", por extenso ou abreviado.

A firma da sociedade em comandita por ações só poderá conter o nome de um ou mais sócios-diretores ou gerentes, com o aditivo "e companhia", por extenso ou abreviado.

A sociedade de responsabilidade limitada poderá também adotar firma ou razão social, embora seja raríssima essa adoção. Nesse caso, segue o regime da sociedade em nome coletivo ou com firma, mas deverá estar acrescido do aditivo "e companhia" e "limitada", por extenso ou abreviado. Assim, o exemplo seria:

José Fernandes & Cia. Ltda., ou
Fernandes, Lima & Cia. Ltda.

Resta-nos agora a "denominação social". É o nome empresarial usado obrigatoriamente pela S/A e cooperativa, sociedade de responsabilidade limitada e sociedade em comandita por ações. Essas duas últimas em caráter opcional, embora adotem quase sempre denominação, raramente utilizando firma. A denominação social é formada com palavras de uso comum ou vulgar na língua nacional ou estrangeira e ou com expressões de fantasia, facultando-se a indicação do objeto da sociedade mercantil. Exemplos:

Tintas e Vernizes CIL Ltda.
Green Peace Paisagismo Ltda.

A S/A só adota a denominação social, não se admitindo firma. Na S/A deverá ser acompanhada das expressões "Companhia" ou "S/A", por extenso ou abreviadas, vedada a utilização da primeira na final. Exemplos:

Cia. Brasileira de Tintas ou Companhia Brasileira de Tintas
Tintas Melissa S/A ou Tintas Melissa Sociedade Anônima

A inclusão de nome civil em denominação social será tratada como expressão de fantasia e pressupõe, até prova em contrário, específica autorização de seu titular ou de seus herdeiros. Exemplo: Textil João Alves Ltda., Casas José Silva S/A.

O nome empresarial atenderá aos princípios da veracidade e da novidade e identificará, quando o exigir a lei, o tipo jurídico da sociedade. Observado o princípio da novidade, não poderão existir, na mesma unidade federativa, dois nomes iguais ou semelhantes. Portanto, ao contrário das pessoas naturais, não poderá haver sociedade com o mesmo nome, devendo a Junta Comercial recusar o registro de uma sociedade se houver outra com nome igual ou muito parecido, se a semelhança puder causar confusão entre elas. Se a firma ou razão social for idêntica à de outra sociedade já registrada, deverá ser modificada ou acrescida de designação que a distinga da outra.

Quanto à sociedade simples, é ela registrada no Cartório de Registro Civil de Pessoas Jurídicas e não na Junta Comercial. O registro civil obedece à Lei 6.015/73. Todavia, aplicam-se subsidiariamente ao registro civil as normas do registro mercantil. Assim, por exemplo, se a sociedade simples registrar-se no CRCPJ, esse registro lhe garante o privilégio do nome. Não há diferenças marcantes quanto ao registro da sociedade simples e das demais registradas na JC.

28. DESCONSIDERAÇÃO DA PERSONALIDADE JURÍDICA DA SOCIEDADE

28.1 A personalidade jurídica da sociedade

28.2 O mau uso da personalidade

28.3 A "Disregard Theory"

28.4 A reação à fraude e ao abuso

28.5 A posição do Judiciário

28.6 A previsão legal brasileira

28.1 A personalidade jurídica da sociedade

Examinamos a personalidade jurídica da sociedade e vimos que ela começa a existir no momento em que se registra no órgão competente, mais precisamente o Cartório de Registro Civil de Pessoas Jurídicas para a sociedade simples e a Junta Comercial para os demais tipos de sociedade. É o que também prevê o art. 45 do novo Código Civil:

> "Começa a existência legal das pessoas jurídicas de direito privado com a inscrição do ato constitutivo no respectivo registro, precedida, quando necessário, de autorização ou aprovação do Poder Executivo, averbando-se no registro todas as alterações por que passar o ato constitutivo."

Assim sendo, ao ser registrada e recebendo a certidão de registro, a sociedade já tem existência legal, o que lhe dá a personalidade jurídica. Ela está apta a adquirir direitos e contrair obrigações. Com o registro, quatro aspectos vão-se realçar nela:
- Capacidade patrimonial, podendo possuir patrimônio próprio, desvinculado do patrimônio das pessoas que a compõem;
- Capacidade de adquirir direitos;
- Capacidade de contrair legalmente obrigações;
- Capacidade de atuar em juízo, ativa e passivamente.

Ao adquirir a personalidade jurídica, terá ela existência própria e autônoma, o que a capacita ainda a possuir um patrimônio próprio. Essa autonomia observa-se ainda ante as pessoas que a compõem. A sociedade é uma pessoa jurídica constituída de duas ou mais pessoas, geralmente físicas, mas há possibilidade de haver sociedades sócias de outra. Cada uma terá pois sua personalidade jurídica e patrimônio próprio, que não se confundem nem se comunicam. O antigo Código Civil mostrava-nos no "caput" do art. 20:

> "As pessoas jurídicas têm existência distinta da de seus membros".

Esse artigo foi abolido no novo código, o que nos leva a crer que a autonomia da sociedade e de seus membros não é mais absoluta.

28.2 O mau uso da personalidade

A autonomia patrimonial, ou seja, a dualidade da personalidade jurídica da sociedade e de seus sócios, tem sido por demais explorada, para ensejar fraudes ou abuso de direito. Muitos espertalhões encontraram na autonomia patrimonial um esquema para enriquecer-se, isentando-se das sanções que normalmente adota a lei para atos fraudulentos. Constituem então uma sociedade e esta pratica uma série de falcatruas, responsabilizando-se por seus atos. Enquanto isso, os sócios que dirigem a sociedade saem ilesos dessas responsabilidades, auferindo as vantagens dos atos sociais.

A utilização da sociedade como escudo tornou-se muito vulgar na área falencial, ensejando o surgimento e desenvolvimento da "indústria de falências". É golpe já bem vulgarizado em São Paulo e Rio de Janeiro, mas está se espalhando por todo o Brasil. É bem conhecida essa aventura: alguns espertalhões constituem uma sociedade e com ela contraem muitas obrigações, levantando empréstimos, adquirindo bens e formando um patrimônio efêmero. Em seguida pedem concordata, suspendendo os pagamentos.

No período da concordata, os bens vão sendo vendidos e o dinheiro desaparecendo sob múltiplas formas. Não sendo cumprida a concordata, a falência é decretada. Ao fazer-se a arrecadação para a composição da massa falida, constata-se que a sociedade não possui mais patrimônio algum. Desaparece também a documentação contábil, apurando-se que se tratava de organização fantasma, a famosa "arara". Às vezes, os empresários que manobravam essa sociedade fantasma nem mesmo colocavam seu nome no registro, utilizando "laranjas".

O processo falimentar é normalmente lento e dentro de quatro anos os crimes falimentares são considerados prescritos. Saem os "arareiros" enriquecidos e livres de qualquer sanção. Na verdade, a Lei Falimentar, malgrado seja antiquada, confusa e omissa, não assegura impunidade aos criminosos; arrumou-se um jeito de deturpar a letra e o espirito da lei, fazendo com que as sanções recaiam sobre a sociedade falida e não sobre os dirigentes que a levaram à falência.

Ora, uma sociedade não pode ser mandada para a prisão e portanto não haverá sanções penais para os crimes cometidos em seu nome. Na área cível, assume ela a responsabilidade por todos os prejuízos causados a terceiros. Como entretanto o patrimônio dela esvaiu-se, não poderá haver reparação dos danos causados.

28.3 A "Disregard Theory"

Um desses subterfúgios provocou ampla reação: foi o caso da Salomon Brother, numa questão movida por Salomon contra Salomon & Cia. O fato deu-se na Inglaterra mas maior repercussão teve nos EUA. Urgia uma medida contra a fraude e o abuso de direito que grassavam na exploração da sociedade por seus dirigentes. Foi quando em várias partes do mundo, EUA, Itália e Alemanha começou a elaboração de nova doutrina, designada como "Disregard Theory", "Disregard Doctrine", ou "Disregard of Legal Entity".

Essa doutrina propugna pela desconsideração da personalidade jurídica da sociedade quando esta for utilizada para se perpetrar fraudes ou abusos de direito. Assim sendo, se a Justiça notar que alguém fez uso de uma pessoa jurídica para prejudicar terceiros, auferindo vantagens, embora com licitude aparente, poderá desconsiderar a personalidade jurídica dessa sociedade, transferindo suas responsabilidades para os dirigentes que a usaram.

Não se trata a "Disregard Theory" de anulação da personalidade mas medida de sua defesa. Não afronta ela a teoria da personalidade jurídica. Visa a preservar a personalidade jurídica da sociedade, evitando que ela colha sanções destruidoras de sua sobrevivência. Transferindo essas sanções para a pessoa daqueles que a infelicitaram, a "Disregard Theory" recompõe o patrimônio ferido da sociedade vitimada.

28.4 A reação à fraude e ao abuso

Ao avolumar-se a onda de golpes fraudulentos contra a economia coletiva, movidos por pessoas inescrupulosas, que se ocultavam sob uma pessoa jurídica, começou o movimento de reação contra essa prática. Na Itália, Alemanha, França, Argentina e principalmente nos EUA, foram-se elaborando doutrinas de interpretação do abuso da personalidade jurídica das pessoas jurídicas, principalmente das sociedades. Receberam nomes próprios diferentes:

- *Superamento della personalità giuridica*, na Itália;
- *Durchgriff der juristischen personen*, na Alemanha;
- *Mise à l'écart de la personalité morale*, na França;
- *Teoria de la penetración*, na Argentina;
- *Disregard Theory, Disregard of legal entity,* ou *Disregard Doctrine,* nos EUA.

Foi porém nos EUA que a "Disregard Doctrine" se consolidou, ingressando na legislação de forma definida e esquematizada. Deu ela aos magistrados norte-americanos os instrumentos necessários para atingir a responsabilidade pessoal de empresários espertalhões, quando estes causavam prejuízos a outrem em beneficio próprio, servindo-se porém da sociedade que lhes pertencia. Em vez de servir-se do tradicional "testa de ferro", também chamado "homem de palha", que os franceses apelidaram de "prête-nom" (empresta o nome), e nossa gíria forense chama de "laranja", utilizam então uma sociedade, fazendo-a praticar fraudes.

Fatos assim são públicos e notórios, repetindo-se por série interminável. Em dezembro de 2001, várias CPIs (comissões parlamentares de inquérito), publicaram relatório final, comprovando que as associações esportivas, entidades esportivas e sociedades civis e mercantis vinham sendo usadas por dirigentes inescrupulosos para enriquecimento ilícito, grande parte deles políticos importantes e membros dos poderes diretivos do país. Os órgãos de comunicação de todo o país publicaram com muito realce as conclusões a que chegaram os parlamentares, demonstrando não somente crimes comuns, mas também de repercussão social, como lavagem de dinheiro, evasão de divisas, sonegação de impostos, corrupção da máquina administrativa do governo e vários outros. As associações esportivas estavam sempre em situação de insolvência, mas seus dirigentes enriqueciam-se constantemente. Em termos empresariais, esses fatos ficam amplamente relatados nos processos judiciais, principalmente nos procedimentos falimentares.

Nos dias de hoje, a desconsideração da personalidade jurídica está sedimentada em quase todos os países; a reação brasileira é posterior. Está em nosso Direito Positivo, de forma clara e insofismável no art. 28 do Código de Defesa do Consumidor e no art. 18 da Lei do Abuso do Poder Econômico. Atualmente, a questão foi aplicada de forma mais ampla no art. 50 do novo Código Civil. Antes mesmo dessas disposições legais, a posição do Poder Judiciário já se revelara a favor da nova doutrina, como veremos adiante.

O professor Piero Verrucoli, da Universidade de Pisa, em publicação denominada "Superamento della Personalità Giuridica delle Società di Capitali nella *Common Law* e nella *Civil Law*, defendeu a superação da personalidade jurídica da sociedade (embora só falasse nas sociedades de capitais e não nas de pessoas). Essa obra foi considerada a sistematização da doutrina da superação da personalidade jurídica, dando esse nome a ela, nome também adotado no direito brasileiro, apenas mudando o termo superação por desconsideração. Restringe porém o Prof. Piero Verrucoli a aplicação a cinco motivos:

1 – Realização direta dos interesses estatais, como tributários e políticos;
2 – Repressão da fraude à lei;
3 – Interesses de terceiros se forem lesados por fraudes na constituição da sociedade ou elaboração do contrato;
4 – Repressão da fraude ao contrato;
5 – Realização dos interesses dos sócios "ut singoli".

Como se observa, Verrucoli alarga mais as incidências, para além da fraude e abuso do direito. Esse parecer deve ter influenciado o direito brasileiro, pois nossa reação adota maior amplitude; o "caput" do art. 28 do Código de Defesa do Consumidor também aponta cinco razões e ainda estende a doutrina aos casos de insolvência.

O art. 50 do novo Código Civil parece alargar ainda mais a aplicação da "Disregard", pois fala em "certas e determinadas relações de obrigações", sem limitar essas relações. Vamos transcrevê-lo desde já:

> "Em caso de abuso da personalidade jurídica, caracterizado pelo desvio de finalidade, ou pela confusão patrimonial, pode o juiz decidir, a requerimento da parte ou do Ministério Público quando lhe couber intervir no processo, que os efeitos de certas e determinadas relações de obrigações sejam estendidos aos bens particulares dos administradores ou sócios da pessoa jurídica"

28.5 A posição do Judiciário

Nossos tribunais foram avessos, a princípio, à aceitação da "Disregard", chamada por alguns juízes de "doutrina de penetração" e por outros "desconsideração da personalidade jurídica", nome que acabou predominando. Baseavam-se no art. 20 do antigo Código Civil, então lei vigente, e não cabe ao juiz fazer leis, mas aplicá-las. Agora porém a doutrina se faz presente na lei, com o Código de Defesa do Consumidor e com a Lei do Abuso do Poder Econômico. Recentemente, o novo Código Civil implantou-a de forma soberana, mas não sabemos ainda os efeitos dela e como será aplicada, por ser inovação. Embora seja legalmente aplicada a casos específicos, pode-se estendê-la a outros casos semelhantes por influência da analogia. Por que só seria aplicada quando o interesse do consumidor seja afetado e não o de outras vítimas? Não vigora mais o princípio de que todos são iguais perante a lei? Por que também só as vítimas de abuso do poder econômico?

Foram razões que fundamentaram a jurisprudência em favor da desconsideração da personalidade jurídica. Por isso, já se notava a aceitação de se desconsiderar a pessoa jurídica em relação à pessoa de quem se oculta sob ela e que a utiliza fraudulentamente. Tomemos por base o egrégio Tribunal de Justiça de São Paulo, com várias decisões, repelindo a aplicação da doutrina em casos diversos, embora não tivessem sido bem caracterizados os fatores de fraude ou abuso de direito. Entretanto, seguindo o consagrado princípio de que "proibir o abuso é consagrar o uso", os próprios acórdãos passaram a observar a desconsideração da personalidade jurídica se por ventura fossem constatadas fraudes ou então abuso do direito: passou a ser olhada com simpatia.

Vejamos, por exemplo, a decisão do TJSP em 14.06.94, ao julgar a Apelação 239.606-2 (RT.711/117):

> "Deduzindo-se dos autos que a atividade da sociedade foi mal administrada, dando azo ao seu encerramento irregular, tudo com finalidade de fugir à responsabilidade de tais atos, fica a personalidade jurídica desconsiderada, a fim de que a penhora recaia sobre os bens dos sócios."

Um ano antes, a opinião de nossa principal corte estadual tinha esposado opinião que viria influenciar vivamente outros acórdãos, em decisão de 27.10.93:

"A teoria da desconsideração da personalidade jurídica ou doutrina de penetração, busca atingir a responsabilidade dos sócios por atos de malícia e prejuízo. A jurisprudência aplica essa teoria quando a sociedade acoberta a figura do sócio e torna-se instrumento de fraude."

Em decisão mais recente (RT.713/138), nosso Tribunal reconhece a aplicação da "Disregard" nas disposições da Lei 3.708/19, que regulava a sociedade limitada. Todavia, alarga ainda mais a incidência da desconsideração da personalidade jurídica para outros casos, conforme se vê nesse acórdão:
"Havendo abuso da personalidade jurídica, esta pode ser desconsiderada para, no caso concreto, admitir-se a responsabilidade pessoal, solidária e ilimitada dos sócios pelas dívidas da sociedade, independente das hipóteses do art. 10 do Dec. 3.708/19."

Vemos no acórdão retro referido que a doutrina não se aplicava de forma genérica, mas a "casos concretos", vale dizer, devendo ser examinado cada caso "per si". Pela ementa desse acórdão, a desconsideração da personalidade jurídica aplica-se a outros casos, de forma genérica, portanto, em campo muito largo. Além dessa abrangência, o acórdão considera a responsabilidade pessoal do sócio faltoso, como solidária e ilimitada, ainda que se trate de sociedade limitada ou da simples.

Por outro lado, nossa jurisprudência manifesta moderação em aplicar a "Disregard", limitando sua área e realçando a personalidade jurídica da sociedade. Não visa essa doutrina anular a personalidade jurídica da sociedade, mas preservá-la. O instituto da personalidade jurídica está realçado em nosso ordenamento jurídico, mesmo antes do advento do novo Código Civil. A personalidade jurídica da pessoa jurídica e sua distinção da personalidade jurídica dos membros que a compõem não é arredado em nosso direito; apenas ela é "desconsiderada" para certos efeitos e em determinados casos, em "fatos concretos" como diz a ementa. Vamos descrever outra parte do mesmo acórdão:
"A aplicação da 'Disregard Doctrine', a par de ser salutar meio de defesa para evitar a fraude via utilização da pessoa jurídica, há de ser aplicada com cautela e zelo, sob pena de destruir o instituto da pessoa jurídica e olvidar os incontestáveis direitos da pessoa física. Sua aplicação terá

que ser apoiada em fatos concretos que demonstrem o desvio da finalidade social da pessoa jurídica, como proveito ilícito dos sócios."

Podemos deduzir dos quatro acórdãos examinados que nossa jurisprudência, consentânea com a doutrina da "Disregard Theory", adota os seguintes pontos básicos:
1 – Só deve ser aplicada a casos concretos;
2 – A personalidade jurídica da sociedade fica preservada;
3 – Deve ser invocada só quando os sócios utilizarem-se da sociedade com má-fé, comprovando-se fraude ou abuso de direito ou afronta à lei;
4 – A responsabilidade dos sócios é solidária e ilimitada.

28.6 A previsão legal brasileira

Mesmo na vigência do Código Civil de 1916, a desconsideração da personalidade jurídica começou a entrar no direito brasileiro pelo Código de Defesa do Consumidor (Lei 8.078/90), sob o aspecto legislativo, uma vez que na jurisprudência já se notava sua invocação. Para facilitar os comentários, será conveniente transcrever o artigo em apreço.

Capítulo IV – Seção V
Desconsideração da personalidade jurídica

Art. 28 – O juiz poderá desconsiderar a personalidade jurídica da sociedade quando, em detrimento do consumidor houver abuso de direito, excesso de poder, infração da lei, fato ou ato ilícito ou violação dos estatutos ou contrato social. A desconsideração também será efetivada quando houver falência, estado de insolvência, encerramento ou inatividade da pessoa jurídica provocados por má administração.
Parágrafo 1º – Vetado.
Parágrafo 2º – As sociedades integrantes dos grupos societários e as sociedades controladas são subsidiariamente responsáveis pelas obrigações decorrentes deste Código.
Parágrafo 3º – As sociedades consorciadas são subsidiariamente responsáveis pelas obrigações decorrentes deste Código.
Parágrafo 4º – As sociedades coligadas só responderão por culpa.

Parágrafo 5º – Também, poderá ser desconsiderada a pessoa jurídica sempre que sua personalidade for, de alguma forma, obstáculo ao ressarcimento de prejuízos causados aos consumidores.

Veio depois indicada a "Disregard of legal entity" na Lei 8.884/94 sobre infrações contra a ordem econômica, adotando no art. 18 disposição bem semelhante à do art. 28 do Código de Defesa do Consumidor:

> "A personalidade jurídica do responsável pela infração da ordem econômica poderá ser desconsiderada quando houver por parte deste abuso de direito, excesso de poder, fato ou ato ilícito ou violação dos estatutos ou do contrato social. A desconsideração será efetivada quando houver falência, estado de insolvência, encerramento ou inatividade da pessoa jurídica provocados por má administração."

Da legislação surgida, vamos notar que muitas razões poderão provocar a aplicação da "Disregard Doctrine" ou desconsideração da personalidade jurídica, além dos casos da doutrina original:
Abuso de direito – excesso de poder – infração da lei – fato ou ato ilícito – violação do estatuto ou do contrato social.

Os casos de aplicação ficam ainda ampliados quando houver falência, estado de insolvência, encerramento ou inatividade da sociedade, provocados por má administração. Naturalmente, a legislação refere-se apenas a casos em que a vítima seja um consumidor, ou quando se tratar de crimes contra a ordem econômica. Poder-se-á entretanto apelar para a analogia e estender a desconsideração da personalidade jurídica para outras áreas semelhantes, sendo mesmo possível na área falimentar.

Os vários parágrafos do art. 28 colocam no âmbito da desconsideração as sociedades controladas, as sociedades integrantes de grupos societários, as consorciadas e as coligadas. Nesse caso, o sócio de uma sociedade é outra sociedade. O grupo de sociedades está previsto da Lei das S/A. Uma sociedade pode ser a principal acionista de outra e uma delas pode causar prejuízos a seus consumidores. Ao responder por esses prejuízos, constata-se que seu patrimônio foi diluído; nesse caso, o patrimônio da controladora ou a controlada ficará sujeito à execução.

Não muito tempo depois, a reação contra a utilização de uma sociedade em benefício do sócio reforçou-se com a Lei do Abuso do Poder Econômico (Lei 8.884/94). O art. 18 dessa lei alarga a aplicação da "Disregard Theory" a gama muito vasta de casos, elencados nos arts. 20 e 21 da mesma lei, em muitos incisos, mais precisamente 28. Esses casos agrupam-se em aspectos vários, como domínio irregular do mercado, cerceamento à livre concorrência ou livre iniciativa, crimes contra a propriedade intelectual das empresas.

Nota-se que a redação desse artigo traz muito do correspondente artigo do Código de Defesa do Consumidor. O segundo parágrafo desse artigo é de enorme amplitude, pois uma sociedade que não pode responder por suas responsabilidades já é insolvente. Esse artigo é de aplicação quase total. Além disso, no caso de falência, não especificam ambos os artigos se a personalidade jurídica da sociedade é desconsiderada apenas em casos de consumidor ou infração à ordem econômica. Ainda que não sejam interpretados extensivamente, a analogia faz o alargamento aos demais casos.

Além dessas duas reações bem frontais, já se tinham notado no Brasil alguns brados de alerta. A Justiça do Trabalho vinha apresentando várias medidas judiciais de superação da personalidade jurídica, não só determinando penhora de bens particulares dos empresários que utilizam sua empresa em proveito próprio lesando terceiros, mas até mesmo decretando a prisão deles.

Outra área em que a responsabilidade pessoal dos sócios de uma sociedade pelos atos praticados por eles por via dela foi atingida é a tributária. O CTN–Código Tributário Nacional estabeleceu claramente essa responsabilidade nos arts. 134 e 135 nas obrigações tributárias resultantes de atos praticados com excesso de poderes ou infração da lei, contrato social ou estatuto. A linguagem adotada pelo CTN tem alguma semelhança com a dos recentes dispositivos sobre a "Disregard Theory".

A Lei das S/A faz distinção entre a S/A e a figura de seu administrador, deixando bem clara a desconsideração da personalidade jurídica no art. 265. Não julgamos porém que essa distinção tenha base na "Disregard Theory" pois cuida apenas da personalidade jurídica do acionista controlador ante à da sociedade dirigida por ele. Os casos de fraude ou de "ulta vires societatis" cobertos pela "Disregard" envolve operações triangulares: sociedade–administrador–terceiros.

Por outro lado, os dois artigos comentados estendem a aplicação da teoria da superação à área falimentar ou em casos em que a atividade de uma empresa forem suspensas por má administração. Neste caso a desconsideração é levada muito adiante, pois não implica fraude ou abuso de direito nessa "má administração". Além disso, a desconsideração está omitida na Lei Falimentar, que agora deverá sofrer alteração para conformar-se ao novo direito brasileiro. Fazemos essa referência à atual Lei Falimentar, o Decreto-lei 7.661/45, uma vez que corre no Congresso Nacional projeto de nova Lei Falimentar.

Com o advento no novo Código Civil, cessam quaisquer dúvidas de caráter legislativo quanto à definitiva implantação da teoria da desconsideração da personalidade jurídica na legislação brasileira, nos moldes considerados neste capítulo, referindo-se seu art. 50 não apenas à sociedade mercantil ou civil, mas a qualquer pessoa jurídica.

29. A SOCIEDADE ESPORTIVA

29.1 Sociedade e associação

29.2 A sociedade esportiva

29.3 A sociedade esportiva e seu atleta

29.4 Associação deturpada

29.5 A fonte do direito esportivo e do esporte

29.6 A nova legislação

29.1 Sociedade e associação

Visando a dar fim à confusão jurídica atualmente reinante, é imprescindível estabelecer a distinção entre dois tipos de entidades gregárias em grande evidência no esporte moderno. Entidade gregária é entendida como a aglutinação de pessoas, movidas por vários fatores para atividades em comum ou vida em comum. Sua origem etimológica está no termo latino *grege*=rebanho, povo, partido.

As entidades em referência são a sociedade e a associação. As duas podem ser chamadas de agremiação ou grêmio (de grei).

Essas duas agremiações se vão distinguir em sete aspectos, embora haja algumas dúvidas e exceções, mas no conjunto eles caracterizam uma e outra de forma inconfundível. Faremos então um comentário sobre cada um dos sete aspectos.

1 – A sociedade tem como objetivo a obtenção de lucros. A motivação capaz de unir seus membros é a expectativa de lucros futuros. Constituem um meio de vida; cada membro se torna um dependente dela. Sua estrutura e sua filosofia de trabalho se constituem em função de seu objetivo: o objetivo econômico.

A associação não tem intento lucrativo, mas social, político, cultural, moral, beneficente e outros semelhantes. Não distribui lucros, uma vez que não os persegue.

2 – Na sociedade, o dinheiro que os sócios lhe conferem forma o capital, considerado como fundo pertencente aos sócios. O dinheiro que o sócio aporta ao capital da sociedade é um investimento, ou seja, a aplicação de um dinheiro na sociedade, para depois auferir lucros, podendo retirá-lo, se não lhe for mais conveniente.

Na associação, o dinheiro que o associado lhe aporta é o pagamento do preço dos serviços que a associação lhe presta. Não é investimento, mas um pagamento. Desde o momento em que o dinheiro saiu da mão do associado deixou de ser patrimônio seu, entrando para o patrimônio da sociedade.

3 – A sociedade presta serviços a terceiros, serviços esses remunerados por pessoas externas. É o caso de uma montadora de automóveis. O que faz ela? Produz automóveis e os coloca à disposição do mercado

consumidor. Vive em função da venda de seus produtos a seus fregueses. A associação presta serviços aos seus associados e só a eles. Não pode receber pagamento externo pelos seus serviços, vale dizer, não pode prestar serviços a terceiros. Digamos por exemplo que os alunos de uma escola constituem uma associação para a promoção de bailes. Ela organiza bailes para eles, só para eles. A taxa que eles lhe pagam, destina-se a cobrir as despesas com os bailes e outras atividades.

4 – A sociedade se constitui de três maneiras: por um contrato, por assembléia geral ou por lei. Há portanto sociedades contratuais, estatutárias e legais. O contrato é um acordo entre duas ou mais partes para regulamentar entre elas uma relação jurídica de natureza patrimonial. A associação se forma por uma reunião de pessoas interessadas que estabelecem um "pacto social". Nesse aspecto, a associação tem alguma similaridade com a S/A: são entidades estatutárias. A estrutura e os itens de sua organização ficam ditados por um estatuto, aprovado pela assembléia geral dos associados.

5 – Na extinção da sociedade, o patrimônio dela é destinado aos sócios. Estes receberão de volta o valor do patrimônio da sociedade extinta, na proporção do capital que eles atribuíram ao patrimônio da sociedade. São os sócios os donos da sociedade e portanto têm o direito de propriedade (jus utendi, fruendi et abutendi) sobre ela e o patrimônio dela.
Se a associação extinguir-se, seu patrimônio nem poderá ser distribuído aos associados, pois não lhes pertencem. O estatuto estabelecerá quem será o destinatário do patrimônio da associação. Normalmente será o Governo.

6 – A sociedade desenvolve atividades empresariais. Produz e vende mercadorias e serviços. Exerce a empresa trabalhando profissionalmente para suprir as necessidades do mercado consumidor.
A associação só presta serviços e a um público interno, aos seus associados. Sua clientela é fixa e restrita. Suas atividades são de regra sociais, culturais, esportivas, políticas, beneficentes, sindicais, corporativas.

7 – O componente da sociedade chama-se sócio e tem um perfil próprio. Normalmente é de número restrito; é muito comum sociedade

de apenas dois sócios, às vezes, marido e mulher. Poucas são as sociedades de muitos sócios, nesse caso, só as sociedade por ações.

Faremos então um esquema para estabelecer resumidamente um paralelo entre essas duas sociedades.

SOCIEDADE	ASSOCIAÇÃO
1. Possui intento lucrativo; visa a lucros.	Não tem intento lucrativo; não visa a lucros.
2. O dinheiro aportado pelos sócios é um investimento; pertence a ele.	O dinheiro aportado pelo associado não é investimento; é o pagamento de uma taxa pela prestação de serviços.
3. Presta serviços a terceiros.	Presta serviços aos seus associados, não a terceiros.
4. Constitui-se normalmente por contrato.	Nunca se constitui por um contrato.
5. Na sua extinção, o patrimônio deve ser repartido entre os sócios.	Na sua extinção, o patrimônio não é repartido entre os associados.
6. Desenvolve atividades empresariais.	Desenvolve atividades sociais, culturais, religiosas, políticas, sindicais, corporativas, beneficentes, recreativas, esportivas, etc.
7. Seus membros são chamados sócios e geralmente são poucos.	Seus membros são chamados associados e geralmente são muitos.

29.2 A sociedade esportiva

Cada entidade gregária tem seu objetivo social, também chamado ramo de atividade ou segmento de mercado. É uma atividade de natureza especial, como por exemplo: indústria, comércio, agricultura, prestação de serviços, mineração. A sociedade esportiva é uma prestadora de serviços; são os serviços de promoções esportivas dirigidas a um público massivo e externo. Promove espetáculos públicos, recebendo o pagamento por eles, como preço por seus serviços.

Submete-se às regras do mercado consumidor, procurando oferecer serviços cada vez melhores, conquistando mais clientes. Luta para manter sua clientela. Ela tem as suas marcas, normalmente registradas no INPI– Instituto Nacional da Propriedade Industrial. Muitas vezes licencia suas marcas por contratos de licenciamento regulamentado pelo Direito da Propriedade Industrial. Empenha-se constantemente em aumentar sua receita e racionaliza sua despesa.

Por suas atividades, é comparada a uma empresa promotora de espetáculos artísticos; promoção esportiva e promoção artística têm o mesmo sentido. O espetáculo público provoca a arrecadação de dinheiro graças ao preço cobrado pelo espetáculo. Tanto a sociedade promotora de espetáculos artísticos como a de espetáculos esportivos vendem seus produtos à sua clientela.

Atualmente, a atividade empresarial da sociedade esportiva está muito diversificada e consta principalmente do seu poder publicitário. O nome da sociedade esportiva já constitui uma marca consagrada por muitos anos de tradição, registrada no INPI, constituindo um bem de natureza intelectual, regulamentado pelo Direito da Propriedade Industrial. Essa marca de grande penetração popular agora se associa à marca de produtos industriais. Essa associação de marcas está na íntima dependência de larga campanha publicitária. Trata-se então de operação triangular, envolvendo vultosas importâncias em dinheiro.

Em seguida, essa operação estimula inúmeras outras atividades mercantis: o comércio de camisas com marcas estampadas, chapéus, bandeiras, logotipos, lenços, lápis, canetas e muitos outros produtos, cuja venda está condicionada aos espetáculos esportivos. Estes, por sua vez, provocam intensa comercialização de bebidas, lanches e outros. Por ocasião dos espetáculos, agitam-se nas proximidades muitas barracas, vendendo guloseimas. Os bares e restaurantes, lojas e outras estabelecimentos varejistas lotam nessas ocasiões. Todos esses fatores atestam a natureza mercantil da sociedade esportiva. Exerce ela a empresa, com muitas atividades de elevada movimentação financeira. São fatores que não permitem classificá-la como associação. Nota-se que não presta ela serviços aos seus associados, mas a terceiros, serviços profissionais próprios da atividade empresarial.

29.3 A sociedade esportiva e seu atleta

Aspecto confuso, vago e causador de polêmicas é o relacionamento entre a sociedade esportiva e o atleta que lhe pertence. Embora seja vasta a legislação a este respeito, não se chegou ainda à conclusão definitiva sobre esse relacionamento e nem mesmo sobre o regime jurídico a que está submetido. A posição do atleta é bem semelhante à do artista; ele é contratado para dar espetáculo artístico; seu trabalho é uma arte. Ele está enquadrado portanto na posição de artista. Ganha ele um salário mensal, mas aufere também direitos autorais, chamados ainda de direito de imagem ou direito de arena. Esse tipo de rendimento é próprio da atividade artística.

Entre a sociedade esportiva e o atleta há um vínculo de natureza contratual, por haver um contrato de prestação de serviços. Esse contrato não está regulamentado pela CLT mas pela legislação própria da atividade esportiva. Aliás, a lei regulamentadora das atividades esportivas, conhecida como "Lei Pelé", diz no art. 1º:

> "A prática desportiva é regulada por normas nacionais e internacionais e pelas regras de prática desportiva de cada modalidade, aceitas pelas respectivas entidades nacionais de administração do desporto."

Não deixa de ser um contrato de trabalho, pois a ele se refere essa lei várias vezes. As leis porém embaralham a questão, chegando a afirmar que as disposições da CLT a ele se aplicam. Concluímos então que um clube é uma sociedade; o atleta que lhe presta serviços é um empregado assalariado; o vínculo que os une é um contrato de trabalho; aplicam-se a esse contrato as normas específicas da atividade esportiva e as trabalhistas. Nesses termos, julgamos competente a Justiça do Trabalho para dirimir divergências entre a sociedade esportiva e seus atletas. Todavia, a própria lei prevê uma jurisdição especial para solucionar esses conflitos, ou seja, o tribunal de justiça desportiva. O contrato sociedade esportiva/atleta ficou definido no art. 28 da Lei Pelé:

> "A atividade do atleta profissional de todas as modalidades desportivas, é caracterizada por remuneração pactuada em contrato formal de trabalho firmado por entidade de prática desportiva, pessoa jurídica de direito privado, que deverá conter, obrigatoriamente cláusula penal para as hipóteses de descumprimento, rompimento ou rescisão unilateral.
>
> 1º – aplicam-se ao atleta profissional as normas gerais da legislação trabalhista e da seguridade social, ressalvadas as peculiaridades expressas nesta Lei ou integrantes do respectivo contrato de trabalho.

2º – o vínculo desportivo do atleta com a entidade contratante tem natureza acessória ao respectivo vínculo empregatício, dissolvendo-se, para todos os efeitos legais, com o término da vigência do contrato de trabalho."

Fala esse artigo em contrato formal mas não é explícito quanto às formalidades. Naturalmente, é um contrato escrito. Normas gerais estabeleceram um formulário próprio, com cláusulas predeterminadas. As partes do contrato estão determinadas: entidade de prática desportiva/atleta profissional. Entidade de prática desportiva é um gênero, de que são espécies:
- Sociedade civil;
- Sociedade mercantil;
- Associação (como são registrados os atuais clubes, em sua maioria.

Pelo parágrafo segundo, aplicam-se ao contrato as normas trabalhistas, o que justifica a eleição da Justiça do Trabalho como foro competente para dirimir divergências entre as partes. Assim sendo, a entidade de prática desportiva, seja a sociedade esportiva ou a associação esportiva, deverá recorrer à Justiça do Trabalho para dirimir suas querelas. Preferimos não discutir aqui essa questão, para nos ocuparmos apenas do estudo da sociedade esportiva, mas vemos choques com o estatuto da FIFA, que não permite recurso à justiça pública, a não ser quando esgotadas as vias da justiça desportiva.

O parágrafo terceiro focaliza questão muito polêmica e importante. Terminado o contrato de trabalho, o atleta fica livre para estabelecer contrato com quem quiser. Não resta vínculo qualquer com seu antigo empregador. Nesse aspecto, houve derrota de nossos "cartolas", pois, anteriormente, o atleta ficava vinculado à entidade de prática desportiva, seu antigo empregador, e era obrigado a renovar seu contrato, a menos que seu empregador o liberasse. Esse vínculo era chamado de "passe". A liberação do passe rendia muito dinheiro, por ser uma liberação remunerada, proporcionando ao antigo empregador e principalmente aos dirigentes das agremiações polpudos lucros, tanto para quem vendia como para quem comprava. Era a principal fonte de renda, mas não conseguiu manter-se.

29.4 Associação deturpada

Os clubes praticantes de esportes profissionalizados começaram realmente como associações; alguns deles antes do Código Civil de 1916. Esse código está para ser revogado, graças ao advento do novo Código Civil. É necessário então pensarmos em termos do novo código, o de 2002. Se examinarmos a vida dessas associações, mormente os clubes de futebol profissional, notaremos que são eles sociedades esportivas. Bastaria examinar a intensa mobilização financeira, a preocupação com o lucro, enfrentando os riscos da atividade econômica, a natureza jurídica das atividades exercidas, e outros fatores, para se verificar que estamos frente a uma autêntica empresa. E se não for considerado como empresa, aplicando em sua administração os princípios científicos da economia e da administração de empresas, essa entidade de prática desportiva não conseguirá sobreviver.

A associação esportiva é uma prestadora de serviços, mas não a seus associados; algumas nem mesmo têm associados. Outras tem associados e lhes prestam serviços. Os clubes que exercem atividades de futebol profissional porém tem esse serviço de forma irrisória, considerando-o um "mal necessário". Esses serviços tomaram-se muito custosos e a clientela vem minguando paulatinamente. A causa principal é a montagem de clubes nos conjuntos residenciais. Os modernos edifícios de apartamentos têm normalmente piscinas, quadras, salões de festas, parque infantil, não precisando os condôminos saírem de casa para usufruir os serviços proporcionais pelos clubes. De outra parte, é inegável a diminuição do poder aquisitivo, do nível de vida, do achatamento de salários, o aumento do desemprego e do subemprego, do PIB. Ante a situação de apertura, é natural que o cidadão corte os gastos dispensáveis, como as taxas a clubes. É sabido que as associações esportivas de São Paulo, delicadas exclusivamente a serviços sociais, ou seja, sem ter esportes competitivos, atravessam difícil situação financeira e logística, assim considerada como crise de identidade, incluindo-se entre essas as mais tradicionais. Estão, por esse motivo, mudando sua estrutura e transformando-se em empresas de prestação de serviços externos a terceiros.

O estatuto das sociedades esportivas de competição afirma terem elas o objetivo de prestar serviços aos seus associados, a produzir atletas para as seleções nacionais, a divulgar o nome do Brasil, perante o mundo todo. São assim as associações entidades de utilidade pública de caráter patriótico. Assim sendo, há interesse público na sua manutenção, motivo pelo qual o Governo lhes destina largas verbas, como por exemplo as da loteria esportiva. Seus dirigentes passam como abnegados servidores de seus clubes.

O que vem acontecendo é que as atividades constam principalmente de promoção de espetáculos públicos, divulgados por ampla campanha publicitária, destinado a terceiros, não a seus associados. Caso o associado queira participar desses espetáculos, pagará o preço dos demais espectadores. Pela natureza jurídica, um espetáculo de futebol é semelhante a um espetáculo promovido pelas sociedades artísticas. Os atletas da sociedade esportiva são como artistas, contratados para promoverem espetáculo ao público externo, e são remunerados de acordo com o valor mercadológico, da mesma forma que um artista. Os salários pagos aos atletas não condizem com os objetivos de uma associação. Há salários mensais superiores a R$ 200.000,00, bem como o salário dos treinadores. Há outros funcionários, como médico, enfermeiro, preparador físico, roupeiro, massagista, gerente e outros. Os jornais publicaram o salário de um roupeiro, profissional de nível comparável a um operário semi-especializado, como sendo de R$ 30.000,00.

Ante essa situação, as sociedades esportivas do Brasil encontram-se em situação de insolvência; a maioria delas vêm dissolvendo seu patrimônio, mesmo porque seus bens estariam sujeitos à penhora. Muitas acumulam dívidas que ultrapassam qualquer possibilidade de pagamento. Em situação extrema, o Governo lhes presta socorro, tirando-as do fundo do poço temporariamente. Quando foi criado, o PROER, para socorrer bancos falidos, o dinheiro do Banco Central carreado a esses bancos teve uma parcela transferida pelos mesmos a várias sociedades esportivas. O Governo assim age, tendo em vista o alcance social, psicológico das atividades desenvolvidas pelas sociedades esportivas.

Contudo, se elas estão em insolvência, constituindo praticamente massa falida, o mesmo não se pode dizer em relação aos seus dirigentes. Em nome da sociedade esportiva que eles dirigem, realizam negócios monumentais: pagam salários astronômicos, realizam transferências milionárias de atletas, celebram custosos contratos de publicidade. Nunca se sabe do dinheiro dessas operações; tudo é secreto. Não estão obrigadas as associações a publicar balanço, como aconteceria numa empresa. Não sofrem inspeção fiscal, por serem isentas de impostos. A prestação de contas perante órgãos internos de cada sociedade esportiva é normalmente uma farsa. Estranho é que por ocasião de eleições de dirigentes, grupos políticos internos se digladiam acirradamente; agridem-se, trocam acusações.

Há tempos foi constituído um banco em São Paulo, pelo tesoureiro de um clube, com a finalidade de patrocinar esse clube. O banco investiu considerável soma para eleger os dirigentes, muitos deles seus funcionários. A imprensa especializada deu ampla cobertura ao banco nessa campanha eleitoral, com propaganda planejada e intensa. O banco promoveu jantares, espetáculos artísticos, coquetéis. Presentes e gratificações foram distribuídos amplamente em ruidosas convenções. Realizada a eleição, constatou-se fragorosa derrota do banco, com seus candidatos ocupando as últimas colocações. Em conseqüência, o banco quebrou, entrando em liquidação extra-judicial, dando prejuízos a milhares de pessoas. Foram levadas à insolvência várias empresas que compunham o grupo liderado por esse banco.

Esse ambiente não é pacífico. Os órgãos de comunicação de massa já divulgaram muitos escândalos bombásticos, envolvendo a atuação de dirigentes esportivos. Todas as sociedades esportivas de São Paulo e Rio de Janeiro já foram atingidas por tais escândalos. Houve também divulgação da fortuna desses dirigentes, muitas existentes nos paraísos fiscais, fortuna conseguida de forma suspeita e misteriosa. Foram constituídas no Congresso Nacional várias comissões parlamentares de inquérito para apurar falcatruas na área das atividades esportivas.

29.5 A fonte do direito esportivo e do esporte

Fontes do direito são os fatores determinantes do surgimento e das transformações por ele experimentadas pelos anos. No sentido geral, as fontes básicas do direito são a lei, os costumes, a analogia, a doutrina, a jurisprudência e os princípios gerais do direito, segundo consta da Lei de Introdução ao Código Civil e do estatuto da Corte Internacional de Justiça. Cada ramo do direito apresenta suas fontes específicas ou diferença de intensidade delas. O Direito Esportivo é um ramo do Direito Privado em enorme desenvolvimento em nossos dias. Alguns aspectos dele fazem parte do Direito Público, ao dedicar-se à ação do Governo quanto às atividades esportivas, mormente no que tange aos seus mecanismos de controle. Revela esse ramo do direito fatores próprios, determinantes de sua origem e desenvolvimento. Está naturalmente em correlação com o próprio esporte.

Segundo algumas teorias produzidas pela psicologia, ela é a ciência do comportamento humano. Há nesse conceito um paralelismo com o direito, que também é a ciência do comportamento humano. É contudo a psicologia uma ciência especulativa, ou seja, de investigação teórica; procura averiguar como é o comportamento humano. O direito é uma ciência normativa, isto é, procura averiguar como deve ser o comportamento do homem, mais precisamente procura estabelecer normas para esse comportamento. Não se preocupa tanto como o comportamento é, mas como deve ser.

O comportamento é portanto o objetivo da psicologia e do direito e ambos procuram interpretá-lo de forma sincronizada, embora cada um sob a sua ótica. A psicologia experimental estabeleceu para o comportamento a fórmula S–R (stimulus–reactionem); é a maneira de como o homem reage aos estímulos que recebe. E o transcorrer de nossa vida é uma cadeia de estímulos que atingem nossa consciência, ante os quais apresenta ela uma reação. Assim, por exemplo, se um inseto passa diante de nós (estímulo), nós piscamos (reação). O comportamento é a sucessão desses atos.

Vários tipos de comportamento se realçam, cada um provocando alterações no direito, entre os quais podemos citar:

Comportamento instintivo

Compreende-se como instinto uma força interior, que impele o homem a praticar atos independente de seu desejo e sem conhecer a finalidade dos mesmos. Os instintos mais provocadores de alterações no direito são os de conservação, gregário, lúdico e religioso.

Comportamento consciente

É o conjunto de atos motivados pela vontade. São os atos jurídicos previstos nos arts. 81 e seguintes no atual Código Civil. Se esses atos desobedecerem a esses artigos e aos do Código Penal transformam-se em crimes dolosos, ou seja, são uma transgressão consciente ao preceito legal. Quem assina um contrato, por exemplo, deve estar praticando um ato consciente.

Comportamento inconsciente

É a forma de agir de um cidadão sem ser determinada pela vontade. Sua relevância se deve aos estudos do notável psiquiatra vienense Sigmund Freud. Os atos ilícitos inconscientes constituem os crimes culposos.

Comportamento condicionado

Resultou dos estudos do cientista russo Pavlov e consiste em substituir um estímulo por outro, para se averiguar qual será a reação, geralmente idêntica.

Comportamento instintivo

A questão que agora nos afeta é o conjunto de atos provocados pelo instinto, mormente um deles: o instinto lúdico. O homem é impulsionado a praticar certos atos por forças íntimas e nem mesmo ele consegue compreender porque praticou aqueles atos: é a força do instinto. Não só o homem tem um comportamento dirigido pelo instinto, mas também os animais e as plantas, enfim todo ser vivo.

Uma galinha chocou uns ovos, sem saber que entre eles ficara um ovo de pata, tendo nascido uma ninhada. Em seguida, a galinha levou sua ninhada a passeio, encontrando uma poça dágua. Os pintinhos procuraram afastar-se mas o patinho entrou nela e saiu nadando, sob o alvoroço geral. O que teria feito o patinho a proceder desta forma? Ninguém lhe falou que era patinho e não um pintinho. Ninguém o ensinou a nadar. O que houve foi uma força interior, nascida com ele, ou seja, inerente à sua espécie, que o impulsionou a entrar na água, sentir-se bem nela e sair nadando. É a força do instinto.

Entre os instintos intimamente ligados ao nosso tema de agora, vamos fazer algumas referências.

Instinto gregário

Conforme já vimos, esta palavra vem de grei=reunião. O homem não vive isolado, procura seu semelhante e com ele convive. O filósofo grego Aristóteles defendeu a tese de que o homem é um "animal social". Desde que ele se encontre com outro, surge uma sociedade e a necessidade de se regulamentar essa sociedade, donde o princípio: UBI SOCIETAS UBI JUS (onde houver sociedade, haverá o direito). Todo tipo de sociedade é fruto desse espírito humano, dentre elas a sociedade esportiva. O esporte é uma forma de convívio social.

Instinto de conservação

Manifesta-se em dois sentidos: o instinto de conservação pessoal e o instinto de conservação da espécie. O primeiro justifica o apego do homem à vida, por mais horrível que seja, à saúde, à integridade física. É instinto tutelado pelo direito e atentado contra ele poderá configurar crime contra a vida. Outra manifestação desse instinto é o de conservação da espécie; revela-se no impulso sexual, tendendo a propagar a espécie, por sua vez projetado no amor materno, filial e outros. Fruto desse instinto é o próprio direito de família.

Instinto lúdico

É este a maior fonte do esporte e do direito esportivo. O instinto gregário proporciona um leve impulso, pois o esporte une pessoas, faz com que se correlacione um com o outro, donde a máxima: "o esporte faz amigos". Como provoca o aparecimento de sociedades, seu mais direto efeito é a sociedade esportiva.

O instinto de conservação participa da formação da sociedade esportiva: o esporte aprimora a saúde, o acondicionamento físico pessoal e da espécie. Por essa razão, todos os governos se valem do esporte para esses fins e muitos outros, até mesmo políticos e psicológicos. Nero dizia que mantinha o domínio sobre o povo com pão e circo. Hitler considerava o esporte como "consagração da raça". Os demais regimes totalitários, como a Itália facista, a União Soviética e Cuba, fizeram do esporte instrumento político e de vitalização do povo.

"Ludus" é uma palavra latina com o significado de jogo, donde se origina o termo "lúdico". Vem a ser o instinto lúdico a força propulsora do homem para as práticas desportivas, para o jogo, para a emulação, a disputa. Nota-se essa tendência da raça humana em todas as civilizações. A maioria dos jogos exige um conjunto de regras que regulamente cada jogo; é portanto uma fonte de produção do direito. O conjunto de jogos vai exigir regulamentação mais ampla, entre as quais situa-se a que estamos nos referindo, a chamada "Lei Pelé". Forma-se assim extensa legislação esportiva em todos os países. Consta que os jesuítas começaram a cativar os índios com a organização de jogos; constataram eles que os índios já praticavam esportes desde tempos imemoriais. Pode-se então dizer que o Direito Esportivo nasceu no Brasil com Nóbrega e Anchieta, ao estabelecerem as primeiras regras esportivas.

Os primórdios de todos os povos revelam a existência de jogos e regulamentação esportiva. Na antiga Grécia, 800 anos antes de Cristo, eram realizadas as olimpíadas, como grande festa nacional, repetida cada quatro anos. Eram praticadas corridas, lutas, lançamento de dardo e de disco, corrida de cavalos e outras competições. As primeiras revelações de vida na antiga Roma mostram o povo fazendo procissão pelos campos, pedindo aos deuses para que proporcionassem boas colheitas. Essas procissões revelam a força do instinto religioso que domina todos os povos. Para comemorar seus sucessos e as boas colheitas, os romanos promoviam jogos. Mais tarde, aparecem em Roma os circos, na ocasião estádios esportivos, entre os quais figurava o Circo Massimo, verdadeiro monumento. Ainda hoje permanecem em Roma as ruínas desse circo e o esplendor das competições foi restaurado no famoso filme *Ben Hur*. Sugestiva ainda é a existência do palco de grandes competições, até mesmo de uma batalha naval: é o Coliseu, originalmente "colosseum"=colosso. Vemos assim que o esporte, a competição, os jogos, a emulação estiveram na origem de todos os povos, materializando-se em grandes obras, como o Coliseu e as numerosas praças de esportes existentes em todo o mundo. Essa relevância justifica o surgimento do direito esportivo.

29.6 A nova legislação

Ante o estado confuso e escabroso do esporte brasileiro, foram cogitadas várias medidas. Todas elas concluíram pela necessidade de situar juridicamente as sociedades esportivas no seu real estágio: são elas sociedades e não associações. Se são sociedades, tornar-se-á difícil exigir verbas públicas como doações; não teria sentido uma empresa receber doações públicas, ainda mais que algumas delas são multinacionais. Hoje, há realmente vários clubes pertencentes a empresas multinacionais.

A primeira iniciativa no sentido de elaborar legislação realista sobre a questão foi do governo do presidente Collor, criando o Ministério dos Esportes e nomeando como ministro um famoso jogador de voleibol. Este empreendeu a elaboração de lei reguladora do esporte, calcada na lei italiana. Mas o projeto nem chegou a ser apresentado, pois o presidente Collor foi apeado do poder.

O novo presidente manteve o ministério, mas nomeou ministro um famoso jogador de futebol apelidado de ZICO, que levou o projeto adiante e foi transformado na Lei 8.672/93, conhecida como a "Lei Zico". Esta lei introduziu a sociedade esportiva na legislação brasileira, que poderia ser sociedade civil ou sociedade mercantil. Os clubes não desapareceriam, já que facultativamente poderiam adotar várias opções:

- Transformar-se em sociedade civil ou mercantil;
- Criar uma sociedade esportiva, que pertenceria ao clube;
- Ceder o direito de exercer as atividades empresariais do esporte a uma empresa externa, ficando o clube como associação prestadora de serviços sociais.

Essa iniciativa caberia ao clube de forma facultativa, sem obrigatoriedade de adotar essa solução. Teve a lei o "vacatio legis" de um ano, para que as associações esportivas tivessem tempo de se preparar para a assimilação da nova lei.

Nesse ínterim, o governo, que era passageiro, sai e entra outro, também conservando o ministério, mas nomeando novo ministro, agora o famoso Pelé. Comentava-se que havia ciúme e rivalidade entre esses dois ministros-atletas.

O novo ministro manda elaborar nova lei, quase igual à anterior, mas modificando o aspecto a que estamos nos referindo: a transformação da associação em sociedade seria obrigatória. Assim sendo, não seria possível a uma associação exercer as atividades esportivas de competição, mas apenas prestar serviços aos seus associados. Surgiu assim a Lei 9.615, de 24.3.1998. Vamos transcrever o art. 27 dessa Lei:

> "As atividades relacionadas a competições de atletas profissionais são privativas de:
> I - sociedades civis de fins econômicos;
> II - sociedades comerciais admitidas na legislação em vigor;
> III - entidades de prática desportiva que constituírem sociedade comercial para a administração das atividades de que trata este artigo."

Este é o art. 27 da Lei 9.615/98, conhecida como Lei Pelé, promulgada também com "vacatio legis" de dois anos, para entrar em vigor em 24 de março de 2000. Imediatamente, todos os clubes praticantes do futebol profissional procuraram amoldar-se à nova lei, muitos criando uma sociedade para assumir depois as competições de atletas profissionais. Foi a tentativa de amoldar-se à realidade. Sendo uma sociedade esportiva, será controlada pelos sócios, ou seja, os seus donos. Como sociedade, ficará ela submissa às normas do Direito Societário.

Entretanto, a Lei Pelé impediu que entrasse em vigor a Lei Zico, ao estabelecer o "vacatio legis" de dois anos, ou seja, os clubes tiveram o prazo até 24.3.2000 para transformarem-se em sociedades esportivas, enquadradas nas normas do Direito Societário, ou delegarem a uma sociedade a exploração dos esportes competitivos. É o que diz o art. 94 da Lei Pelé:

> "As entidades desportivas praticantes ou participantes de competição de atletas profissionais terão o prazo de dois anos para se adaptar ao disposto no art. 27."

Lamentável foi esse "vacatio legis". Os dirigentes esportivos esperaram tranqüilamente escoar o prazo e no mês de março de 2000 deram o bote fatal. Vários "cartolas" (designação pejorativa dos dirigentes esportivos) eram deputados federais; outros deputados federais tinham sido eleitos por eles e constituíam seus testas-de-ferro. Além disso, ao ver sua lei aprovada, Pelé deixou o ministério e a ele sucederam-se vários políticos ligados ao esquema do futebol profissional. Várias medidas provisórias alteraram a lei, mais precisamente o art. 27, impedindo que ele entrasse em vigor. Logo em seguida, entra em vigor a Lei 9.981, de 14.7.2000, liquidando com a obrigatoriedade. Como os dirigentes de clubes são também políticos de variados partidos, conseguiram nomear, no Ministério dos Esportes alguns de seus "testas de ferro", manipulando ao seu bel talante a legislação. Em conseqüência desse poder, ficou então assim redigido o art. 27 da Lei Pelé, ou seja, a 9.615/98:

> "É facultado à entidade de prática desportiva participante de competições profissionais:
>
> I - transformar-se em sociedade civil de fins econômicos;

II - transformar-se em sociedade comercial;
III - constituir ou contratar sociedade comercial para a administrar suas atividades profissionais."

Destarte, cabe ao próprio clube optar se ele deseja continuar uma sociedade comercial que se encarregará do futebol profissional, enquanto o clube ficará apenas como associação, ou seja, prestará serviços aos seus associados. A sociedade pertencerá entretanto ao clube. Aliás, pelo terceiro parágrafo do art. 27 o capital com direito a voto deverá pertencer ao clube, em 51 %.

As sociedades esportivas que já estavam constituídas segundo a primitiva Lei Pelé continuam, mas as novas deveriam se amoldar à lei reformada. É fácil de ver que nenhum clube vai querer usar a faculdade concedida pela lei; seus dirigentes não vão abrir mão dessa inesgotável fonte de renda, principalmente sabendo que eles em nada contribuíram para formar o capital do clube que dirigem. As organizações estrangeiras não irão investir no futebol brasileiro, se a sociedade esportiva lhe pode pertencer apenas parcialmente, vale dizer, não terão essas empresas o poder de mando, que ficará na mão dos "cartolas", embora não tenham eles posto dinheiro na formação do capital da sociedade esportiva. Aquelas que já tinham investido em função da Lei Pelé primitiva não sabem agora como retirar-se.

Por ironia do destino, restabeleceu-se a Lei Zico, embora tivesse permanecido o nome de Lei Pelé. Não sem razão, Pelé declara que essa lei não deveria receber o seu nome, pois a lei proposta por ele foi deturpada no seu aspecto principal, tanto na letra como no espírito. Acha ele, e muitos outros, que, tal como ficou, vai perpetuar as fraudes e a situação anômala em que se encontra o esporte brasileiro, porquanto a Lei Pelé não se refere ao futebol somente, mas a todo esporte de competição.

Conclui-se que doravante a associação esportiva continuará suas atividades, mesmo sendo consideradas como mercantis, a saber:
• Promover competições esportivas a terceiros, como espetáculos públicos remunerados pelos espectadores;
• Explorar a marca do clube, devidamente registrada no INPI– Instituto Nacional da Propriedade Industrial, utilizando-as nos termos do Direito da Propriedade Industrial;
• Produzir atletas e vendê-los a outras associações com preço regulamentado pela lei da oferta e da procura.

Para melhor facilidade de consulta, transcrevemos abaixo o texto do art. 27, da Lei 9.615/98:

"Art. 27. É facultado à entidade de prática desportiva participante de competições profissionais:" (NR)*

"I – transformar-se em sociedade civil e de fins econômicos;" (NR)*

"II – transformar-se em sociedade comercial;" (NR)*

"III – constituir ou contratar sociedade comercial para administrar suas atividades profissionais." (NR)*

"§ 1º (parágrafo único original) (Revogado)."

"§ 2º A entidade a que se refere este artigo não poderá utilizar seus bens patrimoniais, desportivos ou sociais para integralizar sua parcela de capital ou oferecê-los como garantia, salvo com a concordância da maioria absoluta da assembléia-geral dos associados e na conformidade do respectivo estatuto." (AC)•

"§ 3º Em qualquer das hipóteses previstas no *caput* deste artigo, a entidade de prática desportiva deverá manter a propriedade de, no mínimo, cinqüenta e um por cento do capital com direito a voto e ter o efetivo poder de gestão da nova sociedade, sob pena de ficar impedida de participar de competições desportivas profissionais." (AC)•

"§ 4º A entidade de prática desportiva somente poderá assinar o contrato ou firmar compromisso por dirigente com mandato eletivo."(AC)•

"Art. 27-A. Nenhuma pessoa física ou jurídica que, direta ou indiretamente, seja detentora de parcela do capital com direito a voto ou, de qualquer forma, participe da administração de qualquer entidade de prática desportiva poderá ter participação simultânea no capital social ou na gestão de outra entidade de prática desportiva disputante da mesma competição profissional." (AC)•

"§ 1º É vedado que duas ou mais entidades de prática desportiva disputem a mesma competição profissional das primeiras séries ou divisões das diversas modalidades desportivas quando:" (AC)•

"a) uma mesma pessoa física ou jurídica, direta ou indiretamente, através de relação contratual, explore, controle ou administre direitos que integrem seus patrimônios; ou," (AC)•

---

* NR = Nova Redação (*vide* Decreto n. 2.954, de 29-1-1999 – alínea "e" do item II do art. 21 – Leg. Fed., 1999, pág. 673)
•AC = Acréscimo

"b) uma mesma pessoa física ou jurídica, direta ou indiretamente, seja detentora de parcela do capital com direito a voto ou, de qualquer forma, participe da administração de mais de uma sociedade ou associação que explore, controle ou administre direitos que integrem os seus patrimônios." (AC)•

"§ 2º A vedação de que trata este artigo aplica-se:" (AC)•

"a) ao cônjuge e aos parentes até o segundo grau das pessoas físicas, e"(AC)•

"b) às sociedades controladoras, controladas e coligadas das mencionadas pessoas jurídicas, bem como a fundo de investimento, condomínio de investidores ou outra forma assemelhada que resulte na participação concomitante vedada neste artigo." (AC)•

"§ 3º Excluem-se da vedação de que trata este artigo os contratos de administração e investimentos em estádios, ginásios e praças desportivas, de patrocínio, de licenciamento de uso de marcas e símbolos, de publicidade e de propaganda, desde que não importem na administração direta ou na co-gestão das atividades desportivas profissionais das entidades de prática desportiva, assim como os contratos individuais ou coletivos que sejam celebrados entre as detentoras de concessão, permissão ou autorização para exploração de serviços de radiodifusão sonora e de sons e imagens, bem como de televisão por assinatura, e entidades de prática desportiva para fins de transmissão de eventos desportivos." (AC)•

"§ 4º A infringência a este artigo implicará a inabilitação da entidade de prática desportiva para a percepção dos benefícios de que trata o art. 18, bem como a suspensão prevista no art. 48, IV, enquanto perdurar a transgressão." (AC)•

"§ 5º Ficam as detentoras de concessão, permissão ou autorização para exploração de serviço de radiodifusão sonora e de sons e imagens, bem como de televisão por assinatura, impedidas de patrocinar entidades de prática desportiva." (AC)•

30. A COMPANHIA COMERCIAL EXPORTADORA

30.1 Regulamentação das "trading companies"

30.2 A origem das "trading companies"

30.3 Utilidades e vantagens

30.4 Entrepostagem

30.1 Regulamentação das "trading companies"

O termo "trading company" designa uma empresa organizada de acordo com a lei brasileira, sob a forma societária de sociedade anônima, a fim de se dedicar às operações econômicas internacionais, principalmente na comercialização de produtos. Como nossa legislação não permite o uso de nomes estrangeiros, nominou esse tipo de empresa de "companhia comercial exportadora".

A nominação legal é inadequada, pois embora seja uma empresa marcantemente comercial, a lei não impede que se dedique à indústria. Apesar de ser o objeto social mais direto o da exportação, dedica-se também à importação, bem como a outras atividades, como promoções, representação comercial em outros países, promoções diversas como feiras e exposições, obtenção de linhas de crédito e outras atividades de comércio exterior.

Compreende-se porém a designação, porquanto cada palavra sugere uma idéia relevante. A palavra "empresa" representa uma inovação quando o Direito Comercial passou há muito tempo a gravitar na órbita da "teoria da empresa" e não na figura do comerciante ou do ato de comércio. A expressão "comercial" ressalta seu principal caráter, de dedicar-se com preferência ao comércio internacional, servindo de intermediária entre as fontes fornecedoras de um país e os consumidores localizados fora desse país. O termo "exportadora" realça o interesse do país em exportar os produtos de sua lavra, visando a manter o equilíbrio de sua balança comercial. Recentemente, o presidente da República pronunciou uma frase muito divulgada, que veio realçar a participação da "trading company" na política monetária do Brasil: "exportar ou morrer".

A companhia comercial exportadora é uma empresa revestida da forma societária de S/A, regida portanto pela Lei 6.404/76. É conveniente lembrar que a expressão "companhia" é designativo exclusivo da S/A. Em princípio, é uma empresa como as comuns, registrada na Junta Comercial e demais registros, mas para a qual são exigidas outras formalidades. É portanto uma empresa especial.

As "trading companies" brasileiras são amparadas por extensa e complexa legislação específica. Começou com o Decreto-Lei 1.248 de 29.11.1972, regulamentado pelo Decreto 71.866, de 26.2.73, dispondo sobre tratamento tributário das operações de compra e venda de mercadorias no mercado nacional para fim específico de exportação, realizadas por empresas comerciais exportadoras.

Engloba-se ainda nessa legislação o Decreto nº 1.455/76, que instituiu o regime de entreposto aduaneiro na exportação, regulamentado pelo Decreto 78.450/76. Outras normas foram também estabelecendo algumas disposições, complementando a regulamentação. O Decreto-lei 1.894/81 instituiu incentivos fiscais para as "trading companies", abolindo o IPI–Imposto sobre Produtos Industrializados para suas vendas ao exterior.

Diversas normas adicionam-se à legislação ordinária, emanadas diretamente de órgãos ligados ao comércio exterior do Brasil, tais como a Portaria 130/73 do Ministério da Fazenda. O Comunicado 1/82 do DECEX (Departamento do Comércio Exterior) previu o registro especial da "trading company" naquele órgão, e o Comunicado 78/83 regulamentou as operações de "drawback" pelas "trading companies". ("drawback" é a importação de um produto que se incorporará a outro para ser exportado, como a peça de um veículo, que irá compor esse veículo destinado à exportação). A instrução normativa SRF.29/73 da Secretaria da Receita Federal baixou normas sobre o documentário fiscal e outras exigências das TC.

Destarte, de acordo com a legislação, a TC é uma empresa revestida do modelo societário de S/A, de natureza mercantil, não só por ser S/A mas também pela natureza de suas atividades, de nacionalidade brasileira, pois não poderá legalmente ser estrangeira. É normalmente privada, embora possa ser estatal.

30.2 Origem das TC

O Japão foi o criador das modernas TC. Tendo conseguido industrializar-se de forma rápida e segura, elaborado adiantada tecnologia industrial e atingido o mais alto estágio de produtividade, os japoneses começaram a sentir o fracasso no campo mercadológico. É sabido que o japonês é fechado, fala pouco e não é muito afeito ao diálogo e às conversações, evitando situações tumultuadas. Não é tipo de pessoa facilmente adaptável a lançar-se num agressivo plano de vendas no mercado internacional.

Sentiu então o país a imperiosa necessidade de separar as atividades industriais das comerciais ("trade"). Ficou então a indústria encarregada de aprimorar a tecnologia de fabricação, produzindo em grande quantidade e a preço baixo. Para as atividades de vendas desses produtos no mercado internacional houve necessidade de se criar organizações independentes e especializadas, sem a influência dos sisudos técnicos industriais. Surgiram então as TC, lançadas exclusivamente às atividades de colocação dos produtos japoneses em outros países.

Procuraram elas adaptar-se à legislação dos países estrangeiros, ao direito internacional e à mercadologia internacional. Espalharam filiais e agências em muito países e se associaram com congêneres estrangeiras. Nunca se desenvolveu tanto o Direito Internacional japonês e a legislação interna para o comércio exterior. O sucesso dessas TC inspirou a criação de empresas semelhantes em muitos países, como foi o caso do Brasil.

30.3 Utilidades e vantagem

Inúmeras foram as utilidades e vantagens das TC no relacionamento econômico entre os variados países: permitiram aos industriais que se dedicassem à produção industrial e facultaram as eles os canais de distribuição de seus produtos no mercado internacional. Para as grandes indústrias, dispensa a criação e manutenção de custoso departamento de comércio exterior.

A legislação brasileira concede à TC uma série de vantagens legais, fiscais e creditícias. A principal é a isenção do IPI e do ICMS e boa parte do IR. Tem ainda acesso a financiamentos de ordem geral e financiamentos específicos. Para as pequenas empresas, sem qualquer possibilidade de atuar na comercialização de seus produtos fora do Brasil, a TC desfrutará dessas vantagens e benefícios, transferindo-os para essas pequenas empresas, que, no conjunto, formam sugestiva fonte produtora.

Há porém o reverso da medalha. Para auferir tantas vantagens, a TC está sujeita a certas formalidades, como o registro no DECEX–Departamento de Comércio Exterior do Banco do Brasil e na Secretaria da Receita Federal como empresa comercial exportadora e organizar-se nos moldes da legislação específica. Devendo se revestir da forma de sociedade anônima e sujeita a todas as exigências da Lei das S/A, sua estrutura jurídica deve obedecer a outras formalidades. Já que vai-se dedicar a atividades delicadas e importantes, obtendo favores fiscais e creditícios, terá que conformar-se a alguns requisitos especiais. Deverá ter um capital mínimo de 114.000

OTNS, constituído de 1/3 de ações ordinárias nominativas e só essas ações terão direito a voto. Dessa forma, ficará claramente revelado o nome e qualificação dos acionistas com poderes de mando. Podem emitir ações preferenciais sem direito a voto, desde que não ultrapasse a 2/3 do capital. Atualmente não é permitida a emissão de ações ao portador, de tal maneira que todos os acionistas da TC podem ser reconhecidos. 75% dessas ações devem pertencer a brasileiros; se assim não for, estará sem condições de auferir as vantagens e benefícios que a lei confere às TC.

Qualquer alteração no estatuto de uma TC só poderá ser feita com aprovação do DECEX e da Secretaria da Receita Federal. Essa alteração se justifica, tendo-se em vista que uma TC deve ser registrada nesses dois órgãos e poderia ter sua estrutura modificada após o registro, possibilitando fraudes ou passar para o controle estrangeiro. Será obrigatória ainda a manutenção de ficha cadastral no Banco do Brasil, atualizada constantemente.

Pelo exame das normas reguladoras da TC, nota-se que são muitas as suas atribuições e não apenas exportação, embora seja esta sua finalidade principal. A lei não proíbe que a TC atue no mercado interno, comprando mercadorias brasileiras e vendendo-as aqui mesmo; não poderá, porém, fazer do mercado interno sua principal preocupação. Serão estas as suas atribuições:

1 – Dedicar-se à exportação, ou seja, adquirir produtos no mercado interno, para o fim específico de sua revenda no mercado internacional;
2 – Manter entrepostos aduaneiros, para estocar mercadorias destinadas à exportação, não sendo obrigatória a propriedade de armazéns, que poderão ser arrendados;
3 – Importar mercadorias do exterior para distribuição no mercado nacional, embora não desfrute de vantagem legal nessas operações;
4 – Realizar operações de "drawback", isto é, importar matérias-primas, peças ou demais produtos que sirvam de insumos para a produção de mercadorias exportáveis;
5 – Fazer promoções e publicidade para a divulgação de produtos brasileiros no mercado internacional, ou vice-versa, utilizando-se dos seus escritórios e representantes nos vários países;
6 – Obter linhas de crédito no mercado internacional, ou vice-versa, utilizando-se dos seus escritórios e representantes nos vários países;
7 – Fazer a intermediação entre empresas nacionais e estrangeiras;
8 – Realizar pesquisas no mercado externo e no mercado interno para os exportadores brasileiros.

Por esta gama de atribuições, nota-se que a exportação não é a única utilidade das TC às empresas comerciais brasileiras. Servem, às vezes, como representantes comerciais e assumem posição comparada à das empresas atacadistas, mas operando no plano internacional. Dada à complexidade das operações internacionais, bem amplas são as oportunidades para uma TC estabelecer contratos internacionais de vários tipos: crédito documentário, empréstimos, agências ou representação comercial, cartas de crédito, obtenção ou transferência de documentos internacionais, seguros internacionais e vários outros.

30.4 Entrepostagem

Aspecto importante no funcionamento da TC é no que tange ao regime de entreposto aduaneiro na importação e na exportação, regulamentado pelo Decreto-lei 1.455/76 e Decreto 78.450/76. A participação do "regime aduaneiro extraordinário de exportação" é prevista no art. 1º do Decreto-lei 1.248/72:

> "As operações decorrentes de compra de mercadorias no mercado interno, quando realizadas por empresa comercial exportadora, para o fim específico de exportação, terão tratamento tributário previsto neste decreto-lei.
>
> Parágrafo único – Consideram-se destinadas ao fim específico de exportação as mercadorias que forem diretamente remetidas do estabelecimento do produtor-vendedor para:
>
> a – embarque de exportações por conta e ordem da empresa comercial;
>
> b – depósito em entreposto, por conta e ordem da empresa comercial exportadora, sob regime aduaneiro extraordinário de exportação, nas condições estabelecidas em regulamento."

Vê-se, então, que nosso direito prodigaliza as atividades de exportação para as TC, mas cria também o "regime de entreposto aduaneiro extraordinário de exportação", como atividade primordial da TC, incentivada pelo Poder Público, constituindo assim mais uma vantagem da empresa comercial exportadora. Esta questão incorpora-se à própria estrutura da TC; é fator de sua eficiência.

Entreposto é o local em que as mercadorias destinadas à exportação se acham depositadas sob a inspeção das autoridades fiscais. Podem ser os Armazéns Gerais, depósitos de guarda de mercadorias, quer junto aos portos ou fora deles; quando se tratar de carne ou materiais perecíveis, são utilizados armazéns frigoríficos; se forem animais, ficam em currais. Os cereais são normalmente depositados nos silos ou graneleiros.

Está previsto no art. 10 do Decreto-lei 1.456/76 e art. 1º do Decreto 78.450/76:

> "O regime de entreposto aduaneiro na exportação é o que permite o depósito da mercadoria em local determinado, sob controle fiscal, compreendendo 'o regime de entreposto aduaneiro extraordinário de exportação'.
>
> Parágrafo 1º – O regime de entreposto aduaneiro de exportação é o que confere o direito de depósito da mercadoria, com suspensão do pagamento de tributos.
>
> Parágrafo 2º – Considera-se regime de entreposto extraordinário de exportação aquele que permite o depósito da mercadoria com direito à utilização dos benefícios fiscais, instituídos em lei, para incentivo à exportação, antes do seu efetivo embarque para o exterior.
>
> Parágrafo 3º – O regime referido no parágrafo anterior só poderá ser concedido a empresas exportadoras constituídas na forma prevista pelo Decreto-lei 1.248/72."

A principal característica desse regime, concedido com exclusividade à TC, é a isenção de impostos. O fornecedor dos produtos à TC, ao enviar as mercadorias ao entreposto, isenta-se de pagamento de impostos, anotando a isenção na Nota Fiscal.

O entreposto aduaneiro pode ser público e privado; é público quando se destinar a prestar serviços a terceiros e será de uso privado se for usado exclusivamente pelo beneficiário, neste caso a TC.

31. A SOCIEDADE ESTRANGEIRA

31.1 Conceito e legislação pertinente
31.2 Sistema de registro
31.3 Obrigações específicas
31.4 Restrições e impedimentos

31.1 Conceito e legislação pertinente

Assunto que mereceu especial cuidado da nova legislação pertinente foi o que diz respeito ao registro e autorização da sociedade estrangeira. Como se sabe, há várias restrições e impedimentos a essa sociedade na Constituição Federal de 1988 e em algumas outras leis, o que leva os órgãos competentes de registro, mormente a Junta Comercial, a observar algumas regras no registro dessa sociedade. Essas regras já tinham constado no Decreto 1.800/96, nos arts. 7° i, alínea "b", art. 32, inciso II, alínea "i" e art. 55 III. Para completar, o DNRC–Departamento Nacional de Registro do Comércio emitiu as duas Instruções Normativas, as de n°s 58 e 59, sobre esta questão.

Como lei mais recente e maior força, vieram os arts. 1.134 a 1.141 do novo Código Civil, que não vieram colidir com a normatização já existente. O novo Código Civil não fala que a sociedade estrangeira, qualquer que seja seu objeto social (ramo de atividade), deva ter registro, mas autorização do Governo para funcionar no País, ainda que por estabelecimentos subordinados, podendo, todavia, ressalvados os casos expressos em lei, ser acionista de sociedade anônima brasileira. Essa autorização é resultante do registro no órgão competente.

Em primeiro lugar, teremos que distinguir bem a sociedade brasileira da estrangeira. Ao falar-se em sociedade, referimo-nos principalmente à sociedade mercantil. Perante a legislação ora comentada, a sociedade mercantil brasileira é aquela cujos atos constitutivos tenham sido registrados no Brasil, mais precisamente na Junta Comercial. Naturalmente, para que a Junta Comercial registre os documentos dessa sociedade, deverão eles ser elaborados de acordo com a lei brasileira. A sociedade mercantil estrangeira é aquela cujos atos constitutivos estão registrados no órgão competente de outro país e, em conseqüência, não foram elaborados segundo a lei do Brasil, mas conforme a lei do país em que estiver registrada.

Voltamos a repetir que sociedade estrangeira é caracterizada pelo fato de seus atos constitutivos terem sido registrados em outro país que não o Brasil e elaborados segundo a lei desse país. Este é o critério adotado.

31.2 Sistema de registro

A sociedade mercantil estrangeira não poderá exercer atividades no Brasil a não ser depois de registrada. O registro porém será diferente do registro da sociedade mercantil nacional, cujos atos constitutivos são outros. O procedimento também será diferente. Segundo a Instrução Normativa 59/96, do DNRC, a sociedade mercantil estrangeira que desejar estabelecer filial, sucursal, agência ou estabelecimento no Brasil deverá solicitar autorização do Governo Federal para instalação e funcionamento, em requerimento dirigido ao ministro de Estado da Indústria, do Comércio e do Turismo, protocolizado no DNRC, que o examinará sem prejuízo da competência de outros órgãos federais. O requerimento, no caso da primeira filial, sucursal, agência ou estabelecimento no Brasil, será instruído com os seguintes documentos:

1 – Cópia do ato que autorizou o funcionamento no Brasil e fixou o capital destinado às operações no território nacional; como exemplo do ato de deliberação sobre a instalação de filial, sucursal, agência ou estabelecimento no Brasil, podemos citar a ata da Assembléia Geral dos Acionistas, no caso de uma S/A. A empresa revestida da forma societária de sociedade anônima é regulamentada de forma mais ou menos uniforme pela maioria dos países juridicamente mais conceituados;
2 – Inteiro teor do ato constitutivo da sociedade estrangeira em seu país, ou seja, contrato para a sociedade limitada e estatuto para a S/A;
3 – Relação dos membros de todos os órgãos da administração da sociedade, com o nome, nacionalidade, profissão, domicílio e, salvo quanto a ações ao portador, o valor da participação de cada um no capital da sociedade. Salva-se o caso de, em decorrência da legislação aplicável no país de origem, ser impossível cumprir essa exigência;
4 – Prova de achar-se a sociedade constituída conforme a lei de seu país;
5 – Prova da nomeação do representante permanente no Brasil, com poderes expressos para aceitar as condições exigidas para a autorização; deverá constar a procuração para o exercício desses poderes, entre eles, de tratar de quaisquer questões e resolvê-las definitivamente, podendo ser demandado e receber citação inicial pela sociedade;
6 – Último balanço;
7 – Guia de recolhimento do preço do serviço.

No ato de deliberação sobre a instalação de filial, sucursal, agência ou estabelecimento no Brasil, deverão constar as atividades que a sociedade pretende exercer e o destaque do capital, em moeda brasileira, destinado às operações no Brasil, que será fixado no decreto de autorização.

Vê-se pois que o registro não é requerido diretamente perante a Junta Comercial, mas ao ministro de Estado da Indústria, do Comércio e do Turismo, diretamente junto ao DNRC. Não haverá necessidade de elaboração de atos constitutivos no Brasil, mas será registrado o ato constitutivo no exterior, devendo estar traduzido por tradutor oficial. Deverão ser juntados também os demais documentos exigidos por lei. Estando em termos o pedido e a documentação, o ministro da Indústria, do Comércio e do Turismo concederá a autorização para que a sociedade mercantil estrangeira se instale e desenvolva suas atividades.

Entretanto, deverá essa sociedade providenciar o registro na Junta Comercial do Estado em que funcionar. Essas providências deverão repetir-se quando houver modificações nos atos constitutivos. Qualquer modificação no contrato, ou no estatuto, dependerá de aprovação do Governo, para produzir efeitos no território nacional. Se a sociedade estrangeira necessita de autorização para operar no Brasil, devendo juntar os atos constitutivos, necessita também de autorização para modificar esses atos. Essas modificações seguem o mesmo rito exigido para o registro, devendo apresentar:

1 – Requerimento ao ministro de Estado da Indústria, do Comércio e do Turismo, solicitando a devida aprovação, protocolizado no DNRC;
2 – Ato de deliberação que promoveu a alteração; e
3 – Guia de recolhimento do preço do serviço.

Arquivados esses documentos, a inscrição será feita por termo em livro especial para as sociedades estrangeiras, com número de ordem contínuo para todas a sociedades inscritas. No termo constarão:
1 – O nome, o objeto social, a duração e a sede da sociedade no estrangeiro;
2 – O lugar da sucursal, filial ou agência no Brasil;
3 – A data e o número do decreto de autorização;
4 – O capital destinado às operações no Brasil;
5 – A individuação do seu representante legal permanente.

31.3 Obrigações específicas

A sociedade mercantil estrangeira, autorizada a funcionar no Brasil, pode, mediante autorização do Governo, nacionalizar-se, transferindo sua sede para o País. O poder público e a lei brasileira facilitam e estimulam o investimento estrangeiro, facultando à sociedade estrangeira a possibilidade de nacionalizar-se. A transformação da sociedade estrangeira em sociedade brasileira equivale a uma alteração contratual. Essa transformação impõe-lhe várias obrigações, a primeira delas a de requerer, por seus representantes, autorização para tanto, juntando os mesmos documentos exigidos para o registro inicial, e ainda prova da realização do capital, pela forma declarada no contrato, ou nos estatutos, e do ato em que foi deliberada a nacionalização.

O Governo poderá impor as condições que julgar convenientes à defesa dos interesses nacionais. Aceitas as condições pelo representante legal da sociedade estrangeira, o ministro da Indústria, do Comércio e do Turismo expedirá decreto de autorização, e esta sociedade providenciará seu registro na Junta Comercial da circunscrição em que irá se estabelecer.

Outra obrigação específica é imposta à sociedade estrangeira autorizada a funcionar no Brasil: é a de, sob pena de lhe ser cassada a autorização, reproduzir no Diário Oficial da União e do Estado, se for o caso, as publicações que, segundo sua lei nacional, seja obrigada a fazer relativamente ao balanço patrimonial e ao resultado econômico, bem como aos atos de sua administração. Sob a mesma pena, deverá publicar o balanço patrimonial e o de resultado econômico das sucursais, filiais ou agências existentes no País. Essa publicação, além do Diário Oficial, será feita também em outro jornal de grande circulação editado regularmente no local em que a sociedade estrangeira estiver instalada. Se no lugar de sua sede não for editado jornal, a publicação se fará em outro órgão de comunicação. A prova da publicidade será feita mediante anotação nos registros da Junta Comercial, à vista da apresentação da folha do órgão oficial e, quando for o caso, do jornal particular em que foi feita a publicidade, dispensada a juntada da mencionada folha.

Ficamos sem entender a afirmação dos textos legais de "as publicações que, segundo sua lei nacional". A publicação das demonstrações financeiras é obrigatória pela nossa Lei das S/A e, portanto, as sociedades estrangeiras devem cumprir a nossa lei e não a "sua lei nacional". A quase totalidade das sociedades estrangeiras são de modelo societário da sociedade anônima.

Quanto às sociedades limitadas, não obriga nossa lei específica que haja publicação de seus balanços, como também as sociedade limitadas nacionais. Interpretamos então essas disposições em caráter punitivo, de que a sociedade estrangeira que não publicar seus balanços poderá ter cassada a autorização para funcionar no Brasil.

O nome empresarial da sociedade estrangeira deverá ser o mesmo que o adotado no país de sua sede, podendo, contudo, acrescentar a esse a expressão "do Brasil" ou "para o Brasil". Ficará então sujeita às leis e aos tribunais brasileiros quanto às operações que praticar no Brasil.

Quanto aos documentos utilizados pela sociedade mercantil estrangeira no Brasil, quer para promover seus registros, quer para uso público de qualquer espécie, estabelecem nossas normas legais que não é permitida a utilização de documentos em idioma estrangeiro em órgãos oficiais. Os documentos oriundos do exterior deverão ser apresentados em originais devidamente autenticados, na conformidade da legislação aplicável no país de origem, e legalizados pela respectiva autoridade consular brasileira. Com os documentos originais serão apresentadas as respectivas traduções, feitas por tradutor público matriculado em qualquer Junta Comercial.

31.4 Restrições e impedimentos

Estando devidamente registrada, a sociedade mercantil estrangeira poderá funcionar normalmente. No Brasil, porém, apesar de nossa Constituição Federal e outras normas, como o Código Civil, garantirem igualdade de direitos, há muitas reservas quanto a estrangeiros e sociedades mercantis estrangeiras. Esta não poderá realizar no Brasil atividades constantes do seu objeto social vedadas às sociedades estrangeiras e somente poderá exercer as que dependam da aprovação prévia de órgão governamental, sob as condições autorizadas. Certas áreas vedadas são previstas na própria Constituição Federal e a Junta Comercial observará o objeto social da sociedade mercantil estrangeira e negará o registro se esse objeto social não for de livre exercício.

A este respeito, o DNRC expediu instrução Normativa, de nº 58, em 13/06/96, estabelecendo regras para o registro e indicando as áreas proibidas pela Constituição Federal de 1988 e outras leis. As restrições mais importantes são as seguintes, das quais daremos em seguida algumas explicações:
• Assistência à saúde;
• Navegação de cabotagem;
• Jornalismo;
• TV a cabo;
• Mineração e energia elétrica;
• Radiodifusão em som e imagem;
• Colonização;
• Transportes rodoviários de carga;
• S/A;
• Microempresa.

Determinadas exigências, disposições e vedações a estrangeiros ou a sociedades estrangeiras e restrição legal da participação de estrangeiros, pessoas físicas ou jurídicas, em sociedades mercantis ou cooperativas, foram previstas na Constituição Federal e no Decreto 1.800/96, que regulamentou a Lei do Registro. Para melhor orientação quanto ao registro na Junta Comercial, estabeleceu certas regras pela Instrução Normativa nº 58, de 13/06/96.

Para o arquivamento de ato de empresa mercantil ou de cooperativa em que participe estrangeiro residente e domiciliado no Brasil, a Junta Comercial exigirá a prova de sua regular entrada e permanência no Brasil, de acordo com a legislação em vigor. Tratando-se de titular de firma mercantil individual (ou empresário mercantil individual), administrador de sociedade mercantil ou de cooperativa e de membro do conselho fiscal, a Junta Comercial exigirá do interessado a identidade com a prova de visto permanente.

A pessoa física, brasileira ou estrangeira, residente e domiciliada no exterior, e a pessoa jurídica com sede no exterior, que participe de sociedade mercantil ou de cooperativa, deverão arquivar na Junta Comercial procuração específica, outorgada ao seu representante no Brasil, com poderes para receber citação judicial em ações contra elas propostas, fundamentadas na legislação que rege o respectivo tipo societário. A procuração oriunda do exterior deverá ter a assinatura do outorgante reconhecida pelo consulado brasileiro no país respectivo e ser acompanhada de tradução efetuada por tradutor público matriculado em qualquer Junta Comercial.

A sociedade mercantil nacional, constituída apenas por pessoas físicas residentes no exterior e ou por pessoas jurídicas estrangeiras, deverá ser gerenciada ou dirigida por administrador residente no Brasil. Quanto às restrições e impedimentos de estrangeiros, cuja relação fora dada anteriormente, faremos algumas observações:

Assistência à saúde

É vedada a participação direta ou indireta de empresa ou capitais estrangeiros na assistência à saúde, salvo através de doações de organismos internacionais vinculados à Organização das Nações Unidas, de entidades de cooperação técnica e de financiamento e empréstimos. Essa restrição está prevista no art. 199, § 3º da CF.

Navegação de cabotagem

Somente brasileiro nato poderá ser titular de firma individual (empresário individual) de navegação de cabotagem. Tratando-se de sociedade mercantil, 50% mais uma cota ou ação, no mínimo, deverão pertencer a brasileiros natos. Em qualquer caso, a administração deverá ser constituída com a maioria de brasileiros natos, ou a brasileiros natos deverão ser delegados todos os poderes de gerência. Para melhor esclarecimento, a navegação de cabotagem é a exercida apenas dentro de um país. É o que está previsto no art. 178, § 3º da CF.

Jornalismo

As empresas jornalísticas e as empresas de radiodifusão sonora e de sons e imagens deverão ser de propriedade privativa de brasileiros natos ou naturalizados há mais de 10 anos, aos quais caberão a responsabilidade por sua administração e orientação intelectual. É vedada a participação de pessoa jurídica no capital social, exceto a de partido político e de sociedades cujo capital pertença exclusiva e nominalmente a brasileiros.

Tal participação só se efetuará através de capital sem direito a voto e não poderá exceder a 30% do capital social. Tratando-se de estrangeiro de nacionalidade portuguesa, segundo o Estatuto de Igualdade, são vedadas a responsabilidade e a orientação intelectual e administrativa, em empresas jornalísticas e em empresas de radiodifusão sonora e de sons e imagens. O Estatuto de Igualdade está previsto no art. 12, § 1º da CF e a nacionalização dos órgãos de comunicação no art. 222.

TV a cabo

A empresa de serviço de TV a cabo deverá ter sede no Brasil e 51% do seu capital votante deverá pertencer a brasileiros natos ou naturalizados há mais de 10 anos, ou a sociedade com sede no Brasil, cujo controle pertença a brasileiros natos ou naturalizados há mais de 10 anos.

Mineração e energia elétrica

A pesquisa e a lavra de recursos minerais e o aproveitamento dos potenciais de energia hidráulica somente poderão ser efetuados mediante autorização ou concessão da União, no interesse nacional, por brasileiros ou empresa constituída sob as leis brasileiras e que tenha sua sede e administração no Brasil. É o que consta do art. 176, § 1º da CF.

Radiodifusão

O capital de empresa de radiodifusão sonora e de sons e imagens, na faixa de fronteira, pertencerá somente a pessoas físicas brasileiras. A responsabilidade e orientação intelectual e administrativa do capital social serão inalienáveis e incaucionáveis a estrangeiros ou pessoas jurídicas. Esta vedação está prevista na Lei 6.634/79, que proíbe qualquer empresa estrangeira de estabelecer-se junto à fronteira do Brasil com outros países, fazendo referência especial a sociedades que se dediquem à radiodifusão.

Mineração

A sociedade mercantil de mineração deverá fazer constar expressamente de seu estatuto ou contrato social que, pelo menos, 51% do seu capital pertencerá a brasileiros, assegurados a estes poderes predominantes. No caso de empresário mercantil individual, só a brasileiros será permitido o estabelecimento ou exploração das atividades de mineração na faixa de fronteira. A administração ou gerência caberá sempre a brasileiros, sendo vedada a delegação de poderes, direção ou gerência a estrangeiro, ainda que por procuração outorgada pela sociedade ou empresário mercantil individual.

Colonização e loteamentos rurais

A sociedade mercantil que tiver por finalidade executar programa de valorização da área ou distribuição de terras deverá ser constituída e domiciliada no Brasil. No caso de empresário mercantil individual (também chamado firma mercantil individual), só a brasileiros será permitido executar essas atividades. É vedada a delegação de poderes, direção ou gerência a estrangeiro, ainda que por procuração outorgada pela sociedade ou firma mercantil individual.

Transporte de carga

A exploração do transporte rodoviário de carga é privativa de transportadores autônomos brasileiros, ou a estes equiparados por lei ou convenção, e de pessoas jurídicas que tenham sede no Brasil. Pelo menos 4/5 do capital social com direito a voto, deverão pertencer a brasileiros e a direção e administração caberá exclusivamente a brasileiros. Havendo sócio estrangeiro, a pessoa jurídica será obrigatoriamente organizada sob a forma de sociedade anônima, cujo estatuto social não poderá contemplar qualquer forma de tratamento especial ao sócio estrangeiro, além das garantias normais previstas em lei para proteção dos interesses dos acionistas minoritários. Da mesma forma que a navegação de cabotagem, a questão dos transportes está regulamentada no art. 178 da CF.

Sociedade anônima

O estrangeiro somente poderá ser administrador ou membro de conselho fiscal de S/A se residir no Brasil e possuir visto permanente. A subsidiária integral terá como único acionista sociedade brasileira. Tratando-se de grupo de sociedades, a sociedade controladora, ou de comando do grupo, deverá ser brasileira. Essas exigências não constam da CF, mas constam da própria Lei das S/A (Lei 6.404/76). O art. 251 diz da subsidiária integral.

Microempresa

A sociedade mercantil em que o titular ou sócio seja pessoa jurídica ou, ainda, pessoa física domiciliada no exterior não poderá ser incluída no regime instituído pelo Estatuto da Microempresa e da Empresa de Pequeno Porte (Lei 8.864/94).

32. A SOCIEDADE NACIONAL

32.1 Conceito de sociedade nacional perante o novo Código Civil

32.2 A mudança de nacionalidade

32.3 Sociedades dependentes de autorização do Governo

32.1 Conceito de sociedade nacional perante o novo Código Civil

Houve por bem nosso CC estabelecer normas referentes à sociedade brasileira, ao lado da regulamentação da sociedade estrangeira. Parece-nos escusado tratar desta questão, porquanto todo o Direito Societário ocupa-se da sociedade brasileira e os arts. 1.126 a 1.133, do novo CC, poderiam diluir-se no emaranhado de normas societárias. Contudo, não será demais a minuciosa regulamentação de tudo o que se relaciona à sociedade, após tantos anos de confusão, impropriedade e obscuridade do Direito Societário brasileiro, baseado no superadíssimo Código Comercial e o centenário Código Civil.

Como nossa lei distingue a sociedade brasileira da sociedade estrangeira, que conceito tem dela e quais características apresenta? É nacional, ou brasileira, a sociedade organizada de conformidade com a lei brasileira e que tenha no País a sede de sua administração. Vemos nessa definição dois critérios para caracterizar a sociedade nacional:
- Ter seus atos constitutivos elaborados segundo a legislação brasileira;
- Ter sua sede localizada no Brasil.

Poderíamos dizer também que a sociedade mercantil brasileira é a que é diretamente registrada na Junta Comercial, vale dizer, quando quiser registrar-se, requererá seu registro diretamente à Junta Comercial, juntando seus documentos. Não é essa a forma de registro da sociedade estrangeira, que deverá requerer ao Governo Federal. Entretanto, o órgão competente de registro só procederá à inscrição se ela tiver as duas características acima citadas.

Há porém um tipo de sociedade muito comentada, que foi até contemplada pela Constituição Federal de 1988, mas o artigo foi depois revogado; é a EBCE – Empresa Brasileira de Capital Estrangeiro. Essa empresa não deixa de ser nacional, por ser constituída de acordo com a lei brasileira e tem sua sede no Brasil.

Todavia, o capital dela pertence a pessoas físicas ou jurídicas domiciliadas no exterior. Destarte, o poder decisório, o poder de mando está fora do Brasil. Existem ainda algumas sociedades nacionais submetidas a algumas exigências especiais. Mormente quando se trate de sociedade anônima. Quando a lei exigir que todos ou alguns acionistas sejam brasileiros, as ações da S/A revestir-se-ão, no silêncio da lei, da forma nominativa, ou seja, deverá constar nela o nome de seu proprietário. Qualquer que seja o tipo de sociedade, na sua sede ficará arquivada cópia autenticada do documento comprobatório da nacionalidade de seus acionistas. É o que acontece com a sociedade comercial exportadora ("trade company"), tipo de empresa estudada neste compêndio, sociedade essa organizada sob a forma de sociedade anônima. Exige a lei que as ações sejam nominativas, para que seus acionistas sejam identificados, uma vez que se trata de sociedade cujos donos são brasileiros.

Há um aspecto a ser levantado a este respeito; as ações ao portador foram abolidas no Brasil, razão pela qual as ações serão todas nominativas. Estamos porém na era de total insegurança legislativa, em que o presidente da República com simples medida provisória revoga ou modifica uma lei ordinária. É possível então que a lei das S/A restabeleça, a qualquer momento, as ações ao portador. Ainda que sejam elas restabelecidas, o nosso Código Civil proíbe a existência delas em sociedades privativas de brasileiros.

32.2 A mudança de nacionalidade

No estudo da sociedade estrangeira vimos que é possível mudança de sua nacionalidade, ou seja, poderá ela nacionalizar-se. Para tanto, traça a lei as normas necessárias para essa transformação. O caso inverso também é possível: pode a sociedade brasileira, desde que siga as normas estabelecidas para essa nacionalização. Entretanto, não haverá mudança de nacionalidade da sociedade brasileira sem o consentimento unânime de seus sócios, ou, se se tratar da sociedade anônima, dos acionistas.

A mudança de nacionalidade exige quase que as mesmas medidas para o registro inicial; deve seguir um rito especial, não se fazendo diretamente o pedido à Junta Comercial, mas requerendo ao Governo Federal, como faria a sociedade estrangeira que desejasse instalar-se no Brasil.

32.3 Sociedades dependentes de autorização do Governo

Nem todas as atividades empresariais podem ser exercidas pelas sociedades. Algumas dessas atividades só poderão ser praticadas por sociedades portadoras de autorização especial do Governo para esse mister. A competência para a autorização é sempre do Governo Federal. É o caso dos bancos e demais instituições financeiras, das companhias de seguros, das empresas de navegação aérea, da companhia comercial exportadora. A autorização, mais precisamente chamada autorização do Governo, não se confunde com a concessão. A autorização do Governo é a permissão do Poder Público para que uma empresa possa desenvolver atividades consideradas delicadas. A concessão é a autorização do Poder Público para que uma empresa exerça determinado tipo de serviço, como acontece com as sociedades que exploram as linhas de ônibus municipais; essas sociedades não precisam de autorização do Governo para funcionar, mas para exercer aquele serviço. A autorização do Governo é ato privativo do Governo Federal; a concessão pode ser dada pela Prefeitura ou pelos Estados. Exige-se então que a empresa em apreço requeira ao Governo Federal autorização para que possa funcionar.

O requerimento de autorização de sociedade nacional deve ser acompanhado de cópia do contrato social, assinado por todos os sócios, ou, tratando-se de sociedade anônima, de cópia autenticada dos documentos exigidos pela lei especial, documentos esses com a assinatura dos acionistas-fundadores. Se a sociedade tiver sido constituída por escritura pública, bastará juntar-se ao requerimento a respectiva certidão.

O Governo poderá exigir alterações ou aditamentos ao contrato social, ou se for sociedade anônima, ao estatuto, caso em que os membros da sociedade promoverão, com as formalidades prescritas na lei para os respectivos atos constitutivos, deliberação social sobre as exigências, de cujo cumprimento será juntada ao processo prova autêntica. Quando se tratar de S/A serão os fundadores que deverão promover as alterações ou aditamentos exigidos.

Poderá o Governo recusar a autorização se a sociedade não satisfizer as condições econômicas, financeiras ou jurídicas especificadas em lei, ou quando sua criação contrariar os interesses da economia nacional.

Expedido o decreto de autorização, cumprirá à sociedade publicar no Diário Oficial da União os atos constitutivos acima referidos, como o contrato social ou atas da S/A, inclusive as alterações ou aditamentos que tiverem sido exigidos pelo Governo. A sociedade promoverá também no Diário Oficial da União, no prazo de trinta dias, a publicação do termo de inscrição.

As sociedades anônimas nacionais, que dependem de autorização para funcionar, não poderão constituir-se sem obtê-la previamente, quando seus fundadores pretenderem recorrer a subscrição pública para a formação do capital. Os fundadores deverão juntar ao seu requerimento cópias autenticadas do projeto do estatuto e do prospecto. O prospecto é um documento obrigatório para a constituição da S/A, é um tipo de relatório, uma exposição clara e precisa das bases da companhia e dos motivos que animem a expectativa de sucesso. Obtida a autorização e constituída a sociedade, proceder-se- à ao registro de seus atos constitutivos na Junta Comercial.

Uma vez registrada a sociedade dependente de autorização do Governo, dependem de aprovação também as alterações que vier a sofrer o estatuto da companhia, como por exemplo, o aumento do capital. Independe de autorização se o aumento do capital decorrer da utilização de reservas ou reavaliação do ativo; nesse caso, o dinheiro do aumento do capital já está dentro da companhia.

33. AS MODIFICAÇÕES DA SOCIEDADE

33.1 Aspectos gerais das modificações

33.2 A transformação

33.3 A incorporação

33.4 A fusão

33.5 A cisão

33.6 A defesa dos credores

33.1 Aspectos gerais das modificações

A Lei das S/A, nos arts. 220 a 234, traz um capítulo a respeito das mutações que possivelmente possa ter a S/A, de mudar sua constituição. Essas mudanças podem ocorrer entre várias S/A, ou entre a S/A e sociedades de outro tipo. Quando se trata de sociedade do mesmo tipo, a mudança torna-se mais fácil, por não haver mudança de natureza e de estrutura. Por exemplo: uma S/A funde-se com outra S/A, resultando nova S/A. Contudo, se uma S/A funde-se com uma sociedade limitada, haverá muitos pontos de atrito. As mutações previstas pela Lei das S/A são de quatro modalidades: transformação, incorporação, fusão e cisão.

Todavia, a LSA previu tais alterações apenas para a S/A, enquanto os demais tipos societários ficam a descoberto pela lei. Não haveria grandes problemas; o antigo Direito Societário previa sete tipos de sociedade, mas só duas predominavam: a sociedade limitada e a sociedade anônima. O Decreto 3.708-19, que regulamentava a sociedade limitada, dizia que se deveriam aplicar subsidiariamente a esta as disposições da sociedade anônima, no que a lei específica fosse omissa; destarte, qualquer mudança de modelo societário operada na sociedade limitada seguiria as normas da S/A.

Nosso Código Civil não conservou porém essa remissão, preferindo estabelecer normas próprias para os demais tipos, a saber: sociedade simples, sociedade limitada, sociedade em comandita simples, sociedade em nome coletivo. Estabeleceu então as regras especiais para esses quatro modelos, principalmente porque agora surgiu novo modelo societário destinado a adquirir muita importância: a sociedade simples. Assim é que nos apresentou um capítulo denominado "Da transformação, da incorporação, da fusão e da cisão das sociedades", nos capítulos 1113 e 1122. As mutações regulamentadas pelo Código Civil são as mesmas previstas pela LSA: transformação, incorporação, fusão e cisão, estabelecendo regras para cada uma dessas alterações, que passaremos a comentar em seguida.

33.2 A transformação

A transformação é a alteração do tipo societário de uma sociedade, como a da sociedade simples que se transforma em sociedade limitada, ou vice-versa. Também será o caso da sociedade simples que se transformará em S/A. Se a S/A transformar-se em sociedade limitada seguirá esta a LSA, mas a sociedade limitada seguirá as disposições do Código Civil se for transformar-se em S/A. O ato de transformação independe de dissolução ou liquidação da sociedade, e obedecerá aos preceitos reguladores da constituição e inscrição próprios do tipo em que vai converter-se. A transformação é portanto a operação pela qual a sociedade passa, independentemente de dissolução ou liquidação, de um tipo para outro.

A transformação implica a adaptação da nova sociedade à exigências do novo tipo societário. Se uma sociedade simples se transforma em sociedade limitada, haverá necessidade de se elaborar novo contrato social e registrá-lo na Junta Comercial, cancelando o registro no Cartório de Registro de Pessoas Jurídicas. Essa mudança depende do consentimento de todos os sócios, salvo quando prevista no ato constitutivo de forma diferente. Se um sócio não estiver de acordo, poderá retirar-se da sociedade, uma vez que se ele entrou numa sociedade simples, não está obrigado a aceitar outro modelo que não foi o da sua escolha. Poderia o ato constitutivo prever essa possibilidade por decisão por maioria. Receberá ele de volta o valor de sua quota, com base na situação patrimonial da sociedade, à data da resolução, verificada em balanço especialmente levantado, seguindo os trâmites do art. 1.031.

Se a sociedade simples ou a limitada forem se transformar em S/A, a situação é bem mais complexa. Anula-se o contrato social, pois não há contrato na S/A. As quotas são transformadas em ações e, em conseqüência, os sócios transformam-se em acionistas. Os acionistas (ex-sócios) deverão-se reunir em assembléia geral para aprovar o estatuto.

33.3 A incorporação

Dá-se a incorporação quando uma sociedade absorve outra sociedade, que desaparece. Na incorporação, uma ou várias pessoas são absorvidas por outra, que lhes sucede em todos os direitos e obrigações, devendo todas aprová-la, na forma estabelecida para os respectivos tipos.

A deliberação dos sócios da sociedade incorporada deverá aprovar as bases da operação e o projeto de reforma do ato constitutivo. A sociedade que houver de ser incorporada tomará conhecimento desse ato, e, se o aprovar, autorizará os administradores a praticar o necessário à incorporação, inclusive a subscrição em bens pelo valor da diferença que se verificar entre o ativo e o passivo. Como se vê, as principais providências da incorporação deverão partir da INCORPORADA, pois deverá levantar todo o seu patrimônio, a ser transferido para a sociedade INCORPORADORA.

Por outro lado, a deliberação dos sócios da INCORPORADORA compreenderá a nomeação dos peritos para a avaliação do patrimônio líquido da sociedade, que tenha que ser incorporada. Tem portanto a INCORPORADORA suas providências a tomar: vai receber novo patrimônio, que, por sua vez, refletir-se-á no capital. Interpretado de outro modo, é como se a sociedade INCORPORADORA vendesse parte de seu capital à INCORPORADA, recebendo em pagamento o patrimônio desta. Necessitará pois avaliar devidamente esse patrimônio para que o mesmo pague condignamente o capital comprado.

Aprovados os atos da incorporação, a INCORPORADORA declarará extinta a INCORPORADA, e promoverá a averbação deles no registro próprio. Toda modificação verificada numa sociedade deverá ser realizada por ato constitutivo, um contrato de modificação. Esse documento deverá ser averbado no órgão competente, normalmente a Junta Comercial. Como a INCORPORADA deixa de existir, ficará cancelado seu registro.

A incorporação de uma sociedade em outra pode se dar em várias hipóteses: uma S/A pode incorporar uma sociedade limitada; os sócios da sociedade limitada receberão ações correspondentes à suas quotas. Uma sociedade simples poderá incorporar outra sociedade simples, e os sócios da INCORPORADORA ficarão com suas quotas e os sócios da INCORPORADA receberão quotas da INCORPORADORA.

33.4 A fusão

Fusão é a operação pela qual se unem duas ou mais sociedades para formar sociedade nova, que lhes sucederá em todos os direitos e obrigações. É portanto a aglutinação de duas ou mais sociedades formando outra. O patrimônio delas passa a constituir um só, pertencente à nova. É um processo de unificação, uma vez que várias sociedades se transformam em uma só, formando uma só pessoa jurídica. Com a fusão extinguem-se as sociedades fundidas, surgindo uma nova. A fusão determina a extinção das sociedades que se unem, para formar a sociedade nova, que a elas sucederá nos direitos e obrigações.

A fusão será decidida, na forma estabelecida para os diversos tipos, pelas sociedades que pretendem unir-se. Cada uma deverá elaborar um projeto com as bases da fusão. Em reunião ou assembléia dos sócios de cada sociedade, deliberada a fusão e aprovado o projeto do ato constitutivo da nova sociedade, bem como o plano de distribuição do capital social, serão nomeados os peritos para a avaliação do patrimônio da sociedade. Trata-se de medida de cada sociedade, mas o projeto a ser aprovado por cada uma deverá ter semelhança, se não identidade, pois será a base para a nova sociedade a ser formada. Não poderia, por exemplo, uma sociedade fundida querer que a nova seja sociedade limitada e a outra sociedade simples.

Serão nomeados, em seguida, os peritos encarregados de avaliar o patrimônio das sociedades a serem fundidas, elaborando laudo de avaliação de ambas. Apresentados os laudos, os administradores convocarão reunião ou assembléia dos sócios para tomar conhecimento deles, decidindo sobre a constituição definitiva da nova sociedade. É vedado aos sócios votar o laudo de avaliação do patrimônio da sociedade de que faça parte. Os laudos precisam ser aprovados pois em duas votações: uma sociedade aprova o laudo da outra e vice-versa. Não teria cabimento os sócios de uma sociedade fundida aprovarem o próprio laudo, pois haveria tendência de super valorizá-lo.

Constituída a nova sociedade, incumbe aos administradores fazer inscrever, no registro próprio da sede, os atos relativos à fusão. Registrada na Junta Comercial a nova sociedade, o órgão de registro procede então ao cancelamento do registro das sociedades fundidas.

33.5 A cisão

É operação contrária à fusão; nesta, duas sociedades transformam-se em uma; na cisão, uma sociedade transforma-se em duas. A cisão é uma forma de mudança da sociedade, representando um desmembramento dela. Pela cisão, uma sociedade transfere parcelas de seu patrimônio para uma ou mais sociedades, constituídas para esse fim ou já existentes, extinguindo a sociedade cindida, se houver versão de todo o seu patrimônio, ou dividindo-se o seu capital, se parcial a versão. É o caso de uma sociedade em que há conflito de dois grupos de sócios e todos, em assembléia, decidem pela retirada de um grupo, incorporando-se o patrimônio da sociedade cindida, em outra sociedade já existente ou constituída para esse fim. Vêem-se assim que há duas espécies de cisões:

1 – Cisão total: em que a totalidade do patrimônio da sociedade cindida incorpora-se em outra ou outras. Em conseqüência da cisão, extingue-se a sociedade cindida.
2 – Cisão parcial: em que a sociedade cindida versa apenas parte de seu patrimônio em outra ou outras, mas subsiste com a outra parte.

Na cisão total, desaparece a sociedade e seus direitos e obrigações para a nova sociedade, que será sucessora da cindida. Se o patrimônio da cindida for distribuído a duas ou mais sociedades, estas a sucederão na proporção do patrimônio transferido. Os administradores da sociedade absorvente promoverão o registro dos atos societários, referentes à cisão, no órgão de registro competente.

Na cisão parcial, a sociedade cindida permanece, mas parte de seu patrimônio é afastado e incorporado ao de outra sociedade. Essa outra sociedade sucede à cindida, nos termos e obrigações relacionados ao ato de cisão. A absorção do patrimônio pela nova sociedade obedece a critérios diferentes: se a sociedade absorvente for nova, ou seja, constituída para esse fim, a operação será deliberada pela assembléia geral; se a sociedade absorvente já existia, a operação obedecerá às regras da incorporação. Os atos societários deverão ser promovidos e registrados por ambas as sociedades.

33.6 A defesa dos credores

É conveniente advertir que as mutações processadas numa sociedade não podem ser usadas em prejuízo dos credores, nem dos sócios da sociedade modificada, qualquer que seja a modificação ocorrida, as quais comentaremos.

Transformação

Não poderá a transformação ser instrumento de alguma fraude. Por exemplo, uma sociedade em nome coletivo transforma-se em sociedade limitada: nesse caso, se a sociedade não pagar, os sócios safam-se da responsabilidade solidária e ilimitada. Outro exemplo: uma sociedade limitada transforma-se em sociedade simples e, como tal, ficará livre da falência.

A falência da sociedade transformada somente produzirá efeitos em relação aos sócios que no tipo anterior a eles estariam sujeitos se o pedirem os titulares de créditos anteriores à transformação, e somente a estes beneficiará. Vamos imaginar uma sociedade em nome coletivo, como se sabe, com sócios solidária e ilimitadamente responsáveis; transforma-se ela em sociedade limitada e em seguida essa sociedade limitada transformada tem sua falência decretada. Entretanto, após a transformação entrou novo sócio. Nesta hipótese, os dois sócios anteriores responderão solidária e ilimitadamente pelas dívidas da sociedade, mas não o sócio novo, vale dizer, que entrou após a transformação.

Há um outro aspecto: é sobre o requerente da falência. Se o crédito que ensejou o pedido de falência era credor antes da transformação, os efeitos dela atingirão os sócios da sociedade, quando ela era em nome coletivo, mas se o crédito for posterior à transformação, só produzirá efeitos ante a sociedade já transformada.

Incorporação, fusão e cisão

Até noventa dias após publicados os atos relativos à incorporação, fusão ou cisão, o credor anterior, por elas prejudicado, poderá promover judicialmente a anulação deles. Sem prejuízo de outras medidas judiciais, o credor que se sentir lesado poderá requerer a anulação do ato modificativo, fazendo a sociedade retornar ao tipo anterior. A anulação porém só poderá ser pleiteada por credor cujo crédito já existia ao tempo da mudança. A consignação em pagamento prejudicará a anulação pleiteada. Tendo o credor seu crédito pago, não haverá possibilidade de prejuízo para si; não tem mais direitos a reclamar.

Sendo ilíquida a dívida, a sociedade poderá garantir a execução, suspendendo o processo de anulação. Digamos que haja processo de cobrança de uma dívida contra a sociedade modificada e haja também processo de anulação do ato modificativo, pelo mesmo credor. No processo de cobrança, a sociedade oferece bens à penhora ou deposita o valor em juízo. O pagamento da dívida está garantido, caso sejam reconhecidos judicialmente os direitos do credor. Não há pois perigo de prejuízo para ele, nada mais tendo a reclamar.

Ocorrendo, nesse prazo de noventa dias, a falência da sociedade incorporada, da sociedade nova ou cindida, qualquer credor anterior terá direito a pedir a separação dos patrimônios, para o fim de serem os créditos pagos pelos bens das respectivas massas. Pormenorizando esta questão, examinaremos a hipótese de incorporação: a sociedade INCORPORADORA levantou balanço retratando seu patrimônio; assim fez também a sociedade INCORPORADA. Os dois patrimônios fundiram-se mas há uma linha divisória entre eles. O credor que já era antes da fusão poderá pedir a separação dos dois patrimônios, caso o patrimônio anterior seja maior; liquidando-se o patrimônio, se houver resíduos, o credor habilita-se como os demais credores para a liquidação do patrimônio posterior.

34. DAS SOCIEDADES LIGADAS

Das sociedades ligadas

A sociedade é uma pessoa jurídica, tendo sido as pessoas jurídicas examinadas no primeiro capítulo deste compêndio. Interessante notar que a pessoa jurídica qualifica-se de forma semelhante à pessoa física; a sociedade tem nome, nacionalidade, profissão, domicílio. Não tem CPF mas tem CIC, não tem RG, mas tem IE. Só não tem estado civil, por não poder constituir família. Mesmo assim, fala-se em sociedades irmãs, em grupo societário, que corresponde a uma família de sociedades. A sociedade não tem filha mas tem filiada. É o que acontece com os grupos financeiros, em sua maioria formados por diversos tipos de bancos e outras instituições financeiras, empresas de seguros, armazéns gerais, "leasing" e várias outras.

Essa concentração de sociedades tem razões tecnológicas, financeiras e administrativas, revelando tendência da moderna economia. O Direito Societário brasileiro não previu a concentração de empresas, apesar desse fenômeno estar acontecendo há meio século. A LSA, entretanto, mais moderna e evoluída, previu essa situação num capítulo chamado "Grupo de Sociedades", dos arts. 265 a 279. Previu a formação de consórcios, de ligações societárias, de controle de uma S/A por outra ou coligação delas. Sob esse aspecto, as sociedades podem ser controladoras, controladas, subsidiárias, filiadas e consorciadas. Tratam-se porém exclusivamente das S/A.

Entre as inúmeras correções trazidas ao nosso direito pelo novo Código Civil foi a previsão sobre esse problema, nos arts. 1.097 a 1.101, formando capítulo denominado "Das Sociedades Ligadas". Consideram-se ligadas as sociedades que, em suas relações de capital, são controladas, filiadas, ou de simples participação. Aliás, o que notabiliza o novo Código é haver ele estabelecido regulamentação própria para cada modelo societário, ao invés de remeter à Lei das S/A, para ser aplicada subsidiariamente aos casos omissos. As S/A são minoria no universo societário, mais ou menos 1%. Além do mais, as S/A têm estrutura própria, bem diferente das demais, razão por que não se justifica sua aplicação a sociedades de natureza e estrutura tão diferentes.

A detenção de parcela do capital da sociedade por outra vai determinar a categoria da sociedade ligada nas seguintes proporções:
• Menos de 10% – simples participação;

- De 10% a 50% – filiada;
- Mais de 50% – controlada.

Não se permite a participação recíproca entre sociedades ligadas ou controladas. Digamos que a sociedade PAULA LTDA. seja sócia de SALUSTIANA LTDA. Em compensação, SALUSTIANA LTDA. é sócia de PAULA LTDA. Seria fraude contra a integridade do capital e daria ao público falsa impressão sobre o patrimônio dessas sociedades, pois cada uma é sócia da outra, usando portanto o capital reciprocamente. Todavia, o art. 1.101 permite essa participação recíproca, mas só no caso de simples participação, e desde que a parcela do capital não seja superior, segundo o balanço, ao das próprias reservas, excluída a reserva legal.

Vamos citar a hipótese da ULPIANA LTDA. ser sócia da POMPÔNIA LTDA. e esta é também sócia da primeira. A ULPIANA LTDA. tem seu capital e reservas nas seguintes bases: capital: R$ 30.000,00; fundo de reserva geral: R$ 3.000,00; fundo de reversa legal: R$ 2.000,00.

Sendo assim, a POMPÔNIA LTDA. poderá ter a quota no capital de ULPIANA LTDA. de até R$ 2.000,00. Aprovado o balanço da ULPIANA LTDA., em que se verifique ter excedido esse limite, POMPÔNIA LTDA. não poderá exercer o direito de voto correspondente à quota em excesso, a qual deverá ter alienada em 180 dias seguintes àquela aprovação.

Controlada

A sociedade controlada é aquela de cujo capital outra sociedade possua mais de 50%, com direito a voto. A sociedade controladora, tendo mais da metade dos votos, decide soberanamente, pois seus votos são em número maior do que a soma dos votos dos outros sócios. Não é necessário o domínio absoluto do capital, bastando a detenção do poder para levar a reunião ou assembléia dos sócios a decisões impostas pela controladora.

Tanto a controladora como a controlada têm personalidade jurídica própria e administração independente e objeto social definido. Os sócios são diferentes, razão pela qual poderão eles rebelar-se se houver abuso de poder. Aplicar-se-ão neste caso as normas referentes ao acionista controlador, ao sócio majoritário.

Também se considera controlada a sociedade cujo capital esteja nas mãos de duas ou mais sociedades, mas controladas uma pela outra.

Tomemos por exemplo a sociedade SALUSTIANA LTDA., com capital de R$ 30.000,00, assim constituído:
R$ 10.000,00 – pertencente a MODESTINA LTDA.;
R$ 6.000,00 – pertencente a POMPÔNIA LTDA.,
R$ 14.000,00 – pertencente a outros sócios.

Acontece porém que POMPÔNIA LTDA. é controlada por MODESTINA LTDA. e as duas juntas detém parcela do capital de ULPIANA LTDA. no valor de R$ 16.000,00. Nessas condições, MODESTINA LTDA. tem poder de mando, capaz de tomar todas as decisões nas reuniões ou assembléias de ULPIANA LTDA.

Filiada

Diz-se filiada a sociedade de cujo capital outra sociedade possua de 10% a 50%. A sócia pode ser majoritária no capital da filiada, podendo possuir até a metade. Seu voto porém não é preponderante para exercer o controle, pois a outra metade poderá votar contra suas pretensões. Não pode ela perder nem ganhar seguramente na votação, mas empatar.

Simples participação

É de simples participação a sociedade de cujo capital outra sociedade possua menos de 10%. Seu voto tem o mesmo poder que o voto dos demais sócios. Poderá perder votação e poderá até seu voto desequilibrar a decisão da reunião ou assembléia dos sócios, mas nunca será preponderante.

Tomemos por exemplo a sociedade SALUSTIANA LTDA., com capital de R$ 30.000,00, assim constituído:

R$ 10.000,00 – pertencente a MODESTINA LTDA.;
R$ 6.000,00 – pertencente a POMPONIA LTDA.;
R$ 14.000,00 – pertencente a outros sócios.

Acontece, porém, que POMPONIA LTDA. é controlada por MODESTINA LTDA. e as duas juntas detêm parcela do capital de ULPIANA LTDA. no valor de R$ 16.000,00. Nessas condições, MODESTINA LTDA. tem poder de mando, capaz de tomar todas as decisões nas reuniões ou assembleias de ULPIANA LTDA.

Filiada

Diz-se filiada a sociedade de cujo capital outra sociedade possui de 10% a 50%. A sócia pode ser majoritária no capital da filiada, podendo possuir até a metade. Seu voto porém não é preponderante para exercer o controle, pois a outra metade pode já votar contra suas pretensões. Não pode ela perder nem ganhar seguramente na votação, mas empatar.

Simples participação

É de simples participação a sociedade de cujo capital outra sociedade possua menos de 10%. Seu voto tem o mesmo poder que o voto dos demais sócios. Poderá perder votação e poderá até seu voto desempatar a decisão da reunião ou assembleia dos sócios, mas nunca será preponderante.